Jetzt mal ehrlich

W0057012

ECON Sachbuch

Wir Deutschen sind immer noch Weltmeister – aber nicht so sehr auf sportlichem Gebiet oder in der wirtschaftlichen Leistungsbilanz. Wir sind Weltmeister im Besserwissen, im Kritisieren und Bevormunden ganzer Weltregionen. Wir sind auch Weltmeister im Verdrängen. Eigenartig nur, daß wir so vollkommen vergessen haben, uns selbst auf den Prüfstand zu stellen. Dabei gäbe es genügend Anlaß: Wir beklagen die Unbeweglichkeit kürzlich »vom Kommunismus befreiter« Völker, dabei trägt unser eigenes Gemeinwesen immer mehr die Züge einer verbürokratisierten Gesellschaft. Wir fordern Flexibilität – doch nur, wenn wir selbst nicht betroffen sind. Wir hegen und pflegen unsere Denkverbote und Tabus. Überall Stagnation, dringende Problemlösungen werden vertagt oder in Formelkompromissen begraben. Wir haben längst keine pluralisierte Gesellschaft mehr; die Verantwortlichen orientieren sich nur noch an vermeintlichen Trends, und unsere Phantasie macht an den Grenzen des politisch Durchsetzbaren halt. Dabei haben wir nicht mehr viel Zeit: Falsche Weichenstellungen können uns rasch etwa gegenüber den ostasiatischen Boomstaaten ins Hintertreffen geraten lassen. Das Schlimmste aber: Von Aufbruchstimmung ist nirgendwo etwas zu spüren. Gabriele Krone-Schmalz wendet sich an alle Landsleute, die sich mit Erstarrung und Denkfaulheit nicht abfinden wollen. Engagiert, selbstbewußt und bisweilen voller Zorn wagt sie sich an deutsche Tabus heran und spricht aus, was viele von uns denken, aber nicht öffentlich zu äußern wagen. Seien wir doch einmal ehrlich mit uns.

Dr. Gabriele Krone-Schmalz studierte Osteuropäische Geschichte, Politologie und Slawistik, arbeitete u.a. in der »Monitor«-Redaktion des WDR, bevor sie 1987 als ARD-Korrespondentin nach Moskau ging. Sie lebt heute in der Nähe von Köln, moderiert den ARD-»Kulturweltspiegel« und befaßt sich mit russischer Politik und Wirtschaft.

Von Gabriele Krone-Schmalz sind im ECON Taschenbuch Verlag außerdem lieferbar:

Von der russischen Seele (TB 27263)
... an Rußland muß man einfach glauben (TB 26012)
In Wahrheit sind wir stärker (TB 26456)

Gabriele Krone-Schmalz

Jetzt mal ehrlich

Ein offenes Wort über Deutschland

ECON Taschenbuch Verlag

Veröffentlicht im ECON Taschenbuch Verlag, 1997

Der ECON Taschenbuch Verlag
ist ein Unternehmen der ECON & List Verlagsgesellschaft

© 1996 by ECON Verlag GmbH, Düsseldorf und München

Umschlaggestaltung: Sebastian Linnerz, Köln
Titelabbildung: Lothar Schmalz
Gesetzt aus der Aldus
Druck und Bindearbeiten: Ebner Ulm
Printed in Germany
ISBN 3-612-26434-6

Inhalt

E in etwas anderes Buch über Rußland sollte es werden – mein neues, das ja schon längst hätte erscheinen sollen. Denn alle zwei Jahre ist ein guter Turnus, heißt es, und »Rußland wird nicht untergehen« ist schon bald drei Jahre auf dem Markt. Aber ich habe umdisponiert und will Ihnen erklären, wieso.

Die Idee zum besagten Rußland-Buch kreist seit langem in meinem Kopf. Unterlagen und Notizen stapeln sich auf dem Schreibtisch, und ich fühle mich von der bloßen Existenz dieses Materials fast mehr gedrängt als vom Verlag, endlich alles niederzuschreiben. Aber dann passierte folgendes: Zu einem ganz anderen Thema hat sich nach dem Dampfkesselprinzip so viel in mir aufgestaut, daß es jetzt einfach raus muß.

Es geht um Blindheit und Heuchelei, um Larmoyanz und Borniertheit, um Bequemlichkeit und Desinteresse, Verwirrung und Orientierungslosigkeit – kurz, es geht um Deutschland.

Da habe ich nun gut vier Jahre in einem Land des real existierenden Sozialismus mit zentralistischer Planwirtschaft und viel Bürokratie gelebt und stelle, zurückgekehrt nach Deutschland, fest, daß unsere Gesellschaft zum Teil ganz ähnliche Strukturen aufweist, die wir allerdings anders nennen – vielleicht auch anders wahrnehmen. Eigenartiger noch: Mit deutscher Gründlichkeit sind wir sogar dabei, Mechanismen einzuführen und auszubauen, die wir unseren östlichen Partnern gerade abgewöhnen wollen.

Zunächst habe ich mich innerlich dagegen gewehrt: Das ist

doch gar nicht möglich, das kann doch gar nicht sein. Ich habe bei den Dingen, die mir aufgefallen sind, nach anderen Erklärungen gesucht. Vielleicht waren das alles nur unglückliche Zufälle, Ausnahmen, untypische Ausrutscher. Aber dann mußte ich feststellen, daß System dahintersteckt.

Und noch etwas fiel mir auf. Es gibt in unserer aufgeklärten, modernen, zivilisierten Gesellschaft mehr Tabus, als ich ahnte, und viele Menschen hierzulande reagieren auf Reizwörter oft wie – pardon – dressierte Ratten.

Wir haben zwar kein Politbüro, das die politische Linie angibt, nach der man sich zu richten hat, aber eine wahrhaft pluralistische Gesellschaft haben wir auch nicht. Wie sollte man zu einer anderen Bewertung kommen, wenn sich Parteien in Meinungsumfragen erst einmal nach mehrheitsfähigen Positionen erkundigen, bevor sie ihr Programm aufstellen? Hier ein bißchen mehr grün, weil sich das offenbar – jedenfalls vom theoretischen Anspruch her – durchgesetzt hat, dort ein Stückchen Wertkonservatives, gewürzt mit einer Prise Liberalität, aber nicht zuviel, soziale Sauce drüber und dann kräftig umrühren.

Jeder orientiert sich nur noch an den aktuellen Trends und »wagt« nur noch das, was politisch durchsetzbar scheint. Aber wo ist Platz für neue Ideen? Das wird entweder als naive Spinnerei abgetan oder als politischer Extremismus diffamiert. Wir haben es geschafft, uns ein Arsenal von Worthülsen und Reizwörtern zuzulegen, mit dem eine ehrliche, aufrichtige Diskussion tatsächlich vorhandener Probleme erfolgreich verhindert wird. Wie soll man auf ungewöhnliche Lösungen kommen – die gewöhnlichen taugen ja offenbar nicht viel –, wenn man sich nur der allgemein anerkannten Denkmuster bedienen darf?

Sie wissen nicht, was ich meine? Ganz einfach:

Wer sich Gedanken über den Umbau unseres Sozialsystems macht, gilt automatisch – egal, was er konkret sagt – als Propagandist des Sozial*abbaus*.

Wer Zweifel am Zeitplan der Europäischen Währungsunion anmeldet, gilt sogleich als höchst suspekter Europa*gegner*. Egal, wie seine Argumente und Motive sind – er wird sofort in einen Topf mit den hohlköpfigsten Nationalisten gesteckt.

Wer die Pläne zur Osterweiterung der NATO für einen politischen Fehler hält und das auch sagt, muß gleich an mehreren Fronten kämpfen, um im militärischen Jargon zu bleiben. Denn es gilt unter anderem zu beweisen, dennoch nichts gegen Amerikaner zu haben und dennoch polnische Ängste ernst zu nehmen.

Wer Verständnis für Ärzte, Apotheker oder gar Zahnärzte äußert und den Versuch unternimmt, die reale Lage eines solchen Berufsstandes zu schildern, kommt über den ersten Halbsatz gar nicht hinaus. Der ist von vornherein unglaubwürdig. Wer wollte das riskieren, schon gar als Journalist?

Die Liste solcher Beispiele läßt sich mühelos verlängern, wie die weitere Lektüre zeigen wird.

Ich will Ihnen noch sagen, was ich mit diesem Buch erreichen möchte: Wenn es geht, diejenigen, die ähnlich denken, ermutigen, das auch zu sagen und womöglich für ihre Ansichten zu kämpfen. Niemand sollte sich von politischen Langweilern oder Trendhoppern in eine extremistische Ecke abdrängen lassen, in die er nicht gehört. Ich hätte das auch kürzer formulieren können: Ich möchte zur Zivilcourage aufrufen. Wenn solche Begriffe durch inflationären Gebrauch nur nicht so sinnentleert klängen, daß man sich beinahe schämt, sie noch zu benutzen. Dann würde ich mich freuen, wenn ich denjenigen, die ein gewisses Unbehagen verspüren, es aber aus verschiedensten Gründen nicht genau zu lokalisieren vermögen, zu Aha-Erlebnissen verhelfen könnte. Und zuletzt: Es interessiert mich einfach – genau wie in Rußland bzw. der Sowjetunion –, die Schwarzweißbilder auf ihren Graugehalt hin zu untersuchen.

Wenn ich zwischendurch ins Zweifeln kam, ob ich dieses Buch überhaupt schreiben soll – wozu die Mühe und warum in aller

Welt soll ich mir den ganzen Ärger einhandeln? –, dann haben mich die Reaktionen meiner Gesprächspartner während der Recherchen jedesmal aufs neue darin bestärkt, weiterzumachen. Ganz gleich, ob es sich um Politiker handelte, um Ministerialbeamte, Gewerkschaftsfunktionäre, Banker, Wirtschaftsbosse oder Wissenschaftler – es verging kaum ein Gespräch, ohne daß ein Satz fiel, der so ähnlich lautete wie: Gut, daß Sie sich um dieses Thema kümmern wollen, *Sie* können das ja sagen, *Sie* brauchen ja keine Rücksichten zu nehmen. Bei der Fortsetzung des Satzes gab es verschiedene Varianten: Wenn *ich* das tue, dann bin ich in meiner Partei unten durch / dann läuft mein Minister Amok / dann steinigt mich der Mittelbau / wir haben schon genug Probleme mit dem Image in der Öffentlichkeit, da können wir uns nicht noch mit so heiklen Themen aus dem Fenster hängen / dann fliege ich aus dem Beratergremium raus, in das ich von der Regierung berufen wurde. Jetzt wieder alle zusammen: Diese Offenheit kann ich mir nicht leisten. Machen Sie mal, *Sie* können das sagen, aber *wir* nicht.

Wie Sie sehen, habe ich mich entschlossen, mich nicht zu drücken. Hoffentlich muß ich es nicht bereuen.

1
Larmoyanz und Augen zu

Ein zorniges Bekenntnis

Ich will mal versuchen, Ihnen zu erzählen, was mich mit der Zeit so zornig gemacht hat.

Zurückgekehrt aus einem Land, in dem die Menschen ihren täglichen Existenzkampf zu bestehen haben, noch dazu nach für sie völlig neuen Regeln, die sie erst mühsam und schmerzvoll lernen müssen, reagierte ich besonders allergisch auf die dauernde Jammerei in Deutschland. Auf allen Ebenen und in allen Schichten wurde heftig geklagt, ob Arbeiter oder Unternehmer, ob Gewerkschafts- oder Arbeitgeberfunktionär. Die Bürger schimpften auf die Verwaltung, die Verwaltung auf die Bürger – und nicht zu vergessen: die Westdeutschen auf die Ostdeutschen und umgekehrt. Sie war nahezu körperlich zu spüren, diese Unzufriedenheit überall – und schuld sind natürlich grundsätzlich die anderen.

Was mir ganz anachronistisch vorkam: Da sind doch tatsächlich einige Wortführer immer noch auf dem Klassenkampftrip. Zwar wird heutzutage nicht mehr so platt formuliert, aber das Modell ist original Klassenkampf. *Die Arbeitnehmer* (mir gefällt das Wort auch nicht, aber es ist kürzer als Arbeiter und Angestellte) gegen *die Arbeitgeber*. Jeweils der andere, die andere *Klasse*, trägt Schuld am bedenklichen Zustand unserer Gesellschaft. *Die Arbeitnehmer* wollen für immer weniger Arbeit immer mehr Geld und feiern bei jeder Gelegenheit krank. *Die Arbeitgeber* sägen an sozialen Errungenschaften und drohen allen, die da nicht mitmachen wollen, mit dem Abbau von Arbeitsplätzen – im

Ausland ist's ja auch ganz schön. Wenn Sie das lediglich für Stammtischgequatsche halten – man kann es auch intellektueller formulieren, aber es kommt aufs gleiche raus. Die einen schimpfen die anderen faule Säcke, die anderen halten die einen für Blutsauger. Toll, und ich hatte gedacht, das hätten wir hinter uns.

Das Ganze wird noch absurder, wenn man weiß, daß beide »Lager«, das der Arbeitgeber und das der Arbeitnehmer, jedenfalls deren (bestallte und bezahlte) Funktionäre, sich bei Tarifkämpfen und anderen Auseinandersetzungen hinter verschlossenen Türen meist längst auf einen Kompromiß verständigt haben, während draußen noch die Verbalschlachten toben. Da haut man sich medienwirksam gegenseitig Maximalforderungen um die Ohren, mit denen man vor der eigenen Klientel besonders gut dazustehen glaubt. Drinnen aber macht man sich gemeinsam Gedanken darüber, wie man die Kröten am besten präpariert, damit sie für die jeweilige Anhängerschaft leichter zu schlucken sind.

Dann ging mir zunehmend eine andere verbale Keilerei auf die Nerven: Standortsicherung Deutschland gegen Sozialstaat. Ohne Sozialstaat gibt es keinen sozialen Frieden, und der ist auch kein schlechtes Argument für einen attraktiven Wirtschaftsstandort. Aber sozialer Friede ist genauso gefährdet, wenn sich der Sozialstaat nicht mehr bezahlen läßt und Eigeninitiative eher bestraft als fördert. Plakative Glaubensbekenntnisse führen zu nichts.

Politiker sind sich über alle Parteigrenzen hinweg einig, daß es gilt, Arbeitsplätze zu schaffen, die Umwelt zu schützen, das soziale Netz tragfähig zu halten und vor Mißbrauch zu bewahren. So weit, so gut. Aber immer wieder stolpere ich über folgendes Ritual: Wenn einer aus der Partei X einen konkreten Vorschlag macht, dann steht sofort einer aus der Partei Y auf, um das niederzuwalzen. Durchaus nicht unbedingt der Sache wegen – wobei das natürlich auch vorkommt –, sondern weil das Spielchen heißt: Was kann man von der Regierung schon erwarten, bzw. die Opposition hat gut meckern, solange sie nichts umsetzen muß, weil sie ja nicht an der Regierung ist.

Vielleicht könnte viel konstruktiver diskutiert werden, wenn Politiker ihre Lösungsvorschläge anonym in einen großen Kasten werfen, ohne Angabe der Person oder der Partei. Schmunzeln Sie ruhig, einen Versuch wär's allemal wert. Ich gebe zu, daß ich diebische Freude bei der Vorstellung entwickele, wie eine allgemeine Verunsicherung um sich greift. Keiner kann sich mehr an der ausgegebenen Linie festhalten, sondern darf und muß selbst nachdenken, wie sich dieser oder jener Vorschlag auswirken könnte. Und welch schönes Erlebnis, wenn sich am Ende herausstellt, daß ein Vorschlag der X-Partei von einem Mitglied der Y-Partei jenseits parteipolitischer Rücksichtnahmen (man weiß zu dem Zeitpunkt ja noch nicht, woher der Vorschlag kommt) mit Verve verteidigt wurde. Einfach, weil es um die bessere Lösung geht, und zwar nicht für die CDU oder die SPD, die FDP, die Grünen oder die PDS, sondern schlicht für Menschen. Ein Beitrag zur politischen Kultur?

Apropos politische Kultur. Daß wir zweierlei Maß beim Umgang mit den im Bundestag vertretenen Parteien anlegen, war das nächste, was mich auf die Palme brachte. An dieser Stelle sollte ich vorausschicken, daß ich keiner Partei angehöre. Auf die Frage, welcher Partei ich denn nahestehe, halte ich es mit der Antwort meines Kollegen Klaus Bednarz, der mal trefflich formuliert hat: »Ich stehe keiner Partei nahe, sondern allen unterschiedlich fern.« Aus sehr vielfältigen Gründen, die zu erläutern den Rahmen dieses Buches sprengen würde, bin ich auch kein PDS-Sympathisant. Aber ich empfinde es als Skandal, wie wir in unserem Land mit einer demokratisch gewählten Partei umgehen. Ich schäme mich dafür. Was um des Himmels willen denken wir uns eigentlich dabei? Wer demokratische Entscheidungen nur dann akzeptieren will, wenn ihm das Ergebnis paßt, führt die Idee der Demokratie ad absurdum. Was unterscheidet uns in dieser Beziehung denn noch von totalitären Staaten? Daß wir das Ganze etwas zivilisierter über die Bühne bringen, weil Menschenrechte bei uns einen größeren Stellenwert haben? Das ändert nichts am Prinzip.

Wenn ich schon sehe, wie manche in Bonn oder anderswo zusammenzucken, wenn einer von der PDS auf sie zukommt. Allein die Körperhaltung signalisiert: Hoffentlich kriegt das jetzt keiner mit (schon gar kein Journalist) und dreht mir bei nächster Gelegenheit einen Strick daraus. Der vorläufige Gipfel war, daß die Rede des damaligen Alterspräsidenten des Deutschen Bundestages, Stefan Heym, nicht wie üblich in der entsprechenden Parlamentspublikation abgedruckt wurde. Wie armselig und peinlich. Ein Großteil der Parlamentarier hat sich die Rede im Plenum erst gar nicht angehört. Man muß ihn ja nicht mögen, den Stefan Heym, aber sollte doch wenigstens seine Rolle respektieren, die er sich ja nicht ergaunert oder erschlichen, sondern per Wahl erkämpft und nach »unseren« Regeln erhalten hat. Es muß doch möglich sein, auch jemandem zuzuhören, mit dem man nicht in allen Punkten übereinstimmt. Dann läßt sich doch über alles diskutieren und für den eigenen Standpunkt argumentieren. Wie heruntergekommen muß unsere politische Kultur sein, wenn Kleingeister das Sagen haben? Wovon hat Stefan Heym denn geredet? Ich habe vor allem versöhnliche Töne gehört, z. B. in der folgenden Passage:

»Chauvinismus, Rassismus, Antisemitismus und stalinsche Verfahrensweisen sollten für immer aus unserem Lande gebannt sein. Dieser Bundestag wird derlei nicht völlig verhindern können, aber er kann dazu beitragen, ein Klima zu schaffen, in dem die Menschen, die solch verfehlten Denkweisen anhängen, der öffentlichen Ächtung verfallen. All dieses jedoch kann nicht die Angelegenheit nur einer Partei oder einer Fraktion sein. Es ist nicht einmal die Sache eines Parlaments nur, sondern die aller Bürgerinnen und Bürger. West wie Ost. Und wenn wir von diesen moralisches Verhalten verlangen und Großzügigkeit und Toleranz im Umgang miteinander, dann müßten wir wohl, als ihre gewählten Repräsentanten, mit gutem Beispiel vorangehen.«

Ich möchte wetten, hier hätte jeder applaudiert, wenn es nicht zur Political correctness gehört hätte, unter keinen Umständen zu applaudieren. Welch ein Armutszeugnis!

Und dann diese abgrundtiefe Heuchelei, wenn die PDS in Bausch und Bogen als Nachfolgepartei der SED beschimpft wird. Ich muß noch einmal einstreuen, daß ich kein PDS-Sympathisant bin und mir keine Situation vorstellen kann, in der ich diese Partei wähle. Ich weiß, diese Einschübe stören den Gedankenfluß, aber solche Bekenntnisse gehören in Deutschland zum Ritual. Selbstverständlich sind ehemalige SED-Mitglieder zuhauf auch in der PDS vertreten, aber doch nicht nur dort. Sonst müßte die PDS viel mehr Mitglieder haben, nebenbei bemerkt. Für die Liebhaber von Zahlen: Etwa 90 Prozent der 130 000 PDSler kommen aus der SED. Aber 95 Prozent der früheren SED-Mitglieder sind nicht in der PDS! Was bitte schließen wir daraus? Am liebsten nichts Falsches.

Was ist mit den aufmüpfigen Menschen, die alles andere als DDR-Nostalgie verspüren und auf der Suche nach einer knackigen Opposition bei der PDS gelandet sind? Die verprellt man mit dieser undifferenzierten PDS-Klopperei auf Jahre hinaus. Wie ungeschickt. Was ist mit denen, die von etablierten westlichen Parteien enttäuscht sind? Haben die nicht genügend Gründe? Von CDU bis zu den Grünen wird mittlerweile eingeräumt – teils offen, teils hinter vorgehaltener Hand –, daß es Fehler und Versäumnisse beim Umgang mit Ostdeutschen gegeben hat. Aber die Generallinie gegenüber diesem Teil der PDS-Mitgliedschaft lautet dennoch: Das undankbare Volk. Erst holt man sie aus dem Schlamassel raus, dann meckern sie nur rum, bleiben bei alten Seilschaften hängen und versuchen auch noch die Rolle rückwärts.

Zurück wollen sie ja gar nicht, wenn man genauer hinschaut.

Aber es ist nicht meine Aufgabe, mich an dieser Stelle über Parteiprogramme auszulassen.

Der Grat ist schmal. Auf der einen Seite steht das Bemühen, Demokratie vor denjenigen zu schützen, die sich zwar demokratischer Mittel bedienen, aber genau dieses System letztendlich aushebeln wollen. Auf der anderen Seite lauert die Lüge, wenn machtpolitisches Kalkül als Demokratieschutz verkauft wird, während es in Wahrheit nur darum geht, unliebsame Konkurrenten auszuschalten.

Ich will Ihnen einen weiteren Grund für meinen Zorn nennen. Das schöne Wort Zivilcourage, das den noch schöneren Charakterzug beschreibt, hat mich bald zur Weißglut gebracht.

Mit welchem Recht fordern Menschen, die keinerlei oder zumindest kein ernsthaftes Risiko eingehen, wenn sie den Mund aufmachen, und die privat wie beruflich so sicher wie in Abrahams Schoß leben, von Menschen in einem System *ohne* Meinungsfreiheit in jeder erdenklichen Lebenssituation Zivilcourage? Es war mir widerlich und ist es noch, wenn westdeutsche Duckmäuser, selbst feige bis zum letzten, reihenweise ostdeutsche Mitläufer »entlarvten« – stets mit dem Hinweis auf die »fehlende Zivilcourage«. Manchmal habe ich dann gefragt, wann sie selbst denn das letzte Mal ihrem Chef die Meinung gesagt haben – hier in unserem System, womöglich noch im öffentlichen Dienst oder einer öffentlich-rechtlichen Einrichtung beschäftigt, wo sie außer ein paar Unannehmlichkeiten nichts Existentielles zu befürchten haben? Betretenes Schweigen oder albernes Gelächter war die Reaktion.

Wer die DDR mit dem Dritten Reich vergleicht und mit der Notwendigkeit argumentiert, diesmal die Vergangenheit aufzuarbeiten (bewältigen geht ohnehin nicht), was uns nach 1945 nicht so gut gelungen sei, der hat die Moral auf seiner Seite und trotzdem nicht hundertprozentig recht.

Ich will hier nicht die Debatte fortführen, ob es statthaft ist, den Terror des Dritten Reiches mit dem Terror in der ehemaligen

DDR zu vergleichen – den jeweiligen Opfern wird das im Zweifel egal sein. Jeder einzelne Gequälte und Getötete ist zuviel.

Wer wollte den Versuch wagen, eine verbindliche Leid- und Elendsskala zu erstellen, auf der fein säuberlich aufgelistet wäre, in welchen Ländern unter welchen Regimen die Menschen mehr oder weniger als anderswo leiden?

Diese Diskussion führt uns nicht weiter. Einen gravierenden Unterschied gibt es aber bei der Aufarbeitung von Vergangenheit damals und heute: Nach dem Ende des Nationalsozialismus mußte – oder besser wohl – durfte diese Prozedur im eigenen Haus stattfinden. Heute können sich die Bewohner des Hauses, um das es diesmal geht, ihrer Nachbarn nicht erwehren, die beim Saubermachen unbedingt helfen wollen. Neben den Ehrenwerten, die gute Ideen und gewisse Erfahrungen, wie so etwas funktionieren könnte, mitbringen, fuhrwerken aber leider auch einige herum, bei denen sich ein anderer Eindruck aufdrängt: Da soll diese Gelegenheit genutzt werden, um früher Versäumtes endlich um so gründlicher nachzuholen oder um die eigene Karriere zu fördern.

Es hat mich aufgeregt und regt mich immer noch auf, daß man beim Thema DDR-Vergangenheit wieder einmal entweder dafür oder dagegen zu sein hat. Wofür und wogegen denn eigentlich? Ich habe Mitgefühl mit den Opfern der Stasi, ich kann mir vorstellen, daß es unerträglich ist, früheren Peinigern und Schreibtischtätern in Freiheit zu begegnen, weil sich strafrechtlich nichts beweisen läßt. Ich weiß nicht, ob oder wie ich das persönlich verkraften würde. Wenn ich an die Lebensgeschichten einzelner Verfolgter, Gedemütigter und Gequälter denke, erfaßt mich Horror – und Wut.

Und ich habe Mitgefühl mit all denen, die aufgrund irgendwelcher Entscheidungen evaluiert (evaluer heißt auf französisch soviel wie abschätzen, berechnen, veranschlagen) und aussortiert wurden, denen die bloße Mitgliedschaft in der SED den Hals gebrochen hat. Als ob es dort nicht auch Karteileichen gegeben hätte. Ich möchte nicht wissen – d. h., ich möchte es eigentlich schon wissen –, wie viele Menschen im Westen Mitglied einer Partei geworden sind, bloß weil es für den beruflichen Aufstieg Vorteile versprach. Ich höre schon den mahnenden Hinweis, ich wolle ja wohl nicht ernsthaft die Sozialistische Einheitspartei mit »unseren« rechtsstaatlichen Parteien vergleichen. Natürlich nicht. Wie käme ich dazu? Aber ich will darauf aufmerksam machen dürfen, daß der Mechanismus in beiden Fällen der gleiche ist. Ich möchte, ohne sofort als SED-Sympathisant zu gelten, aussprechen dürfen, daß – so verbrecherisch sich eine gewisse SED-Klicke verhalten hat – nicht alle Mitglieder dieser Partei automatisch Verbrecher waren. Ich möchte fragen dürfen, warum ehemalige SEDler zwar Mitglied in unseren großen Volksparteien, aber keine Lehrer sein können? Und ich möchte darauf eine ernsthafte Antwort.

Ich kann ja noch eins draufsetzen, um es deutlicher zu machen: Wie viele Menschen sind nur deswegen noch in der katholischen oder evangelischen Kirche, weil das Verlassen derselben das gesellschaftliche Aus bedeuten würde? Keine Frage, niemand wird in den Knast geworfen, wenn er aus der Kirche austritt, aber die Karriere ist unter Umständen hin, der Platz im Kindergarten sowieso und in Einzelfällen sogar der Job. Also, was regen wir uns über fehlende Zivilcourage bei unseren Brüdern und Schwestern im Osten auf?

Da fällt mir noch eine Geschichte ein. Sie geht so: Es war einmal ein guter und seriöser Ost-Journalist. Er wurde aufgrund seiner Berichterstattung und weil er ein netter Kerl war, auch von West-Kollegen geschätzt. Dann gab es irgendwann die DDR nicht mehr, und auch dieser Kollege stand vor der Abwicklung. Nun begab es sich, daß in den nunmehr neuen Bundesländern Rundfunk- und Fernsehanstalten aufgebaut wurden, und da hätte es sicherlich die eine oder andere sinnvolle Verwendung für diesen Profi gegeben. Die Herren, die über die Posten zu befinden hatten, wußten das sehr wohl, ja, sie hatten sich eigentlich mehr

Journalisten vom Kaliber des Beschriebenen gewünscht. Er war kreativ, genau, hatte Führungsqualitäten und Organisationstalent bewiesen. Und die Herren saßen und dachten und saßen und ließen in persönlichen Gesprächen schon mal verlauten: Ja, den hätten wir schon gerne... Aber können Sie sich vorstellen, was passiert, wenn wir den jetzt übernehmen, mit einer Aufgabe betrauen, und morgen steht in der Zeitung, daß er IM (Informeller Mitarbeiter) bei der Stasi war. Wie sehen wir dann aus?

Ja, so ist das eben mit der Zivilcourage. In Zeiten, in denen sich die Öffentlich-Rechtlichen und die Privaten um die Zuschauer balgen, ist es allemal wichtiger, gut auszusehen, als einem Menschen, mit dem man doch über einige Jahre menschlich und beruflich gute Erfahrungen gemacht hat, eine Chance zu geben.

Ängstlichkeit und Bequemlichkeit begegnen einem heute auf Schritt und Tritt, in jedem gesellschaftlichen Bereich. Bloß nicht unangenehm auffallen und bloß nichts abgeben, was man einmal ergattert hat. Egal, was sich in der Welt abspielt, für uns bitte alles wie gehabt. Es lebe die Besitzstandswahrung; und wer uns nicht verspricht, daran nichts zu ändern, wird nicht gewählt.

Und genauso sehen die Parteien aus. Auf einen kurzen Nenner gebracht: Die SPD geht den Bach runter, weil es den klassischen Proletarier bei uns nicht mehr gibt und das Soziale längst von der CDU übernommen worden ist. Die FDP ist im Verschwinden begriffen, weil die Deutschen mit Freiheit nichts anzufangen wissen. Alles Ungeregelte macht ihnen angst; schon ein Autobahnstück ohne Fahrbahnmarkierung gilt als Risiko. Und die CDU sitzt auf dem Thron und versucht es allen recht zu machen. Für ein bißchen Unruhe sorgen noch die Grünen, inzwischen leidlich akzeptiert, und die PDS, nicht akzeptiert, aber zwangsläufig mehr und mehr zur Kenntnis genommen. Letztlich ist Mehrheit eben doch Mehrheit. Oppositionsparteien müssen sich eben füreinander interessieren, wenn sie die Regierung ablösen wollen.

Und das alles soll junge Menschen motivieren oder gar begeistern? Das kann doch wohl niemand ernsthaft annehmen.

Junge Menschen brauchen Vorbilder. Und zwar keine von der Sorte, die darauf bestehen, daß sie welche sind. Wieviel muß in unserer Gesellschaft schiefgelaufen sein, wenn sich die Auffassung durchgesetzt hat, es brauche Mut, um Ehrlichkeit an den Tag zu legen. Wer ehrlich seine Meinung sagt, die vom gerade üblichen Trend abweicht, dem Zeitgeist zuwiderläuft oder irgendeinem Schwarz-weiß-Bekenntniszwang nicht entspricht, wird entweder belächelt (»Mein Gott, ist der doof« – weil er es doch viel bequemer haben könnte) oder aber bewundert (»Endlich mal einer, der den Mut hat«). Ist das nicht ziemlich entsetzlich?

Bevor ich erkläre, was ich unter »Schwarz-weiß-Bekenntniszwang« verstehe, noch etwas anderes. Liebe LeserInnen, es ist Ihnen unter Umständen schon – unangenehm? – aufgefallen, daß ich diesen Sprachterror, was die »korrekten« männlichen und weiblichen Formen angeht, nicht mitmache. Hier ist mal wieder ein Bekenntnis fällig: Ich bin für die Gleichberechtigung, ich wünsche mir sehnlichst, daß das Verhältnis der Geschlechter in bezug auf Positionen und Macht irgendwann einmal so unverkrampft ist, daß man nicht jedes Wort auf die Goldwaage legen muß, aber ich bin nicht bereit, diese Einstellung durch Formalkram, den ich als lästig und albern empfinde, pausenlos unter Beweis zu stellen.

Dazu eine klitzekleine Geschichte. In einem meiner Rußland-Bücher habe ich mich als Korrespondent*en* und nicht als Korrespondent*in* bezeichnet. Das nahm mir eine Leserin sehr übel. Ich habe ihr gesagt, daß auf meiner russischen Visitenkarte auch »Korrespondent« stand und nicht »Korrespondentka«, weil das einfach lächerlich gewesen wäre. Da hätte ich gleich »Korrespondentchen« draufschreiben können. Und ich habe sie gefragt, wie das sprachlich funktionieren soll, wenn ich z. B. ausdrücken möchte, daß ich der erste Korrespondent war und nicht nur die erste Korrespondentin, der dieses oder jenes anpackte. Nach diesem Gespräch waren wir beide problembewußt: Ich hab's nicht geändert, und sie hat's weiter gestört. Aber unsere Verabschiedung war freundlicher als unsere Begrüßung.

Jetzt bin ich Ihnen die Erklärung zum Begriff »Schwarz-weiß-Bekenntniszwang« schuldig – ich könnte das Phänomen auch die »Entweder-Oder-Gesellschaft« nennen.

Ein Beispiel. Wir füllen seitenweise die Zeitungen, stundenweise die Hörfunk- und Fernsehprogramme mit der Frage, ob die deutsche Vereinigung in den neuen Bundesländern nun mehr Verlierer oder mehr Gewinner hervorgebracht habe. (Bezeichnenderweise gehen wir dieser Frage für die alten Bundesländer viel seltener nach, wenn überhaupt.) Und sofort tun sich, ein weiteres Mal, zwei Lager auf: Da sind die Schönredner, das sind die mit den blühenden Landschaften, und da sind die Miesmacher, die ohne Ende aufzählen, was der Westen im Osten alles Schreckliches angerichtet hat, menschlich wie wirtschaftlich.

Die Schönredner werden angegiftet, weil sie doch keine Ahnung hätten vom Leid vieler Bürger der ehemaligen DDR, die sich überhaupt nicht mehr zurechtfänden und von lauter Abzockern, Halsabschneidern und Besserwessis umzingelt seien.

Die Miesmacher werden beschimpft, weil sie sich zum Anwalt einer undankbaren Masse machten, deren Anspruchsdenken in Lichtgeschwindigkeit gewachsen sei und die ganz selbstverständlich westlichen Komfort mit östlicher Absicherung verbinden wollten.

Dazwischen scheint es nichts zu geben. Schwarz-Weiß eben. Dabei ist es doch gar nicht so schwer: Für die eine wie für die andere Sichtweise gibt es jede Menge lebendiger Beispiele. Man muß sie nur alle wahrnehmen wollen!

Selbstverständlich gibt es das gewiefte Ehepaar, beide früher in einem volkseigenen Betrieb beschäftigt, der dann abgewickelt wurde. Die Mitarbeiter entließ man mit durchaus attraktiven Abfindungen in die Arbeitslosigkeit, die sich in diesem Fall als gar nicht so arbeitslos erwies, weil in der eilends umgebauten Garage des Einfamilienhauses flugs ein blühender Laden entstand.

Selbstverständlich gibt es den hochqualifizierten Wissenschaftler, der – obwohl Mitglied in der SED – sich nie für Politik, sondern nur für seine Forschung interessiert hat und der zum Alkoholiker wurde. Man hatte ihm einen mittelmäßigen Akademiker, der im Westen nichts mehr werden konnte, als Chef vor die Nase gesetzt.

Selbstverständlich gibt es den einstmals festangestellten Mitarbeiter des Ministeriums für Staatssicherheit, der seine Landsleute denunzierte und quälte, ohne Gewissensbisse zu haben. Heute kommt ihm seine Spezialausbildung im Werksschutz eines großen Unternehmens zugute.

Selbstverständlich gibt es die Ehefrau und Mutter von drei Kindern, die »abgewickelt« wurde und sich bei dem Gerede über die fehlenden Kindergartenplätze nur ein müdes Lächeln abringen kann. Sie bekommt so und so keinen Job mehr.

Selbstverständlich gibt es die erfolgreiche Jungmanagerin, die erfolgreiche Jungunternehmerin und – in diesem Falle sei es ausdrücklich erwähnt – dasselbe auch in männlicher Form.

Es gibt diejenigen, die schon immer auf die Füße gefallen sind, früher wie heute, und es gibt diejenigen, die sich früher ohne Rücksicht auf berufliche Nachteile oder Schlimmeres unbeliebt gemacht haben und es heute wieder tun.

All das ist Realität. Wer daraus ein schlichtes Entweder-Oder machen will, hat anderes im Sinn. Da handelt es sich im Zweifel um parteipolitisches Gezänk, um Stimmenfängerei, um Wahlkampfgejohle, und das hilft niemandem. Wer von »Verlierern« – die es ja gibt – erzählt, läuft Gefahr, vor einen bestimmten politischen Karren gespannt zu werden; wer von den »Gewinnern« – die es ja auch gibt – erzählt, ebenso. Diese Angst von Deutschen, irgendeine Aussage könnte mißbraucht werden, ist doch schon fast pathologisch. Nur weil möglicherweise irgend jemand einen Satz für seine Zwecke einsetzen, falsch interpretieren oder sonstwie

»mißbrauchen« könnte, soll man etwas runterschlucken, was man als richtig erkannt hat?!

Auf diese Weise produziert man Duckmäuser am Fließband, auf diese Weise spielt man all denjenigen in die Hände, denen man als überzeugter Demokrat und freiheitlich denkender Mensch den Boden entziehen möchte. Liegt es vielleicht auch daran, daß wir uns gegenseitig nicht mehr zuhören können oder wollen? Daran, daß es in unserer Medienlandschaft strukturell viel mehr Möglichkeiten gibt, Mißverständnisse zu produzieren, als Chancen, sie auszuräumen? Jemanden einer »falschen Denkungsart« zu bezichtigen, das geht schnell, das schafft man notfalls in dreißig Sekunden. Diesen Verdacht auszuräumen dauert länger, dafür ist kein Platz und keine Zeit.

\ Als Journalist muß mein Interesse sein, von Politikern auf meine Fragen kurze, prägnante und vor allen Dingen eindeutige, aussagekräftige Antworten zu erhalten. Als Politiker muß mein Interesse sein, glaubwürdig »rüberzukommen« und unter keinen Umständen falsch interpretiert werden zu können.

Wenn Politiker immer mehr befürchten müssen, daß Journalisten auf »Fehl-Wörter« lauern, um sie in eine bestimmte politische Kiste zu stecken, dann muß ich mich als Journalist nicht wundern, wenn Politiker mit immer mehr Worten immer weniger aussagen. Man könnte lange darüber nachdenken, was zuerst da war: der kneifende Politiker oder der lauernde Journalist. Aber es lohnt nicht, glaube ich. Es scheint mir weit lohnender, darüber nachzudenken, wie man von diesem Trip wieder runterkommt. Es hat doch etwas Schizophrenes, mit Verlaub, wenn wir uns – die Journalisten und die Bevölkerung insgesamt – über lauter graue Mäuse in der Politik beschweren, aber wehe, wenn wir mal eine bunte Maus entdecken, dann fallen alle sofort über sie her.

Der »Schwarz-Weiß-Bekenntniszwang« hat alle Bereiche und jedes Thema infiziert. Ganz gleich, ob es sich um bestimmte Aspekte der israelischen Außenpolitik handelt, um Kriegsgreuel auch der Seite, die in einem ethnischen Konflikt als Opfer eines

Aggressors gilt, ob es um Wirtschaftsflüchtlinge oder um ausländische Gewaltverbrecher geht. Man darf nicht drüber reden.

Mit aller Kraft werde ich mich dagegen wehren, wenn meine Aussagen von Menschen mißbraucht werden sollten, deren Vorstellung von einer Gesellschaft ich nicht teile oder gar verurteile. Aber es kann nicht angehen, daß aus politischer Rücksichtnahme oder Angst, vereinnahmt zu werden, immer mehr Dinge unter den Teppich gekehrt werden. Wenn genug drunterliegt, stolpern mehr Menschen drüber, als gestolpert wären, wenn man rechtzeitig gemeinsam aufgeräumt hätte.

Nehmen wir das heikle Thema Kurden. Wenn Kurden in Deutschland demonstrieren und über die Lage ihres Volkes aufklären, dann ist das in Ordnung und notwendig. Es ist unsere Aufgabe – die von deutschen Politikern und Journalisten – ganz deutlich zu machen, daß wahrlich nicht jeder Kurde ein Mitglied oder Anhänger der extremistischen und mittlerweile auch bei uns in Deutschland verbotenen PKK ist. Nach Angaben kurdischer Organisationen und deutscher Sicherheitsbehörden leben in unserem Land knapp zwei Millionen Türken, davon knapp eine halbe Million Kurden, von diesen 500 000 Kurden sind ca. 6000 aktive Anhänger der PKK. Die Zahl der PKK-Sympathisanten in Deutschland wird vom Bundesinnenministerium auf etwa 40 000 geschätzt. Vor diesem Hintergrund muß es möglich sein – nicht zuletzt im Interesse der Kurden – ebenso deutlich zu sagen, daß kurdische Demonstranten, die sich nicht an unsere Gesetze halten, z. B. Autobahnen blockieren, Polizisten angreifen u. ä., genauso behandelt werden müssen wie deutsche Demonstranten, die sich entsprechend aufführen, bzw. wie Deutsche, die sich im Ausland vergleichbare Dinge zu Schulden kommen lassen. Wer sich in Frankreich oder den USA nicht korrekt verhält, fliegt raus. Punkt. Da machen die kein Drama draus. Das ist normal und üblich. Bei uns in Deutschland aber gilt jeder Versuch in dieser Richtung gleich als Akt barbarischer Willkür – mit dem fatalen Ergebnis, daß langsam, aber sicher auch diejenigen, die das kurdische Anliegen nicht nur verstehen und nachvollziehen können, sondern sogar unterstützen, mehr und mehr wegbrechen. Obwohl das Gegenteil bezweckt ist: Übertriebene Nachsicht mit ausländischen Gewalttätern schürt Ausländerfeindlichkeit und nutzt Ausländern in ihrer Mehrheit am allerwenigsten.

Als die Palästinenser in den siebziger Jahren mit Terror auf ihre Situation aufmerksam gemacht haben, da wurden sie – zu Recht – fast weltweit dafür verurteilt und geächtet; und wer sie mit dem Argument verteidigte, sonst hört ihnen ja keiner zu, wenn sie nicht zu solchen Mitteln greifen, stellte sich automatisch ins Abseits.

PKK-Kurden entführen zwar keine Flugzeuge wie die PLO seinerzeit, aber sie sind gewaltbereit und schrecken auch vor Brandanschlägen nicht zurück, bei denen es nur glücklichen Umständen zu verdanken ist, daß nicht noch mehr Menschen zu Schaden gekommen sind. Nur, in diesem Falle ist es umgekehrt: Alle Sympathien haben ausschließlich den Kurden zu gehören, die von den Türken gequält und massakriert werden – was stimmt. Aber die Israelis haben die Palästinenser auch nicht gerade mit Samthandschuhen behandelt.

Wegen der verfluchten Gefahr, mißverstanden zu werden: Ich war und bin gegen die palästinensischen Terrorakte, habe mir auch deshalb damals als Studentin den Palästinenserschal verkniffen, den ich ansonsten aus optischen Gründen ganz gerne getragen hätte. Ich hätte mir nur damals auch mehr kritische Töne gegenüber der israelischen Politik gewünscht. Ich bin gegen die Gewaltakte der PKK und würde es gleichzeitig begrüßen, wenn wir von unserer, also deutscher Seite aus, die Haltung des türkischen Staates den Kurden und der PKK gegenüber kritischer unter die Lupe nähmen und gegebenenfalls deutlich verurteilten. Und zwar mit der Deutlichkeit, die sich Partner untereinander nicht nur leisten, sondern auch wünschen sollten als unabdingbaren Bestandteil einer Partnerschaft, die diesen Namen verdient. Gleichzeitig wünschte ich mir, daß nicht alle Anstrengungen der türkischen

Regierung diffamiert werden, die darauf abzielen, der kriminellen Aktivitäten der PKK Herr zu werden.

Warum geht das alles immer nur im Rechts-Links-Strickmuster? Wer sich für fortschrittlich und linksliberal hält, muß die Sache der Kurden – PKK oder nicht – unterstützen und sich jeglicher Kritik an deren Gewaltaktionen enthalten, denn sonst spielt man dem menschenrechtsverletzenden türkischen Regime in die Hände. Wer die kurdischen Gewaltaktionen verurteilt, kommt erst gar nicht mehr dazu, auch die türkischen Gewaltaktionen gegen Kurden zu kritisieren, denn der hat sich schon längst als häßlicher Deutscher entlarvt.

Mit diesem zwanghaften »Einsortieren« werden wir die Probleme, die leider weder rechts noch links, sondern einfach da sind, nie lösen. So baut man Konfrontation nur weiter auf. Dieses Parteiergreifen mit Scheuklappen ist zudem eine Beleidigung für jeden denkenden Menschen.

Rechthaberei und Besserwisserei – Wesensmerkmale der »Entweder-Oder-Gesellschaft« – machten mich immer aufs neue wütend. Nehmen wir z. B. die Sitte islamischer Frauen, ein Kopftuch zu tragen. Ich persönlich kann es nicht verstehen, daß eine Frau, sobald sie in die Öffentlichkeit tritt, freiwillig ihren Kopf verhüllt; mir wäre das zu unbequem. Und ich bin ja auch keine Gläubige des Islam. Habe also dieses Problem nicht. Als liberal denkendes Individuum eines bestimmten Kulturkreises reagiere ich ablehnend, wenn Menschen etwas aufgezwungen wird. Wenn es sich jedoch um den freien Entschluß von Menschen handelt, Dinge zu tun, die ich als Zwang empfinde – na schön, das ist dann eben so. Anders gesagt: Es ist nicht hinzunehmen, daß heutzutage in von Männern regierten islamistischen Staaten Frauen verfolgt und bestraft werden, wenn sie sich nicht an eine bestimmte Kleiderordnung halten. *Aber* wenn eine Frau das *selbst* will – und das soll es geben –, dann sieht die Sache natürlich anders aus. Ich respektiere Frauen mit Minirock, mit langen Hosen, mit langen Röcken, mit und ohne Hut – warum nicht auch mit Kopftuch.

Doch nun wird's komplizierter. In Frankreich hatte es vor einiger Zeit eine Auseinandersetzung gegeben, die ich hier nur erwähne, weil die dabei aufgeworfenen Fragen auch bei uns eine Rolle spielen – und wegen der Reaktionen von Landsleuten, die ich erlebt habe. Aber zuerst die Nachricht. In einer französischen Stadt kam es zu Ausschreitungen und Streiks, weil es dort islamischen Schülerinnen verboten wurde, den Schulunterricht mit Kopftuch zu besuchen.

Und nun die Reaktionen: Wer sich bei uns für diese Nachricht interessierte, zeigte sich empört – und zwar fein säuberlich in zwei verschiedene Lager getrennt. Hier die toleranten Multikulturellen, die drauf und dran waren, ihren nächsten Frankreichurlaub zu stornieren, und dort die Verfechter des »kurzen Prozesses« nach dem Motto: Was bilden sich diese Moslems eigentlich ein? Keine Chance für Nachdenklichkeit oder das Eingeständnis, keine fertige Antwort parat zu haben. Aber wie soll man sich entscheiden in einem solchen Konflikt?

In gewisser Weise kann ich das Kopftuchverbot in Schulen nachvollziehen, obwohl ich als Verantwortlicher alles darangesetzt hätte, daraus keine Machtprobe werden zu lassen. Bei allem Verständnis für Minderheitenschutz – eine überaus wichtige Errungenschaft, auch ein Zeichen von demokratischer Reife: Es handelt sich bei Frankreich um ein Land mit einer nichtislamischen Tradition, mit einer Kultur, die andere Regeln, andere Normen, andere Sitten hat als islamische Gesellschaften. Und wenn in einem europäischen Land Menschen außereuropäischer Kulturkreise zu Gast sind, dann haben sie zunächst einmal ein Recht auf Gastfreundschaft, aber sie haben kein Recht, denke ich, sich woanders grundsätzlich so zu benehmen wie bei sich zu Hause.

Ich laufe auch nicht in südeuropäischen Ländern mit kurzer Hose und Trägerhemdchen in die Kirche – selbst wenn ich persönlich davon überzeugt bin, daß es Gott ziemlich gleichgültig ist, wie viel oder wenig die Besucher seines Hauses anhaben. Aber darum geht es nicht. Ich versuche, mich als Gast in einem anderen Land so zu verhalten, wie es die Menschen, die dort leben, gewohnt sind. Ich kann am Strand nicht oben ohne herumlaufen, wenn ich in einem stockkatholischen oder islamischen Land Urlaub mache. Ich habe keinen Anspruch auf mein Glas Wein, wenn ich mich in Saudi-Arabien aufhalte. Damit muß ich warten, bis ich wieder zu Hause bin oder in einem Gastland, wo diese Sitten üblich sind. Das alles kann ich bedauern, bemängeln, kritisieren, aber nicht ändern. Ich habe einfach kein Recht, in einer fremden Kultur auf meinen Normen zu bestehen.

Und das Kopftuchverbot in Frankreich? In den Schulen eines Landes werden (meist einheimische) Kinder und Jugendliche mit den Regeln der Gesellschaft dieses Landes bekannt gemacht. Was ist nun das höhere Gut? Der Minderheitenschutz für Andersgläubige oder das Recht eines Staates, die für seine Bürger allgemein verbindlichen Regeln auch auf Gäste auszudehnen, die öffentliche Einrichtungen dieses Landes nutzen? Wenn ich allerdings auf dem zweiten Grundsatz bestehe, muß ich damit rechnen, daß die islamischen Mädchen auf Koranschulen ausweichen. Das aber kann ich auch nicht ernsthaft wollen.

Verstehen Sie, was ich sagen will? Ich weiß in diesem Fall nicht genau, was richtig ist. Ich weiß es einfach nicht. Ich weiß nur, daß durch diesen auf die Spitze getriebenen Streit allseits Porzellan zerschlagen wird: Die Moslems fühlen sich ein weiteres Mal unverstanden und von uns Ungläubigen bevormundet, und die Ungläubigen machen eine Prinzipienfrage daraus, bis sich zwei unversöhnliche Lager gegenüberstehen.

Man sollte annehmen, daß man das Unregulierte unserer freiheitlichen Gesellschaft besonders genießt, wenn man ein überreguliertes kommunistisches Zwangssystem kennengelernt hat. Aber nach meiner Rückkehr aus Moskau wollte sich dieser Effekt nicht so recht einstellen. Ganz im Gegenteil fiel mir zunehmend unangenehm auf, daß wir selber alles bis ins letzte Detail planen und regeln wollen – und zwar mit einer Akribie, die jedem Fünfjahresplan der ehemaligen Sowjetunion alle Ehre gemacht hätte.

Warum wollen wir jeden Aspekt des Lebens regeln? Es gibt die Unternorm zur Unternorm der Norm, und jede denkbare Variante von Ausnahmen muß in Regelform gegossen werden. Haben wir Angst vor uns selbst, denken wir Mißbrauch immer gleich mit? In Selbstregulierungskräfte der Gesellschaft haben wir also kein Vertrauen. Warum nicht? Weil es keine allgemein anerkannten Standards gibt, weil Moral und Wertmaßstäbe in der hintersten Ecke des Speichers verstauben? Regeln wir so viel, weil wir nicht mehr anständig sind bzw. vorsorglich alle anderen für unanständig halten? Weil wir kein Rechtsempfinden mehr haben?

Wir halten uns doch für Demokraten. Wie kommt es dann, daß wir solche Angst vor der Meinung des Volkes haben? Wirklich wichtige Dinge werden doch heute in Koalitionszirkeln und Expertenrunden ausgekocht – die Bevölkerung kriegt die entsprechenden Fragen nie zur Entscheidung vorgelegt. Drückt sich hier das gleiche Mißtrauen aus, das uns alles und jedes in Verordnungen und Gesetzen regeln läßt? Natürlich, mir wird auch manchmal angst und bange, wenn ich fanatische Massen erlebe, wenn ich sehe, wie sich manche populäre Überzeugung nur aus Halbwissen, Borniertheit und mangelnder geistiger Kapazität speist.

Aber das ließe sich doch vielleicht ändern, wenn Bürger so gut und umfassend wie möglich informiert würden. Wenn man daran schon nicht mehr glaubt, ist man in einer Monarchie besser aufgehoben. Im Ernst, wenn wir die Masse Mensch nicht für fähig halten, demokratische Rechte auszuüben, und strukturell alles tun, sie von wirklichen Entscheidungen fernzuhalten, dann sollten wir mit dem Etikettenschwindel aufhören und uns zu autoritären Herrschaftsformen bekennen, statt immer nur anderen Völkern, z. B. den Russen, eine Sehnsucht danach zu unterstellen.

Doch nehmen wir einmal an, fundierte Kenntnis über Sachzusammenhänge sei ein gutes Mittel gegen Fanatismus – was ich glaube –, dann sind ein paar Voraussetzungen zu schaffen. Wir, die Journalisten, dürfen nicht immer gleich entweder draufschlagen oder hochjubeln. Wir müssen uns wehren, wenn jemand von uns verlangt, in drei Minuten die Welt zu erklären – was sag' ich, höchstens anderthalb, dann kommt nämlich die Werbung oder der nächste »take«. Wir brauchen mehr Zeit für Differenzierung und Details. Es ist doch in höchstem Maße albern, wenn sich erwachsene Menschen in Fernseh- und Radiosendungen pausenlos dafür entschuldigen, daß leider die Zeit vorbei sei, daß man in der Kürze dem Thema nur ansatzweise habe gerecht werden können, daß so vieles nur angetippt worden sei, um sich dann mit der typischen Mischung aus Peinlichkeit, Bedauern und Ärger in Blick und Stimme aus der Affäre zu ziehen. Das ist doch Realsatire. »Wir würden ja gerne, aber wir können leider nicht.« Warum eigentlich nicht? Alle wollen alles und kriegen faktisch nichts.

Eine der Aufklärung dienende Weitergabe von Informationen setzt natürlich voraus, daß diejenigen, die darüber verfügen, *bereit* sind, sie weiterzugeben. Diese Bereitschaft wiederum hängt von verschiedenen Dingen ab. Sie steigt z. B., wenn man davon ausgehen kann, daß mit diesen Informationen fair und verantwortungsbewußt umgegangen wird. Sie sinkt gegen Null, wenn heikle Themen nur noch dazu da sind, mißliebige Konkurrenten aus dem Feld zu räumen. Die Information als klassische machtpolitische Keule.

Unser blinder Expertenglaube und die verbreitete Gutachteranbetung tun dem Informationsfluß auch nicht gut. Wenn in unverständlichem Kauderwelsch zugegebenermaßen komplizierte Sachverhalte noch komplizierter dargestellt werden, als sie tatsächlich sind, wenn sich überall die »Spezialistendenke« durchsetzt, dann bleiben Nichtspezialisten zwangsläufig außen vor. Haben Sie nicht auch schon erlebt, daß sich in Diskussionen über die drängenden Probleme unserer Zeit neue Vorschläge erst gar nicht entfalten konnten, weil die Spezialisten ihr Argumentationsarsenal auffuhren: nämlich die verfassungsrechtlichen oder irgendwie anders juristischen oder steuerpolitischen oder sonstwie fachspezifischen Besonderheiten? Politisches Denken nach übergeordneten Kriterien, wenn Sie so wollen »der gesunde Menschenverstand«, zieht dagegen immer den kürzeren.

Achtung, Zwischenbemerkung: Ich weiß, daß »gesunder Menschenverstand« auch zu den Begriffen gehört, mit denen man sich unbeliebt macht. Er ist mißbraucht worden und kann mißbraucht werden. Aber deswegen will ich nicht auf ein Wort verzichten, das in seiner ursprünglichen Bedeutung nichts Anrüchiges hat. Nennen Sie's »Common sense«, das sagt Bill Clinton auch immer, und das ist okay.

Wir brauchen mehr Selbstbewußtsein. Ich mag selbstbewußte Menschen. Es ist so wohltuend, sich mit denen auszutauschen und auseinanderzusetzen. Sie haben eine Meinung, die sie nicht je nach Zuhörerschaft verbiegen. Sie können Fehler zugeben. Man kann sie überzeugen, aber nicht überreden. Sie sind kaum anfällig für die Standardfrage der Spießer: Was sagen die Leute dazu, wenn ich ... Wirklich eine angenehme Spezies, finden Sie nicht auch? Aber achten Sie mal darauf, wie wir mit denen umgehen und wie schwer wir es ihnen machen, so zu bleiben. Kein Wunder, daß wir soviel häufiger überheblichen Schaumschlägern begegnen (wer am ungeniertesten Wirbel macht, der wird zumindest be-, wenn auch nicht unbedingt geachtet) oder aber verklemmten Angsthasen (wer nicht unangenehm auffällt, wird auch nicht unbequem, da kann bis zur Pensionierung eigentlich nichts mehr schiefgehen).

Vielleicht liegt es an den Schaumschlägern und Angsthasen, daß wir uns mit dem Selbstbewußtsein als Nation so schwertun. Im Grunde verhält es sich hier doch ähnlich wie in einer Familie: Wenn Eltern ihr Kind stabilisieren, es selbstbewußt machen, sein Rückgrat stärken, damit es nicht gleich bei jeder Belastung einknickt, dann hat das nichts mit Überheblichkeit und Größenwahn zu tun. Es ist an der Zeit, das auseinanderzuhalten. Deutsche müssen sich ihrer veränderten Rolle in der Welt bewußt werden. Die Zeiten der unterwürfigen Schuldgefühle müssen vorbei sein, ohne die historische Schuld der Deutschen zu vergessen – das geht, und nur so geht es auf Dauer! (Hoffentlich kommt niemand auf die Idee, den ersten Teil dieses Satzes ohne den zweiten zu zitieren – ganz ausschließen kann man das leider nicht, aber soll ich mich deshalb selbst zensieren?) Wir müssen endlich anfangen, uns etwas zuzutrauen, selbstbewußt, ohne dominant zu sein. Wir müssen Verantwortung übernehmen wollen – das hat nicht in erster Linie mit Militäreinsätzen zu tun, das ist ein ganz anderes Thema –, wir müssen die veränderte Welt aktiv mitgestalten, in der nichts mehr so ist, wie es war, in der das geliebte oder gehaßte – je nachdem – Gleichgewicht des Schreckens verschwunden ist.

Wir müssen wohl auch Strukturen verändern. Aber wenn man von Strukturveränderungen spricht, dann werden viele gleich ganz aufgeregt, weil das irgendwie an Systemveränderung erinnert. Die Angst vor Veränderungen ist in den alten Bundesländern ganz enorm. Warum lassen wir nicht alles so, wie es ist? Da kennt man sich aus. Warum sollten wir etwas anderes ausprobieren? Wir haben uns doch so schön eingerichtet. Und so schmoren wir weiter im eigenen Saft. Um im Bild zu bleiben: Vitamine und Nährstoffe gehen schnell verloren.

Wissen Sie, was ich glaube? An all dem wird sich erst dann etwas ändern, wenn die Probleme noch größer und die Verwerfungen noch tiefer geworden sind. Es ist aber wirklich die Frage, wie intelligent und auch wie menschlich es ist, darauf zu warten.

2
Selfmademan und Mafioso

Die Sache mit der Wahrnehmung

Wenn zwei Menschen dasselbe Ding unterschiedlich wahrnehmen, dann gibt es dafür eine ganze Reihe möglicher Erklärungen:

Entweder der eine von beiden leidet an einer Sehstörung. Das läßt sich meist mit einer Brille oder Kontaktlinsen korrigieren. Auch Farbenblinde, die ihre Behinderung kennen, wissen damit umzugehen und würden niemals von sich behaupten, »richtig« zu sehen.

Die unterschiedliche Wahrnehmung kann aber auch mit der jeweiligen Entfernung vom Objekt zusammenhängen. Ein Berggipfel, der in seiner charakteristischen Form das Panorama einer Landschaft beherrscht, ist oftmals am Fuße des Massivs gar nicht zu erkennen – und doch ist es derselbe Berg. Wer akzeptiert, daß unterschiedliche Standorte zu unterschiedlichen Wahrnehmungen führen, daß dasselbe Ding von nahem anders aussieht als von weitem, der wird zustimmen, daß beide Betrachter den Berg »richtig« sehen: der eine mit, der andere ohne Gipfel.

Und schließlich hängt die Wahrnehmung ganz wesentlich davon ab, welche Instrumente dazu in unseren Hirnen und unseren Herzen bereitstehen, sozusagen die geistige Apparatur, mit der wir die Welt sehen, die Raster fürs Einordnen. Und ohne Einordnen hat Wahrnehmen im wahrsten Sinne des Wortes keinen Sinn.

Sie kennen das mit dem halbvollen und dem halbleeren Glas; selbstverständlich sieht der eine wie der andere Betrachter das Glas »richtig« – wer wollte das Gegenteil behaupten.

Manche allerdings sprechen in diesem Zusammenhang dann von subjektiver und objektiver Wahrheit und bestehen darauf, daß es auch letztere gäbe.

Wie schön und bequem, wenn dem so wäre. Nach meiner Überzeugung gibt es alles mögliche, meinetwegen faire und unfaire Wahrheiten, platte und differenzierte, aber was um Himmels willen soll eine objektive Wahrheit sein?

Verstehen Sie mich nicht falsch. Gerade als Journalist mit einer gewissen (altmodischen?) Berufsauffassung liegt mir daran, der Wahrheit auf die Spur zu kommen. Ich fürchte nur, sie läßt einen nie ganz an sich ran, schon gar nicht, wenn man sie zu sehr bedrängt. Oder anders ausgedrückt: Man kann sich der Wahrheit nur annähern, wenn man akzeptiert, sie nie zu besitzen.

Das hat etwas mit Toleranz zu tun. (»Toleranz ist der Luxus der Mächtigen«, habe ich neulich jemanden sagen hören. Ich hoffe inständig, daß er sich irrt.) Und es hat etwas mit Menschenwürde und Menschlichkeit zu tun. Wer von der Existenz objektiver Wahrheiten überzeugt ist, entwickelt meist missionarischen Eifer im Bestreben, auch andere von diesen Wahrheiten zu überzeugen. Der Schritt von missionarischem Eifer zu bornierter Bevormundung ist dann nur klein.

Das war die Theorie. Nun wird's konkreter. Betrachten wir zwei Regionen, die im Brennpunkt der internationalen Aufmerksamkeit stehen, Algerien und den Süden der ehemaligen Sowjetunion. Dazu fällt mir die ebenso abgedroschene wie treffende Floskel ein: Wenn zwei dasselbe tun, ist es noch lange nicht dasselbe. Heißt in diesem Fall: Die politische Beurteilung von Ereignissen hängt nicht unwesentlich von der geographischen Lage des betreffenden Landes ab.

Erinnern Sie sich noch, was geschah, als 1991 in Algerien bei einer demokratischen Wahl die sogenannten Islamisten die Mehrheit bekamen und sich anschickten, die Regierung zu übernehmen? Mit dem Einverständnis der gesamten westlichen Welt wurde diese Wahl annulliert; die Islamisten wurden ins Gefängnis gesteckt.

In Tadschikistan kämpft die dortige Regierung seit einiger Zeit mit russischer Unterstützung gegen die islamische Opposition, der von afghanischen Islamisten geholfen wird. Und was passiert? Im Süden der ehemaligen Sowjetunion verteilen sich die Sympathien ganz anders als in Algerien. Der Westen verurteilt die Russen und verteidigt plötzlich die Islamisten.

Zwei Dinge möchte ich klarstellen: Erstens, der Islamismus ist mir wie alle Ismen suspekt. Schon gar nicht will ich gewalttätige Fanatiker in Schutz nehmen. Aber ich wünsche mir ein Mindestmaß an Aufrichtigkeit. Entweder wir akzeptieren Demokratie mit allen damit verbundenen Risiken oder aber lassen Demokratie nur so lange zu, wie uns die Ergebnisse von Wahlen passen. Es lassen sich für beide Standpunkte Argumente finden, man muß sich nur entscheiden und aus der Entscheidung kein Geheimnis machen. Junge Menschen würden diese Form von Konsequenz sicher mehr schätzen als das ewige »Rumeiern«; dann wüßten sie wenigstens, woran sie sind.

Zweitens: Ich weiß, daß sich politische Vorgänge in verschiedenen Ländern nicht im Maßstab eins zu eins vergleichen lassen. Dennoch ist es müßig, darüber zu streiten, ob die algerischen Sunniten noch etwas fundamentalistischer sind als die tadschikischen und afghanischen und daher doch noch ein bißchen gefährlicher. Das ist allenfalls eine Diskussion fürs Politologieseminar. Im ersten Fall ist der Westen der erklärte Feind, insbesondere die Franzosen, im zweiten Fall sind es nun mal vorrangig die Russen und erst dann der Westen. Das ist der Punkt.

Dieses Beispiel ist ihnen vielleicht im doppelten Sinne zu fern – nehmen wir ein näheres. Was denken Sie, wenn Ihnen ein junger amerikanischer Millionär vorgestellt wird? Abgesehen von der individuell unterschiedlich hohen Neidschwelle, wird die Reaktion der meisten Menschen in Deutschland ein bewunderndes »Mensch, ein Selfmademan!« sein. Blitzartig gehen uns dabei

Klischees durch den Kopf: die klassische Tellerwäscherkarriere, High-Tech, pfiffige Ideen, unternehmerischer Mut, Entdeckergeist ... Dazu erklingt Frank Sinatra mit seiner Hymne an New York und der Zeile, die keinen Widerspruch duldet: »If I'll make it there, I'll make it anywhere.« Stimmt's? Wenn ich's dort schaffe, dann schaff' ich's überall auf der Welt!

Und was denken Sie, wenn Ihnen ein junger russischer Millionär vorgestellt wird? Mafia! Was sonst.

Ich habe diesen kleinen Test schon mehrfach ausprobiert. Ausnahmslos alle reagierten so und fühlten sich anschließend ertappt. Nur in der Verarbeitung gab es Unterschiede: Während die einen sich nahezu erschüttert zeigten, weil Ihnen schlagartig klar wurde, wie leicht man auf Klischees und dummes Zeug hereinfällt, amüsierten sich die anderen eher über die eigene Dummheit.

Die Sache mit der unterschiedlichen Wahrnehmung führt tatsächlich zu den sonderbarsten Ergebnissen. Der Schlüssel für ein besseres Leben in Rußland kann nur Privatisierung heißen, da sind wir uns im Westen doch ziemlich einig, oder? So schnell und so umfassend wie möglich. Der russische Staat muß aufhören, marode Industrien zu subventionieren. Was marktwirtschaftlich gesehen nicht lebensfähig ist, muß man umgehend sterben lassen. Unnötiges Hinauszögern solcher natürlich schmerzvoller Prozesse ist Geldverschwendung und der gesellschaftlichen Umgestaltung abträglich. Russen, damals noch Sowjetbürger, die einen humaneren, nicht so brutalen Übergang proklamierten, sahen sich mit diversen Witzchen konfrontiert. Der beliebteste: Wenn man von Links- auf Rechtsverkehr umstellt, dann kann man auch nicht erst nur die Pkws rechts fahren lassen, während die Lkws noch links fahren dürfen. Eine Zeitlang konnte man kaum eine Sendung einschalten oder eine Zeitung aufschlagen, ohne mit diesem vermeintlich schlagenden Beispiel konfrontiert zu werden.

Wer sich für eine angepaßte Reformgeschwindigkeit einsetzte und einsetzt – angepaßt an gewachsene gesellschaftliche Strukturen, angepaßt an das, was man Menschen zumuten kann, was Menschen aushalten –, dem wurde unterstellt, er wolle sich nicht vom kommunistischen Gedankengut lösen oder aber dorthin zurückkehren.

In Deutschland gibt es auch marode Industrien, die nur durch staatliche Finanzspritzen überleben können – weiß Gott ein Problem, das uns nicht erst seit der deutschen Vereinigung beschäftigt, seitdem allerdings noch weit mehr als vorher. Genau wie in Rußland hängen auch bei uns ganze Regionen – wenn auch in viel kleinerem Maßstab – davon ab, ob der Staat seine schützende Hand über Stahlwerke und Kohlegruben hält. Wenn angesichts der äußerst prekären Haushaltslage und des Schuldenberges, den wir unseren Kindern hinterlassen, vorsichtig über Strukturwandel nachgedacht wird, dann ertönt sofort das Wort »Sozialverträglichkeit«.

Ab welchem Punkt ist der Wunsch nach Sozialverträglichkeit kommunistisch? Bis zu welcher Grenze ist bei uns in Deutschland Sozialverträglichkeit noch systemverträglich? Erheben wir etwa kommunistische Forderungen, ohne es zu wissen? Oder ist der gleiche Vorgang nur in Rußland kommunistisch?

Wenn in Dortmund die Stahlwerker auf die Straße gehen, im Ruhrpott die Kumpel protestieren, dann kämpfen sie um ihre Rechte, um ihre Existenz, um ihren Arbeitsplatz. Das ist zwar alles unbequem, aber letztendlich in unserer Gesellschaft anerkannt; und die Politiker werden einen Teufel tun, diese Menschen – es sind schließlich potentielle Wähler – zu verschrecken. Manchmal dauert's ein bißchen länger, aber zum Schluß wird nachgegeben und weiter Geld in Branchen gepumpt, die in Wahrheit keine Zukunft haben.

Das kann man ja alles so sehen, wenn man will. Aber müßten wir dann für die streikenden und protestierenden Menschen irgendwo in Rußland, die für den Erhalt ihres Kombinats kämpfen, nicht das gleiche Verständnis haben? Müßten wir nicht auch der russischen Regierung das Recht zubilligen, Industriestrukturen zu bewahren, die eigentlich nicht mehr überlebensfähig sind? All das hat etwas mit Wahrnehmung zu tun.

Russische Menschen haben eigene politische Vorstellungen, denken ernsthaft darüber nach, wie man marktwirtschaftliche Freiheiten mit staatlicher Sicherheit kombinieren kann. Etwas anderes wollen wir – wenn wir ehrlich sind – doch auch nicht. Wir möchten, daß es allen Menschen gut geht, daß Alte, Kranke und Schwache von der Solidargemeinschaft aufgefangen werden, wir propagieren Chancengleichheit und Gleichheit vor dem Gesetz. Ist das nun christlich – oder kommunistisch? Warum muß unbedingt immer ein Stempel drauf – damit man weiß, ob man dafür oder dagegen sein darf?

Es ist eine große und nach meinem Empfinden weit unterschätzte Gefahr, daß sich nach dem Ende des kalten Krieges der westliche Teil der Welt als Sieger fühlt und auch so benimmt. »Wir haben den kalten Krieg gewonnen« – wie oft habe ich das auch von ernstzunehmenden Politikern gehört. Ich unterstelle, daß sie das nicht einmal böse gemeint haben. Aber wer siegt, wer gewonnen hat, der hat auch irgendwie recht. Die Verlierer haben etwas falsch gemacht, sonst hätten sie nicht verloren. Leuchtet ein. Wenn die jetzt alles so machen wie wir, dann wird alles gut, und aus Verlierern können Gewinner werden. Hört sich doch prima an.

Stimmt aber nicht mehr. Weil unsere Welt insgesamt eine andere geworden ist, weil die Probleme, die sich bei uns, im komfortableren Teil, angehäuft haben, auch nicht mehr zu ignorieren sind und dringend gelöst werden müssen. Wir können sie nur besser verdrängen als unsere östlichen Nachbarn. Das ist wie im richtigen Leben: Die Leute mit dem größeren Einkommen können länger ungestraft ihre Konten überziehen. Das Erwachen wird dann um so schrecklicher, weil es sich von ganz oben schmerzhafter nach ganz unten fällt. Alles eine Frage der Wahrnehmung.

Wer nun auf die Idee kommt, das soll ein Plädoyer für den

sogenannten dritten Weg werden, der liegt falsch. Besser, ich sag'
das gleich. Ein Zwischending zwischen Kapitalismus und Kommunismus haben schon zu viele andere versucht und sind ge-
scheitert. Aber das Recht auf einen *eigenen* Weg sollte schon sein.
Längst haben Wissenschaftler bewiesen, daß die organisatori-
schen Prinzipien des Westens nicht dazu angetan sind, der Dritten Welt auf die Beine zu helfen, und selbst die wirtschaftliche
Erholung des ehemaligen Ostblocks behindern. Unsere Maßstäbe
zum Maßstab aller Dinge auf diesem Planten zu machen, das
wäre nicht nur unangemessen, sondern ziemlich dumm. Dann
könnten wir auch versuchen, das Wettergeschehen in den Tropen
mit den Regeln zu erklären, die für Mitteleuropa gelten.

Könnte es nicht sein, daß Menschen, die in verschiedenen
Weltgegenden leben und aus unterschiedlichen Traditionen kommen, auch ganz verschiedene Vorstellungen davon haben, wie
eine lebenswerte Gesellschaft beschaffen ist? Wichtig ist doch
nur, daß eine Gesellschaft – wo auch immer auf dem Globus
angesiedelt – die Menschenrechte respektiert und ein Mindestmaß an Rechtsstaatlichkeit bietet. Alles weitere muß doch nicht
exakt so gehandhabt werden wie »bei uns«.

Theoretisch unterschreiben das sehr viele Menschen; mit der
praktischen Umsetzung hapert es. Bloß warum? Sind wir etwa
wirklich davon überzeugt, daß es allen Menschen dieser Welt
bessergehen müßte, wenn sie sich nach unseren Spielregeln rich-
teten? Fürchten wir vielleicht, andere Gesellschaften wollten uns
ihrerseits mit ihrem System beglücken, so daß wir ihnen deshalb
lieber zuvorkommen sollten? Oder beschleicht uns etwa insge-
heim eine tiefe Angst, daß der Mensch in puncto Demokratie eine
Fehlkonstruktion sein könnte?

Solange es Ungerechtigkeiten auf der Welt gibt – also immer –,
werden sich Menschen Gegenmodelle zu bestehenden Gesellschaften ausdenken und versuchen, sie zu verwirklichen. Daher
ist es auch hochgradig naiv zu glauben, der Kommunismus sei für
alle Zeiten tot. Es hängt von den Machtverhältnissen, vom Bil-

dungsgrad der Bevölkerung und nicht zuletzt von der Meinungs- und Pressefreiheit ab, ob sich eine Gesellschaft ein solches Gegenmodell mit Gewalt überstülpen läßt oder nicht.

Der Abstand zwischen arm und reich wird überall immer größer – diese Wahrnehmung verbindet uns alle: die Armen, die Reichen und die dazwischen. Wir sind uns im wesentlichen auch noch einig darüber, daß der soziale Friede empfindlich gestört werden kann, wenn diese Kluft zu tief wird. Aber wenn es um Rezepte geht, wie dieser Entwicklung Einhalt geboten werden kann, hört es spätestens mit den Gemeinsamkeiten auf. Dann spielen individuelle Erfahrungen mit, und es fließen unterschiedliche Interessen ein.

Nennen wir sie Almut. Sie gehört zu den Ärmeren, wie man so sagt. Paradoxerweise sind nach diesem Sprachgebrauch Ärmere ja nicht so arm wie Arme. Ältere auch nicht so alt wie Alte ... Almut ist alleinstehend, arbeitet als ungelernte Hilfskraft in einem Supermarkt und kommt gerade so zurecht. Im Geiste stellt sie Listen von all den überflüssigen Dingen auf, für die Reiche ihr Geld ausgeben, während sie selbst sich nicht einmal so ohne weiteres die Reparatur ihres Kühlschranks leisten kann. Das macht sie unzufrieden, und die Angst, demnächst aus ihrer preiswerten Altbauwohnung rauszufliegen, zehrt an ihrer Gesundheit.

Nennen wir sie Marion. Sie ist Sachbearbeiterin in einer Behörde, fährt einen Mittelklassewagen, leistet sich zweimal im Jahr eine Urlaubsreise und hat gerade den letzten Kredit für die Wohnzimmereinrichtung abbezahlt. Sie ist sauer, weil trotz Beförderung und Gehaltserhöhung immer weniger von ihrem Verdienst übrigbleibt, sauer auf die »Armen«, für die sie immer zur Kasse gebeten wird, und sauer auf die »Reichen«, die finanziell und steuerlich und überhaupt ganz andere Möglichkeiten haben und jedenfalls mehr für die Allgemeinheit tun sollten.

Nennen wir sie Gisela. Sie hat sich nach dem Studium selbständig gemacht und betreibt eine florierende Werbeagentur. Sie hat mittlerweile mehr Geld als Zeit, es auszugeben. Ihr stinkt die »ständige Anmache der Reichen«, wie sie sagt, und meint, das Problem Armut löse man nicht dadurch, daß man die Reichen abschaffe oder gar die Anreize und Möglichkeiten, reich zu werden.

Und schon fällt mir meine Moskauer Zeit wieder ein. Auch in der angeblich klassenlosen Gesellschaft der Sowjetunion lebten nicht alle gleich reich oder gleich arm. Die Extreme waren allerdings längst nicht so kraß wie heute, und Reichtum fand fast im geheimen statt, jedenfalls abgeschirmt von der Öffentlichkeit. Durch die Perestroikapolitik kamen einerseits die materiellen und sonstigen Privilegien zum Vorschein, andererseits führten die neuen wirtschaftlichen Möglichkeiten plötzlich zu sozialen Abstürzen – und zu sozialen Aufstiegen. Das wiederum ließ den Neid wachsen. Wie oft diente im Westen genau dieser Neidfaktor zur Erklärung, wenn es darum ging, warum Eigeninitiative und Unternehmertum in Rußland nicht vorankämen. Da waren bürokratische Hemmnisse, die steuerpolitischen Unwägbarkeiten, aber da war eben auch ganz stark die Neidkomponente, die denjenigen Menschen in den östlichen Ländern das Leben so schwermachte, die sich aus der lethargischen Masse erhoben hatten und mit ihrer Hände Arbeit oder mit ausgefallenen Ideen und Engagement zu Wohlstand gekommen waren. Erinnern Sie sich noch, wie sehr wir uns das Maul zerrissen haben, wenn ein Russe dem anderen die Reifen seiner Westlimousine zerstochen hatte, aus neidvoller Wut, daß er sich selbst so etwas nicht leisten konnte?

Wie steht's denn mit dem Neid in unserer Gesellschaft? Da machen die Autolackzerkratzer, die Antennenabbrecher und Sonstwas-Beschädiger doch nicht einmal vor dem Richter einen Hehl daraus, daß sie leider der pure Neid überfallen habe. Neid trieft einige dermaßen zu, daß sie ihre berechtigten Aggressionen gegen diejenigen, die sich an Steuergeldern bereichern – also auf

Kosten der Allgemeinheit –, auch auf diejenigen ausdehnen, die einfach nur blendend verdienen und gute Geschäfte machen.

Apropos Aggressionen. Was halten Sie von folgenden Aussagen: Politiker – das sind alles kamerageile verantwortunglose Ignoranten, eine aufgeblasene Laienspielschar; Journalisten – alles Schweine, keine Ahnung, aber große Fresse, sensationsgeil und rücksichtslos; Ärzte – eine Ansammlung skrupelloser Abzocker; und erst Zahnärzte – lauter geldgierige Raffzähne. Uff, das hat gutgetan! Oder? Fangen wir mit den Politikern an. »Politiker« ist fast so etwas wie ein Schimpfwort geworden, ein Reizwort allemal. Exbundeskanzler Helmut Schmidt hat neulich in einem Interview gesagt: »Früher haben die Politiker für ihr Land gearbeitet, heute arbeiten sie für ihre Karriere.« Wenn da etwas dran ist – wie ist es dann dahin gekommen? Wird man als Politiker zwangsläufig so, oder werden vor allem solche Leute Politiker, die so sind, wie wir, die Wähler, sie eigentlich nicht haben wollen?

Einerseits müssen wir alle daran interessiert sein, daß die Elite – ach du lieber Gott, das Wort ist auch mit Vorsicht zu genießen und muß vor Gebrauch erst definiert werden, damit einen ja niemand mißversteht –, also, anders formuliert, daß sich die Besten für die Belange unseres Gemeinwesens einsetzen. Andererseits sollen sie das »für'n Appel und 'n Ei« tun. Wir mißgönnen ihnen jede Mark einzeln, und nicht wenige erwarten auch noch, daß sie sich dienstlich mit dem Fahrrad fortbewegen. Ist eigentlich mal untersucht worden, wie sich der Fahrradbonus auf das Wahlergebnis auswirkt, unabhängig von der Partei? Natürlich muß nicht jeder seine Termine per Hubschrauber absolvieren. Aber ein außergewöhnliches Arbeitspensum erfordert hin und wieder, Vehikel der Fortbewegung einzusetzen, die nicht so ökologisch korrekt sind wie Fahrrad und öffentlicher Nahverkehr.

Warum ist unser Bundestag zu 50 Prozent mit Lehrern und anderen Angehörigen des öffentlichen Dienstes besetzt? Ohne irgendeinem Berufsstand zu nahe treten zu wollen, aber es kann doch nicht gut sein, daß im wesentlichen *eine* Gruppe unserer Gesellschaft über die Belange aller anderen entscheidet, über Berufs- und Lebensfelder, die sie selbst nie kennengelernt hat.

Angestellte und Selbständige haben nun einmal nicht sehr viel gemein – jedenfalls nicht, was die jeweiligen Interessen betrifft. Im Zweifel beneiden die einen die anderen und hätten gerne die Vorteile des jeweils anderen. Das kommt mir zuweilen so vor wie in der Sowjetunion, als viele Russen nach der Öffnung ihres Landes glaubten, sie könnten ohne weiteres den Wohlstand westlicher Gesellschaften mit der Bequemlichkeit und Sicherheit des östlichen Systems kombinieren. Man muß sich schon entscheiden.

Als langjährige Festangestellte des Westdeutschen Rundfunks habe ich die Sicherheit genossen. Ich bekam immer mein Gehalt, ganz gleich, ob ich viel oder wenig produziert hatte, und ich mußte mir auch keine Sorgen machen für den Fall, daß ich krank werden würde. Es gab Phasen, in denen ich die freischaffenden Kollegen bedauerte, weil sie so unter Druck standen und sich eigentlich auf nichts verlassen konnten. Sie mußten immer besser und schneller sein als die Konkurrenz. Wurde morgen das Programm umstrukturiert, waren sie vielleicht die Aufträge los, mit denen sie schon fest gerechnet hatten. Und wenn die Chemie zwischen ihnen und ihren Auftraggebern nicht stimmte, konnten sie so gut sein, wie sie wollten, es half nichts. Wie beruhigend hingegen die Lage des Festangestellten. Konkurrenz führt allenfalls dazu, daß die eigenen Beiträge nicht gesendet werden, aber nicht dazu, daß die monatliche Überweisung ausbleibt. Wenn umstrukturiert wird – kein allzu großes Problem, da wird man eben um-, aber nicht vor die Tür gesetzt, und jede chemische Unverträglichkeit läßt sich auf ähnliche Weise lösen. Der Job ist in jedem Fall sicher. Um den zu verlieren, muß man schon silberne Löffel klauen, und die liegen da ohnehin kaum rum.

Es gab allerdings auch Phasen, in denen ich die »Freien« beneidet habe. Diejenigen, die es »geschafft« hatten. Die weniger arbeiteten als ich, aber wesentlich mehr verdienten, die dickere Autos fuhren, schönere Wohnungen hatten und herrlich unabhängig waren.

Nach meiner Zeit als ARD-Auslandskorrespondentin in Moskau habe ich mich zunächst für ein Jahr beurlauben lassen und dann meine feste Stellung gekündigt. Nun bin ich freischaffend und kann alle beschriebenen Vorzüge genießen. Wenn ich es nicht »geschafft« hätte, dann gäbe es wohlmöglich Phasen, in denen ich meine festangestellten Kollegen beneiden würde ...

Man kann es drehen und wenden, wie man will: »angestellt« oder »selbständig« – das ist nicht nur ein steuerlich relevanter Unterschied auf dem Finanzamtsformular. Existentielle Fragen stellen sich anders. Wer seine feste Anstellung verliert, hat wenigstens Anspruch auf Arbeitslosengeld, Selbständige landen gleich bei der Sozialhilfe. So selbstverständlich für den Angestellten Urlaubsanspruch und Lohnfortzahlung im Krankheitsfalle sind, so zwangsläufig versiegen die Einkünfte der Selbständigen für diesen Zeitraum, im Urlaub sowieso und bei Krankheit in der Regel auch. Wer kann sich schon die Versicherungsbeiträge für eine angemessene Ausfallentschädigung leisten. Da gibt es ja auch keinen Arbeitgeber, der die Hälfte übernimmt.

Jeder weiß, daß die Zinsen, die man für eine Geldeinlage bekommt, besonders niedrig sind, wenn das Risiko, das Geld zu verlieren, besonders klein ist. Jeder weiß, daß diejenigen, die ihr Geld für riskante Geschäfte zur Verfügung stellen, im Erfolgsfall mit besonders hohen Renditen rechnen können. Kein vernünftiger Mensch käme auf die Idee, für riskante Unternehmungen niedrige Zinsen zu fordern. Und wer Höchstzinsen für bombensichere Anlageformen erwartet, macht sich lächerlich.

Kommen wir zu den Journalisten. Medien- und Journalistenschelte ist ja gerade sehr beliebt. Alle schimpfen über Häppchen-Berichterstattung, vermissen den informativen Hintergrund und gucken im Endeffekt – wenn man den Einschaltquoten glauben darf – mehrheitlich doch die Sendungen, in denen die sogenannten neuen Sehgewohnheiten bedient werden: schön schnell und schön bunt. (Wenn Sie mir jetzt die eine oder andere Ausgabe des »Kulturweltspiegels« um die Ohren hauen wollen – was haben Sie gegen Selbstkritik? Hauptsache, man bleibt lernfähig.)

Aber das Prinzip ist ja nicht neu: Seit ewigen Zeiten wird über die *Bild-Zeitung* geschimpft, und doch hat sie nach wie vor mit fünfeinhalb Millionen Exemplaren (im vierten Quartal 1995 waren es exakt 5 545 912) die höchste Auflage. Was halten Sie von dem Satz: »Ohne die entsprechende Kundschaft könnte sich Schrott-Journalismus nicht halten«? Etwas feiner formuliert: Ohne Nachfrage gäb's kein Angebot. Oder noch anders gesagt: Jede Gesellschaft hat nicht nur die Politiker, sondern auch die Journalisten, die sie verdient. Information ist eine Ware, die gekauft werden will. Die Zeiten des öffentlich-rechtlichen Sendemonopols, wo das noch keine Rolle spielte und Einschaltquoten als überkommerzialisierte amerikanische Spinnerei gelten konnten, sind unwiederbringlich vorbei. Ob man das begrüßt oder bedauert, ist dabei völlig unerheblich.

Abgesehen von diesen strukturellen Veränderungen, die sich auf die Art und Weise der Berichterstattung auswirken – es läßt sich natürlich nicht leugnen, daß es unter den Journalisten, wie in jedem anderen Beruf, schwarze Schafe gibt, die es fast geschafft haben, den Ruf einer ganzen Branche zu ruinieren. Auch wenn die im Zweifel nicht mal wissen, wie man Berufsethik schreibt, so weiß die Mehrheit der Journalisten doch sehr genau, was das ist, und bemüht sich, auf dieser Grundlage zu arbeiten. Um so trauriger, daß diese Mehrheit den Auswüchsen einer hemmungslosen Minderheit nicht entschieden genug begegnet. Dann wären Gesetzesinitiativen, die die Pressefreiheit einschränken sollen, viel leichter zu stoppen. Man schafft ja auch nicht die Sozialhilfe ab, nur weil einige sie mißbräuchlich beziehen.

Aber es gehört Mut dazu, sich von falsch verstandener Loyalität zu verabschieden. Eine Krähe hackt der anderen kein Auge aus

– mit diesem Spruch kommentieren wir in der Regel das Verhalten von Ärzten, die sich schwertun, Fehler ihrer Kollegen als solche zu bezeichnen. Journalisten praktizieren mit ein paar berufsbedingten Abwandlungen das gleiche Verfahren. »Kollegenschelte« und »Nestbeschmutzung« – das wird branchenübergreifend nicht gerne gesehen. Also, warum sollten wir Journalisten besser und mutiger sein als der Rest der Gesellschaft?

Ja, und die Ärzte. Hier schlägt die Sache mit der Wahrnehmung wahre Kapriolen. Wir meckern über unmenschliche und teure Apparatemedizin. Wer allerdings auf der Intensivstation mit Hilfe modernster Technik lebensbedrohliche Situationen meistern konnte, sieht das anders. Wir lästern darüber, daß Geräte in einer Arztpraxis nach marktwirtschaftlichen statt nach strikt medizinischen Regeln ausgelastet werden. Aber wir rümpfen die Nase, wenn solches Gerät in einer Praxis fehlt – da kann man doch nicht hingehen. Vielleicht sind Sie ja gerade die Ausnahme und halten Ihrem Dorfdoktor die Treue.

Beim Auto, das ein Arzt fahren darf, sind wir auch sehr konsequent. Besitzt der Mediziner eine Luxuskarosse, fällt uns sofort das Defizit der Krankenkassen ein. Wird man seinem Auto eher mit der Bezeichnung Nuckelpinne gerecht, ist das auch nicht in Ordnung. Da kann doch was nicht stimmen; allenfalls eingefleischte Ökofreaks reagieren da gelassen.

Wir haben uns vor Gericht erstritten (eine Lieblingsbeschäftigung der Deutschen), einen bestimmten Prozentsatz des Arzthonorars verweigern zu dürfen, wenn wir länger als eine halbe Stunde in der Praxis warten mußten. Soll er doch besser planen, der Herr Doktor. Aber natürlich wollen wir ein ausführliches Gespräch mit ihm und die Gewißheit, daß er auf jeden von uns ganz individuell eingeht.

In der Sowjetunion wurden Ärzte weit schlechter bezahlt als Arbeiter. Im Extremfall bekam der Fahrer, der eine Moskauer Notärztin zu ihren Einsätzen brachte, wesentlich mehr Geld als diese. Für uns kaum vorstellbar, aber nach der damals geltenden Ideologie war Handarbeit nun einmal wertvoller als Kopfarbeit.

Wir sind dabei, uns anzunähern. Jedenfalls liegt der Stundenlohn für den nächtlichen Noteinsatz eines Schlüsseldienstes höher als der eines Arztes. Auch von Urteilen, die es gestatten, das Honorar zu kürzen, wenn der Handwerker eine halbe Stunde später als angekündigt zur Reparatur kommt, ist mir nichts bekannt. Dafür aber ein Urteil des Kölner Amtsgerichts, das dem Geschäftsführer einer Marketinggesellschaft recht gab, der für die Wartezeit beim Arzt einen Verdienstausfall geltend machte. Er durfte zwar nicht, wie er das eigenmächtig bereits getan hatte, von der Rechnung über 555,13 DM den Betrag von 325 DM abziehen, sondern nur 162,50 DM, aber immerhin. Vom Amtsgericht Burgdorf ist ein Internist zur Zahlung von 70 DM verurteilt worden, weil er einen auf Termin bestellten Patienten knapp anderthalb Stunden hatte warten lassen. Die vorherigen Hausbesuche hatten sich verzögert. Hätte der Arzt einen Rundruf bei den einbestellten Patienten gestartet und sie auf diese Terminverschiebung hingewiesen, hätte er, so das Gericht, der Strafe entgehen können. Wie steht es dann aber mit dem Verdienstausfall eines Arztes, wenn ein Patient nicht zur Behandlung erscheint? Laut Amtsgericht Kenzingen müssen Patienten selbst dann nicht zahlen, wenn sie eine Erklärung unterschrieben haben, nach der der Arzt für versäumte Termine Gebühren verlangen kann. Das Amtsgericht Calw sieht das ähnlich. Ein Patient könne jederzeit den Behandlungsvertrag kündigen, auch das Fernbleiben vom vereinbarten Termin rechtfertige keinen Schadenersatz. Mir sind lediglich zwei Ausnahmen bekannt: In Konstanz mußte eine Patientin Schadenersatz zahlen, weil sie zweimal hintereinander einer anberaumten kieferorthopädischen Behandlung fernblieb, und in München ging es bei einer vergleichbaren Entscheidung um einen chirurgischen Eingriff, der durch das Verschulden des Patienten nicht zustande kam.

Es ist alles eine Frage der Wahrnehmung.

Kennen Sie den Unterschied zwischen Interesse und Sonderinteresse? Ich auch nicht. Aber ich höre mit Interesse (ganz ohne »Sonder«), zum Beispiel in Nachrichtensendungen, daß Rußland im ehemaligen Jugoslawien Sonderinteressen verfolge. Aha. Wenn jemand Interessen verfolgt – das wird toleriert, das ist halt so auf der Welt. Aber bei Sonderinteressen – da gehen alle Warnlampen an, da stimmt was nicht.

Warum nehmen wir die politische Mitsprache in sogenannten Einflußsphären bei befreundeten Völkern als Interessen wahr und bei nicht so befreundeten als Sonderinteressen? Warum ist es politisch korrekt, amerikanische Interessen etwa im karibischen Raum zu akzeptieren? Keine falschen Schlüsse, ich akzeptiere die. Aber warum gehört es ebenso zur »Political correctness«, russische Interessen im osteuropäischen Raum als Imperialismus zu diffamieren?

In diesen Zusammenhang gehört auch die schädliche Diskussion über die Nato-Mitgliedschaft ehemaliger Ostblockstaaten. Von Anfang an habe ich in meinen Büchern und Vorträgen dagegen argumentiert. Da sind die Zeiten des kalten Krieges gerade mal mühsam überstanden, wenn auch nicht überwunden, und schon basteln einige an einer Neuauflage, nur mit leicht verschobenen Grenzen. Das Schlimmste aber ist die Verlogenheit – oder doch die Ignoranz? Jedenfalls spielt sich diese Diskussion unter einem dicken Mantel der Heuchelei ab. Ich habe es selbst mehrfach erlebt. Hochrangige deutsche Politiker und Ministerialbeamte, die nach außen vehement für die Osterweiterung eintreten, geben im persönlichen Gespräch zu erkennen, daß sie leider nicht anders können, weil sie doch verschiedenste Rücksichten zu nehmen hätten. Auf meine Frage, wie sich dieses Verhalten verantworten ließe, bekam ich meist Antworten wie die folgende: »Ich verlasse mich darauf, daß sich das Unterfangen, weil unbezahlbar, früher oder später von selbst erledigt.« Das nennt man wohl politischen Gestaltungswillen – übrigens absolut parteiübergreifend, damit das klar ist.

Bei allem Verständnis für das Sicherheitsbedürfnis kleiner osteuropäischer Staaten – es wäre dennoch ein verhängnisvolles Signal, diese Länder in die Nato aufzunehmen. Alleine das Gerede darüber richtet unermeßlichen politischen Schaden an; davor sollte niemand die Augen verschließen. Wenn wir von der Ost-West-Konfrontation ernsthaft Abschied nehmen wollen, dann gibt es theoretisch nur zwei Möglichkeiten: entweder die ehemaligen Ostblockstaaten inklusive Rußland aufzunehmen, was *praktisch* ein Wahnsinn wäre, also ausscheidet – oder aber zu versuchen, die Nato schrittweise durch neue Sicherheitsstrukturen zu ersetzen, die unserer veränderten Welt angemessener sind. Denn die alten Strukturen taugen ja offenbar wirklich nicht viel zur Bewältigung von Regionalkonflikten, wie die Erfahrung zeigt. Und Regionalkonflikte sind die Gefahr der Zukunft. Es würde sich bestimmt lohnen – und zwar für alle Beteiligten –, ernsthafter als bisher darüber nachzudenken, wie man die OSZE (Organisation für Sicherheit und Zusammenarbeit in Europa) ausbauen, sie zumindest als Ausgangspunkt für eine neue umfassende Sicherheitstruktur nehmen könnte. In jedem Fall heißt es, sich vom Irrglauben zu verabschieden, ein Militärbündnis, nämlich die Nato, beibehalten zu können, nachdem das andere, nämlich der Warschauer Pakt, aufgelöst wurde.

Wir leiden alle unter Kurzzeitgedächtnis. Erinnern Sie sich noch an die Gespräche zwischen Gorbatschow und Kohl, zwischen Schewardnadse und Genscher im Vorfeld der deutschen Vereinigung? Zu dieser Zeit war ich ja ARD-Korrespondentin in Moskau, also mit der Nase dran. Und dieses Thema hat bei meinen diversen Gesprächen mit Michail Gorbatschow im Laufe der Jahre immer wieder eine Rolle gespielt – der über die Kehrtwende des Westens maßlos enttäuscht ist –, ebenso bei meinen Begegnungen mit dem ehemaligen deutschen Außenminister Hans-Dietrich Genscher.

Als es um die deutsche Vereinigung ging, da herrschte zwischen allen Beteiligten – auch den USA, Großbritannien und Frankreich – Einvernehmen darüber, daß sich die Nato eben nicht in das entstandene Vakuum nach Osten ausdehnte. Das war eine ganz wichtige Voraussetzung für den Vereinigungsprozeß. Und heute? Das haben wir vergessen oder wollen es nicht mehr wahrhaben. Reicht Ihre Phantasie, sich auszumalen, was der Westen damit im Bewußtsein von Russen auslöst? Müssen wir uns da noch wundern, wenn sich immer mehr russische Menschen enttäuscht vom Westen abwenden? Wer hier argumentiert, man könne der demokratischen Entwicklung in Rußland nicht trauen und müsse deshalb gerade Ländern wie Polen Beistand anbieten, der bringt etwas durcheinander. Umgekehrt wird ein Schuh draus: Weil sich der Westen nicht entschließen kann, Rußland als vollwertigen Partner zu behandeln, verhindern wir Normalisierungsprozesse in diesem Koloß.

Es zeugt nicht von politischem Augenmaß im Westen, beispielsweise den Polen Hoffnung auf eine baldige Aufnahme in die Nato zu machen. Ich finde es geradezu unmöglich, daß die Amerikaner einen großen Waffenverkauf an Polen quasi als Erfolgsmeldung rauspusten und als Vorbereitung auf die künftige Nato-Mitgliedschaft Polens verstanden wissen wollen. Aus mindestens zwei Gründen ist das unmöglich. Einmal haben die Polen sicher andere Prioritäten zu setzen, als sich teures westliches Militärgerät zuzulegen, das im Zweifel durch ausländische Kredite bezahlt wird. Das heißt, das Geld kommt letztendlich – wie so oft – westlichen Firmen zugute. Und zum anderen: Während einige westliche Politiker aufrichtig bemüht sind, die Russen davon zu überzeugen, daß der Westen sie nicht ausgrenzen und isolieren wolle, schaffen die Amerikaner vollendete Tatsachen, indem sie in dieser sicherheitsempfindlichen Zone westliche Waffensysteme installieren. Für die Dekoration sorgte dann der Besuch des amerikanischen Präsidenten in Polen. Der »begnadete Außenpolitiker« Clinton habe sich vor seiner Reise von Exilpolen aufheizen und von »lauter kleinen Hupkas« briefen lassen, so ein Mitglied einer Bonner Regierungspartei. Und weiter: »Die wissen alle nicht, was sie anrichten.«

Ein amerikanisches Friedensforschungsinstitut, das bemerkenswerterweise von früheren Militärs geleitet wird, warnt vor den schlimmen Folgen einer Osterweiterung. Der Direktor – ein Admiral – plädiert gar für die Abschaffung der Nato, die in Zeiten des kalten Krieges gute Arbeit geleistet habe, aber nun ein Anachronismus sei. Finden Sie solche Positionen in der öffentlichen Diskussion bei uns wieder?

Ein namhafter deutscher Politiker hält die Osterweiterung der Nato für »gefährlichen Schwachsinn« und »totalen Blödsinn«. Auch er meint, daß sich die Russen verraten vorkommen müssen, und hat auch dafür ein deutliches und, wie ich finde, treffendes Wort gefunden, indem er von »Beschiß« spricht. Offiziell drückt er das wesentlich zurückhaltender und verklausulierter aus. Im Bonner Dunstkreis ist noch folgende Version zu hören: »Die Oberidioten denken sich, in der Europäischen Union wollen wir sie nicht haben – die Polen und all die anderen –, das wird zu teuer, da nehmen wir sie lieber in die Nato auf. Dabei wird das ja noch teurer.« Zu Zeiten des kalten Krieges war es politisch geboten, mit unvorstellbar hohen Summen Länder wie Portugal, Griechenland und die Türkei in die Nato zu hieven. An einen solchen Kraftakt ist mit Blick auf die osterweiterte Gemeinschaft überhaupt nicht mehr zu denken. Unabhängig vom Porzellan, das diese Diskussion in Rußland zerschlägt.

Von einem bekannten deutschen Politiker habe ich im persönlichen Gespräch einen griffigen Vergleich gehört. Er sagte: »Für die Russen ist das doch so, als mute man den Amerikanern zu, die Aufnahme Mexikos oder Kanadas in den Warschauer Pakt zu dulden.« Vergleiche hinken immer, das wissen wir alle, aber sie aktivieren zumindest die passenden Gehirnwindungen.

Es ist wie so oft. Es geht gar nicht um Sicherheit, sondern um ein gigantisches Geschäft: Die ehemaligen Ostblockländer müßten – im wahrsten Sinne des Wortes – von Grund auf umgerüstet werden. Ein tolles Geschäft für die entsprechenden westlichen Firmen. Muß man nicht stutzig werden, wenn sogar die amerikanischen Admirale in ihrer Studie darauf hinweisen, daß die Kredite der US-Regierung an osteuropäische Länder eigentlich nicht dazu da sind, die eigene Rüstungsindustrie zu alimentieren, und daß dies dem Demokratisierungsprozeß in Rußland schadet, weil die Falschen Oberwasser bekommen? Mir gibt es jedenfalls zu denken, wenn sich nach meinen Vorträgen zu diesem Thema Generäle der Bundeswehr bei mir für die deutlichen Worte bedanken.

Ein Einwand darf an dieser Stelle nicht fehlen: Und was ist mit dem schmutzigen Krieg in Tschetschenien? Haben Sie sich einmal die Frage gestellt, welchen Anteil der Westen daran hat? Boris Jelzin wurden doch immer wieder neue Freibriefe für seine selbstherrlichen und von der Verfassung nicht gedeckten Entscheidungen ausgestellt. Ganz gleich, ob es sich um das Zusammenschießen des Weißen Hauses im Oktober 1993 oder um seine rigorose Zensurpraxis gegenüber der Presse handelte, die wir zu Gorbatschows Zeiten nie akzeptiert hätten. Aber es war ja so schön bequem, sich auf eine einzige bekannte und im persönlichen Umgang sicher nicht unsympathische Figur zu stützen und zu glauben, der wird's schon richten. Da blieb für Jelzin-Skeptiker nur die Kommunismus-Nostalgie-Ecke.

Das muß zum Thema Rußland in diesem Buch reichen. Zurück zu den »Innereien« unseres Landes.

Ich bin nicht so vermessen, Antworten geben zu wollen – das kann ich gar nicht. Aber ich will Fragen stellen, möglichst die richtigen. Und ich möchte in diesem Buch ein paar Anregungen geben, die vielleicht simpel klingen, die aber offenbar doch nicht simpel genug sind, um Allgemeingut zu sein.

Wie wäre es etwa damit, sich viel häufiger in die Lage anderer zu versetzen und dann zu überlegen, wie man selbst handelt oder reagiert. Das bringt Verständnis und macht tolerant. Es funktioniert natürlich nur, wenn man sich selbst nicht beschummelt, das ist klar.

Beispiel gefällig? Bitte sehr: Sie verurteilen den Unternehmenschef, der eine junge Frau nicht einstellt, weil sie schwanger ist oder schwanger werden könnte, und der deshalb die freie Stelle in seinem Betrieb einem jungen Mann gibt. Unglaublich! Jetzt versetzen Sie sich in die Lage des »Arbeitgebers«: Die Lohnkosten in Deutschland sind im internationalen Vergleich unverhältnismäßig hoch; das ist eine Binsenweisheit. Der Urlaubsanspruch ist nirgendwo auf der Welt höher als in Deutschland. Mutterschutz gilt für vierzehn Wochen. Das heißt im Klartext: Sie stellen eine Arbeitskraft ein, die Sie tariflich bezahlen, die ihnen aber für eine Zeit von mindestens dreieinhalb Monaten nicht zur Verfügung steht, wenn sie ein Kind bekommt. Das wiederum bedeutet, daß Sie die Arbeit entweder selbst machen, sie anderweitig delegieren oder aber zusätzlich noch jemanden einstellen müssen. Nicht zu vergessen die Probleme, die auftauchen, wenn eine Frau nach drei Jahren Babypause Anspruch auf eine gleichwertige Stelle im Betrieb erhebt. Das steht ihr ja gesetzlich zu.

Moralisch hin oder her, kinderlieb rauf oder runter, familienfreundlich ja oder nein: Es gibt doch ein paar Tatsachen, an denen nichts zu deuten ist und die man zur Kenntnis nehmen muß – wenn, ja wenn man sich ernsthaft bemüht, sich in die Lage eines Menschen zu versetzen, der ein Unternehmen am Bein hat, mit allen Vorteilen und allen Risiken.

So, nun das Ganze andersrum. Sie – Personalchef, Firmenboß oder Betriebschef – sind empört über die junge Frau, die Sie neulich eingestellt haben und die Ihnen auf ihre entsprechende Frage (die Sie eigentlich sowieso nur unter ganz bestimmten Bedingungen stellen dürfen) wahrheitswidrig geantwortet hat, sie sei nicht schwanger. Unverschämtheit. Nun versuchen Sie sich einen Moment lang vorzustellen, eine junge dynamische Frau zu sein, die den Ehrgeiz hat, berufliches Engagement mit Familie zu kombinieren. Das Stellenangebot der Firma trifft Ihre Fähigkeiten und Neigungen total, alles paßt: Ort und Arbeitszeiten. Wer weiß, ob sich eine solch günstige Gelegenheit je wieder bietet. Sie sind auch hoch motiviert. Die Schwangerschaft war zwar nicht geplant, aber nun ist es halt so, wie es ist. Das ist ja nun wahrlich kein Grund, sie abzubrechen. Also: jetzt oder nie. Sie haben sich informiert und darüber aufklären lassen, daß Sie nicht verpflichtet sind, Ihrem Arbeitgeber über eine Schwangerschaft Auskunft zu geben. Sie kennen sogar ein Urteil, in dem ausdrücklich festgelegt ist, daß Sie in dieser Situation die Unwahrheit sagen dürfen, ohne daß Ihnen das Nachteile einbringen darf. Hand aufs Herz – würden Sie sich wirklich anders verhalten und riskieren, die Stelle nicht zu bekommen?

Die nächste Anregung umzusetzen ist etwas schwieriger: Trauen Sie sich, unbequeme Dinge anzusprechen, denn sonst bemächtigen sich die falschen Leute der richtigen Themen! Merke: Heikle Themen erledigen sich nicht dadurch, daß man sie totschweigt.

Der Republikaner Schönhuber war damals, im November 1992, sicher nicht der richtige »Late Night«-Talkgast bei Thomas Gottschalk. Ich käme auch nie auf die Idee, »Wetten, daß . . .?« präsentieren zu wollen; das habe ich nicht gelernt, das kann ich nicht. Und politische Auseinandersetzung kann Thomas Gottschalk nicht. Aber viele meiner Kollegen, die ganz besonders aufgebracht über ihn hergefallen sind, müssen die Frage zulassen: Wer hat mehr Reklame für Herrn Schönhuber gemacht: Gottschalk mit seinem unsäglichen Interview oder all die Journalisten, die Herrn Schönhuber so krampfhaft versteckt haben, daß man den Eindruck gewinnen mußte, sie fürchten sich vor ihm? Das machte Leute wie Schönhuber und Konsorten doch erst interessant.

Wenn solche Menschen mit solchen Meinungen existieren, dann sind sie Teil unserer Realität, die sich allenfalls kurzfristig und nur unvollständig ausblenden läßt. Man kann nicht an ihnen vorbei – ganz gleich, wie man zu ihnen steht. Wenn überzeugte Demokraten vor einer solchen Herausforderung kneifen, dann ist das ein Armutszeugnis. Wenn wir es nicht schaffen, extremistische Gedanken als solche zu entlarven, dann brauchen wir auch nicht darauf zu vertrauen, daß keiner sie aufgreift, bloß weil wir, die dagegen Gefeiten, sie nicht zur Kenntnis nehmen.

Mit dem letzten Hinweis tue ich mich schwerer, weil ich zu den Privilegierten hierzulande gehöre. Dennoch – diese ewige Jammerei über alles und jedes in einem der reichsten und sichersten Länder der Erde ist nicht mehr zu ertragen. Deutsche machen sich damit in aller Welt langsam lächerlich. Wenn wir dann wirklich mal Grund haben, uns zu beschweren, nimmt uns keiner mehr ernst, weil jeder gleich abwinkt: Ach, die Deutschen, die haben doch immer was zu meckern.

Da fällt mir ein Gespräch zwischen einem Russen und einem Deutschen ein. Der Deutsche beklagte wortreich die typisch russische Lethargie und beschwor nicht ohne Mitgefühl eine äußerst schwarze Zukunft. Zum Abschluß begründete er seine Sorge damit, bei den Russen sei von der anfänglichen Begeisterung gar nichts mehr übriggeblieben, ja, ihr Verhalten lege zunehmend den Schluß nahe, sie gäben einfach auf und fügten sich in ihr Schicksal. Darauf der Russe: »Russen geben nicht auf, sie hören nur auf zu jammern.« Es entstand dann eine gewisse peinliche Pause in diesem Gespräch.

Es kann ja sein, daß ich besonders sensibel darauf reagiere, aber vielleicht ist Ihnen auch schon aufgefallen, daß Menschen aus verschiedenen Ländern auf die Standardfrage: »Wie geht es Ihnen?« auch unterschiedliche Standardantworten parat haben. Der Franzose sagt »ça va«, der Amerikaner »fine«, der Russe »normalno« – und der Deutsche? »Kann nicht klagen.«

Alles eine Frage der Wahrnehmung.

3
Das Zweihundertsechzehn-Milliarden-Mißverständnis

Im Dschungel der Subventionen

Tatsache ist, daß wir uns unseren Wohlstand nicht mehr leisten können, weil wir auf Pump leben. Tatsache ist, daß wir sparen müssen, daß wir lernen müssen, mit den Mitteln, die uns zur Verfügung stehen, auszukommen. Jede Familie muß das, oder sie ruiniert sich auf Dauer. Jeder Betrieb muß das, oder er landet in der Pleite. Der Staat, die Gesellschaft, wir alle müssen das auch.

Sparen – oder treffender: weniger ausgeben, denn wenn wir auch noch sparen könnten, das wäre ja schön – tut niemand gern. Dinge, an die man sich wie selbstverständlich gewöhnt hat, soll man sich plötzlich abgewöhnen. Das macht unzufrieden, und je weniger man die Notwendigkeit, »kürzerzutreten«, einsieht, desto unzufriedener wird man. Und wenn man dann auch noch jede Verantwortung für die Misere ablehnt, alle Schuld von sich weist und nur bei anderen sucht, dann kann sich die Unzufriedenheit auch schon mal zur Aggression auswachsen.

Subventionen – das ist so ein Reizthema. Zu studieren ist hier einiges, was mir typisch für die gegenwärtige Situation erscheint, nämlich

O wie sehr Theorie und Praxis auseinanderklaffen,

O wie geschickt wir inzwischen Gesetze, Verordnungen und Gelegenheiten ausnutzen,

O wie verlogen oft diskutiert wird

O und wie sehr wir mittlerweile von Anspruchsdenken erfüllt sind, immer auf der Suche, noch irgendwo etwas herauszuschlagen.

Machen Sie einmal den Versuch herauszufinden, wie hoch die Summe ist, die in Deutschland für Subventionen ausgegeben wird. Viel Vergnügen, Sie werden sich wundern. Man sollte ja annehmen, das ginge ganz einfach. Da ruft man nur im Finanzministerium an, läßt sich mit der Pressestelle bzw. mit dem zuständigen Sachbearbeiter verbinden, und dank unserer segensreichen technischen Hilfsmittel wie EDV ist es dann ein leichtes, aus übersichtlichen Listen zu ersehen, wer in unserem Staat wofür Subventionen erhält. Denkste.

Es gibt natürlich einen Subventionsbericht, präzise heißt er in der letzten Fassung vom 1. September 1995: »Bericht der Bundesregierung über die Entwicklung der Finanzhilfen des Bundes und der Steuervergünstigungen gemäß § 12 des Gesetzes zur Förderung der Stabilität und des Wachstums der Wirtschaft (StWG) vom 8. Juni 1967 für die Jahre 1993 bis 1996 (Fünfzehnter Subventionsbericht)«. Diese »Unterrichtung durch die Bundesregierung«, wie das Papier überschrieben ist, erscheint in der Regel alle zwei Jahre. Der aktuelle Bericht umfaßt 268 Seiten.

Nun könnte man ja zunächst einmal meinen: Sehr gut, wenn dieses Werk so umfänglich ist, dann steht bestimmt alles drin, was man zur Kontrolle braucht. Denn Kontrolle muß sein. Schließlich sind Subventionen kein Selbstzweck, sondern wirtschaftliche Hilfe auf Zeit; es dürfen nicht die Falschen begünstigt und Staatsbeihilfen nur so lange gezahlt werden, wie sie wirklich notwendig sind.

Wer sich den Subventionsbericht jedoch genauer ansieht, wird bald feststellen, daß er keineswegs vollständig ist. Das liegt zum einen in der Natur der Sache, denn Steuer*ausfälle* lassen sich nun mal genauso schlecht schätzen wie Steuer*einnahmen*. Das kriegt man kaum präziser hin. Subventionen werden ja nicht nur direkt gezahlt, sondern auch in Form von Steuervergünstigungen gewährt. Da bleibt gar nichts anderes übrig, als die entsprechenden Beträge zu schätzen.

Zum anderen ist es ein Problem, eindeutig festzulegen, was

nun Subventionen und was allgemeine Staatsausgaben sind. Also – es gibt schon ein paar Stolpersteine auf dem Weg zu einem umfassenden Bericht. Allerdings fallen Ungereimtheiten auf, die nachdenklich stimmen:

○ Warum verbucht der Subventionsbericht zahlreiche Steuervergünstigungen nur noch als subventionsähnliche »Zuwendungen«? Übrigens haben gerade die sich von 1990 bis 1994 nach offiziellen Angaben fast verdoppelt, nämlich von 17,5 Milliarden DM auf rund 32,9 Milliarden DM.*

○ Warum legen das Statistische Bundesamt und verschiedene Wirtschaftsinstitute eigene Berichte über das Ausmaß der Subventionen in Deutschland vor, die ganz anders aufgebaut sind als der Subventionsbericht der Bundesregierung, so daß sich die Angaben nicht miteinander vergleichen lassen?

○ Wie kann das Parlament bei derart lückenhaften Daten seiner Kontrollfunktion überhaupt noch nachkommen? Abgesehen davon, daß sich jeder Abgeordnete ohnehin schwertut, Subventionen kritisch zu betrachten, denn im Zweifel könnte er damit potentielle Wähler vergrätzen.

Eine weitere Schwierigkeit habe ich noch gar nicht erwähnt. Subventionen werden ja nicht nur vom Bund gewährt, sondern auch von den Ländern und Kommunen. Da läßt sich nun überhaupt nichts mehr miteinander vergleichen, wenn man die entsprechenden Berichte – falls vorhanden – zur Hand nimmt. Da stimmen nicht einmal die Zeiträume überein, die betrachtet werden. Sich einen Überblick verschaffen zu wollen ist ein hoffnungsloses Unterfangen.

Die Subventionen für den Steinkohlebergbau sind doch nun wirklich ein aktuelles und allgemein interessierendes Thema.

---

* Quelle: Antwort der Bundesregierung auf eine Kleine Anfrage, Bundestags-Drucksache 12/7499, S. 25. Aufmerksam geworden in Heft 81 Karl-Bräuer-Institut: Subventionsabbau – gesetzliche Zwänge schaffen, 1995, S. 97, Anm. 247. Die entsprechenden Zahlen lauten nach Untersuchungen des Bundes der Steuerzahler: für 1990: 18,4 Milliarden DM; für 1994: 29,4 Milliarden DM.

Doch selbst hier ist eine eindeutige Antwort unmöglich – ganz einfach, weil es keine Übersicht gibt über all die Mittel, die auf den verschiedenen Ebenen gezahlt werden. Dabei habe ich die Gelder, die aus gut gefüllten Töpfen der Europäischen Union kommen, der Einfachheit halber bei meinen Recherchen von vornherein ausgeblendet.

Normalerweise weiß wenigstens derjenige, der das Geld bekommt, um welchen Betrag es sich handelt. Eine entsprechende Nachfrage bei der Wirtschaftsvereinigung Bergbau ergibt, daß im deutschen Bergbau fast nur die Steinkohle subventioniert wird, man aber über Gesamtzahlen leider nicht verfüge. Möglicherweise könne der Unternehmensverband Ruhrbergbau weiterhelfen. In der dortigen Abteilung für Öffentlichkeitsarbeit klärt ein Mitarbeiter darüber auf, daß 1995 rund 5 Milliarden DM an Kokskohlenbeihilfe gezahlt worden seien (und zwar nur in Nordrhein-Westfalen), es da aber noch weitere kleinere Subventionen gebe. Eine Gesamtsumme sei nicht verfügbar und schon gar keine schriftlichen Unterlagen, die man herausgeben könnte. Die Frage nach Informationen darüber, mit welchen Summen Umschulungen oder Maßnahmen zur Umstrukturierung subventioniert würden und wieviel in den Erhalt der Bergbaubetriebe fließe, wird mit dem Hinweis beantwortet, daß diese Daten den Landeshaushalten und dem Bundeshaushalt zu entnehmen seien.

Merken Sie was? Man läuft ständig gegen Wände oder im Kreis – als ob es Methode hätte. Warum ist das so? Damit sich die Leute nicht noch mehr aufregen? Subventionen sind schließlich ein rotes Tuch bei all denen, die nicht in ihren Genuß kommen. Wird da etwa bewußt runtergerechnet und der Subventionsbegriff besonders penibel ausgelegt, damit möglichst viel rausfällt und anderswo hinzusortiert werden kann, wo es nicht so auffällt? Oder ist es wirklich so schwer, diesen Förderungsdschungel zu lichten, diesen unübersichtlichen Wust von Beihilfemöglichkeiten transparent zu machen? Liegt es an der Unfähigkeit der Beteiligten, oder schlägt der berühmte Sachzwang zu, den wir uns in mühevoller Kleinarbeit selbst geschaffen haben, so gründlich, daß beim besten Willen niemand mehr durchblicken kann?

Aber vielleicht haben sich ja alle Beteiligten längst mit dieser Situation arrangiert. Wo es so schön unübersichtlich wird, braucht auch keiner mehr die Verantwortung zu übernehmen. Sie kennen das Spiel: Ich bin es nicht, du bist es, nein, ich bin es auch nicht, der ist es.

Zur Klarstellung: Subventionen sind nicht von vornherein eine schlechte Sache, nicht einmal in einer (funktionierenden) Marktwirtschaft. Es wäre unangemessen, Subventionen in jedem Falle zu verteufeln, nur weil die vielen Ärgernisse und Ungereimtheiten den Begriff zu einem Reizwort gemacht haben. Bei Subventionen können wir nur noch an Mißbrauch denken. Die einen verschaffen sich staatliche Unterstützung, ohne dazu berechtigt zu sein, die anderen gewähren sie allein deswegen, weil sie an der Macht bleiben wollen.

Dauersubventionen ruinieren die Staatskasse – und damit unser aller Finanzen –, und sie ruinieren auch die Moral. Ein Wirtschaftswissenschaftler von einem anerkannten Forschungsinstitut brachte das in einem Gespräch mit mir auf folgenden Nenner: »Die Firmen stellen doch keine Leute mehr ein für innovative Technik, die sind doch nicht blöd, sondern Spezialisten, die sich im Ausleeren diverser Finanztöpfe auskennen, die Spitze sind im Aufspüren zusätzlicher Subventionsmöglichkeiten.« Da macht sich eine Mentalität breit, die wir mit Vorliebe bei unseren »Brüdern und Schwestern« im Osten feststellen und bei unseren russischen Freunden. Bei uns selbst sind wir anscheinend auf beiden Augen blind.

Wir wissen doch: Wer alimentiert wird, strengt sich selbst nicht mehr so an. Dieses Prinzip wirkt individuell und kollektiv und außerdem geographisch unbegrenzt. Selbst beim Thema Entwicklungshilfe wird mittlerweile allgemein anerkannt, daß bloße Finanzhilfe auf Dauer jedes Engagement erstickt.

Mir ist klar, daß Texte mühsam zu lesen sind, in denen viele

Zahlen vorkommen, aber ein paar müssen jetzt einfach sein. Ich kann Ihnen allerdings nicht versprechen, daß die Sache dadurch bedeutend klarer wird.

Die Finanzhilfen und Steuervergünstigungen des Bundes, allgemein Subventionen genannt, belaufen sich nach dem aktuellen Bericht der Bundesregierung für 1996 auf 42,7 Milliarden DM. Der vorangegangene Bericht wies für 1993 eine Summe von 36,3 Milliarden DM aus. Diesen enormen Anstieg erklärt die Bundesregierung mit zusätzlichen Verpflichtungen, die ihr vom Bundesverfassungsgericht auferlegt worden seien. Die obersten Bundesrichter haben den sogenannten Kohlepfennig, den wir alle mit unserer Stromrechnung zahlen mußten, für verfassungswidrig erklärt. Folglich muß der Bund ab 1996 die Mittel, die dem Steinkohlebergbau gesetzlich, und zwar im sogenannten Artikelgesetz, bis 2005 zugesichert sind und ihm weiter zugute kommen sollen, alleine aufbringen. Die entsprechenden Zahlungen werden sich 1996 in einer Größenordnung von 7,5 Milliarden DM bewegen.*

Wenn man diese Zahl von der Gesamtsumme 42,7 Milliarden DM abzieht, dann beliefen sich die Subventionszahlungen 1996 auf 35,2 Milliarden DM, das hieße: Die Subventionen konnten insgesamt um eine gute Milliarde verringert werden, denn die Vergleichszahl von 1993 lautet immerhin 36,3 Milliarden DM.

Es fällt auf, daß die Subventionen des Bundes für die Landwirtschaft um etwa ein Drittel zurückgegangen sind, von 6,7 Milliarden DM auf 4,6 Milliarden DM. Allerdings sollen die Bauern 1996 mehr als 12 Milliarden DM von der Europäischen Union bekommen, so der Hinweis, Geld, das Deutschland zuvor an die EU gezahlt hat. Diese Summe wird aber nicht als Subvention verbucht. Alles klar?

---

* Von 1997 bis 2000 sollen jährlich 7 Milliarden DM fließen. Danach muß über die Höhe neu verhandelt werden. Wie die vielzitierten gut unterrichteten Kreise munkeln, gibt es Bestrebungen seitens der Politik, über die Zahlungen schon ab 1999 neu zu verhandeln. Die einzige Möglichkeit, aus dieser prinzipiellen Verpflichtung, die bis 2005 gilt, früher herauszukommen, wäre ein neues Gesetz.

Das renommierte Institut für Weltwirtschaft in Kiel hat sich auch die Mühe gemacht, eine Antwort auf die Frage zu finden: Wie hoch ist die Summe der in Deutschland gezahlten Subventionen? Und daran anschließend: Ist die Tendenz steigend oder fallend? Dazu wurde eine stolze Zahl von Quellen ausgewertet, als da sind: Bundeshaushaltspläne und Haushaltspläne der Länder, Berichte des Bundesfinanzministeriums, ERP-Programme des Wirtschaftsministeriums,* volkswirtschaftliche Gesamtrechnungen des Statistischen Bundesamtes, Abrechnungsergebnisse der Bundesanstalt für Arbeit, Monatsinformationen der Treuhandanstalt und nicht zuletzt natürlich eigene Berechnungen des Instituts.

Und das ist das Ergebnis: 1993 (1995 ist noch nicht ausgewertet) wurden in Deutschland insgesamt 216,2 Milliarden DM an Subventionen gezahlt. 1991 waren es noch 196,7 Milliarden, 1989 belief sich die Zahl auf 121,7 Milliarden, und 1985 kamen wir mit 116,6 Milliarden aus. Wem jetzt die Kosten der deutschen Einheit und die Transferleistungen von West nach Ost einfallen – keine Sorge, dazu komme ich noch –, dem sei gesagt, die sind da gar nicht (alle) drin.

Die wenigsten Menschen können sich Milliardenbeträge wirklich vorstellen. Vielleicht sind Vergleichszahlen nützlich. Das Kieler Weltwirtschaftsinstitut liefert in bezug auf die Subventionen von 216,2 Milliarden DM in 1993 folgende Hilfen: Diese Summe entspricht knapp einem Drittel der gesamten Steuereinnahmen von Bund (ohne EG-Anteile), Ländern und Gemeinden. Sie ist mehr als viermal so hoch wie der Verteidigungshaushalt. Sie macht 90 Prozent der Ersparnisse privater Haushalte aus. Und sie beträgt etwa das Doppelte des Staatsdefizits, wobei extra darauf hingewiesen wird, daß darin lediglich das Finanzierungsdefizit von Bund, Ländern, Gemeinden und Sozialversicherungen

---

* ERP: Abkürzung für European Recovery Program (Marshallplan)

enthalten ist, nicht aber Posten wie die Nettoneuverschuldung der Deutschen Bahn AG, der Deutschen Bundespost oder etwa der Treuhandanstalt. Zu guter Letzt: 1993 wurden 7 Prozent des Bruttosozialprodukts in Form von Subventionen ausgegeben; das sind 9,2 Prozent des Volkseinkommens.*

Diese unkontrollierbare Subventioniererei führt zu Verzerrungen und Ungerechtigkeiten in der Wirtschaft, denn diejenigen Unternehmen, die sich aus eigener Kraft am Markt behaupten müssen, werden benachteiligt, unter Umständen sogar kaputtgemacht, weil sie mit den staatlich unterstützten nicht mithalten können. Sie kommen damit früher oder später – wenn sie nicht gleich Pleite gehen – in die Situation, selbst als Bitt- bzw. Antragsteller für Subventionen aufzutreten. Irgendein Topf wird sich schon finden – um des sozialen Friedens oder der nächsten Wahl willen. Leistungsprinzip adé, Verteilungsdenken ist Trumpf.

Es leuchtet ja ein, daß es für Politiker das Bequemste ist, mit gut plazierten Subventionsgeschenken ganze Wählergruppen an sich zu binden. Was das kostet, läßt sich ja nicht konkret feststellen. Da müssen eben alle ein bißchen mehr ran, und das schlägt sich erfahrungsgemäß kaum in Wählerverlusten nieder.

Subventionen müssen abgebaut werden – darüber besteht seit Jahren über die Parteigrenzen hinweg Einigkeit. Doch wenn es konkret wird, dann schreit jeder: Aber nicht bei mir! Und Hand aufs Herz: Einen Politiker, der Ihnen Ihre Subventionen wegnehmen will, den würden Sie doch auch nicht wählen. Also: Strenggenommen dürfen wir uns nicht wundern, wenn konsequente Politik nicht stattfindet. Wir – die Bürger – lassen sie ja gar nicht zu. Wir sehen doch auch, genau wie die von uns gescholtenen Politiker, nur unser kleines Gärtlein, in dem wir's schön schnucklig haben wollen.

Es war einmal ein frisch ins Amt gekommener Wirtschaftsmi-

---

* Angaben zitiert nach: Astrid Rosenschon, Kieler Arbeitspapiere Nr. 617, Subventionen in der Bundesrepublik Deutschland, Februar 1994, S. 2 f.

nister, der die Ehre und das Vergnügen hatte, eine Rede vor dem Deutschen Industrie- und Handelstag zu halten. Motiviert, mutig und aufrichtig überzeugt von seinem Anliegen, schleuderte er der erlauchten Gesellschaft entgegen: »Wir müssen die Dauersubventionen abschaffen. Damit sich die vielen kleinen und mittleren Betriebe, die brav ihre Steuern zahlen, nicht mißbraucht fühlen, müssen wir dringend diese Milliardensubventionen für die Großen abschaffen, mit denen Managementfehler ausgeglichen und überlebte Strukturen am Leben gehalten werden.« Über den Riesenbeifall freute sich der frisch gebackene Wirtschaftsminister und dachte so bei sich: Es lohnt sich also doch, die Wahrheit zu sagen. Während er sich noch seinen Glücksgefühlen hingab, trat ein erfahrener älterer Kollege zu ihm und flüsterte ihm ins Ohr: »Junge, glaub' das bloß nicht. Die kommen gleich alle zu dir gelaufen, einer nach dem anderen wird dir zu deiner Rede gratulieren, dir auf die Schulter klopfen und bestätigen, wie recht du hast, und dann werden sie dir fest ins Auge schauen und hinzufügen: ›Aber natürlich nicht bei unserer Branche, da sind wir uns doch einig, Herr Minister!‹« – Und genauso begab es sich.

Dieser ehemalige Minister hat mir glaubhaft versichert, daß sich ihm dieses Erlebnis zwar eingeprägt, es ihn aber nicht verändert habe. Möglicherweise ist er deshalb zur Zeit ohne Ministeramt . . .

Apropos Subventionen für die Großen. In der zitierten Publikation des Kieler Weltwirtschaftsinstituts schreibt die Autorin Astrid Rosenschon unverblümt: »Würde die Politik gleich darauf verzichten, Großunternehmen zu bevorzugen, könnte sie sich vermutlich kompensatorische Mittelstandsprogramme sparen.«*

Prof. Joachim Lang, Ordinarius für Steuerrecht an der Universität zu Köln, Vorsitzender der Deutschen Steuerjuristischen Gesellschaft, Berater der russischen Regierung in Steuerfragen und einer der führenden Steuerrechtsexperten Deutschlands, hat mir

---

* Kieler Arbeitspapier Nr. 617, a.a.O., S. 16.

erzählt, was ihm nach einer Fernsehsendung widerfuhr. Der Moderator hatte ihn aufgefordert, Bereiche zu benennen, in denen Subventionen abgebaut werden sollten. Der Professor griff sich die Landwirtschaft heraus. Anschließend wurde er regelrecht von einer Welle unflätigster Protestbriefe überrollt. Von grober Beschimpfung bis unverhohlener Bedrohung – die gesamte Palette war vertreten. Die Bürger haben sich offenbar daran gewöhnt, daß der Staat eine Institution zur Wahrung von Besitzständen ist, und wer daran kratzt, bekommt den Volkszorn zu spüren. Professor Lang gibt mir sogleich einen versteckten Rat mit auf den Weg: »Je exemplarischer Sie den Abbau von Subventionen fordern, desto mehr bekommen Sie Zunder. Dann sagen nämlich die Betroffenen: Warum ausgerechnet wir?«

Warum kriegen wir keine Aufbruchstimmung hin, warum sagen wir nicht einfach: »Laßt uns mal den ganzen Schwachsinn wegtun« – ich zitiere den Professor – »und haben dann insgesamt eine bessere Situation«? Es gibt nämlich Berechnungen, nach denen die Steuern um rund 30 Prozent gesenkt werden könnten – wenn man nur mit dem Subventionsabbau Ernst machte. Nach Ansicht von Professor Lang könnte man diese gigantische Größenordnung, die auf den ersten Blick illusionär wirkt, sehr wohl erreichen, wenn das Subventions- und Steuerrecht von jeglichen Sonderbestimmungen befreit würde. Das wäre ein Schritt, der die Bezeichnung Reform wirklich verdient und der dramatischen Lage angemessen wäre. Die Franzosen haben uns kürzlich vorgemacht, was passiert, wenn man Fehlentwicklungen kaschiert und sich zu lange darauf verläßt, daß alles schon irgendwie gutgehen wird. Die französischen Proteste und Streiks von Dezember 1995 sollten auch bei uns in Deutschland alle Warnlampen zum Leuchten bringen.*

---

* Der Streik im öffentlichen Dienst hat in den ersten fünfzehn Tagen umgerechnet 1,6 Milliarden DM gekostet. Das schätzte das französische Statistische Institut. Das entspricht 0,3 bis 0,4 Prozent des Bruttoinlandsprodukts. Das Institut senkte wegen dieser Zahlen seine Prognose für das Wirtschaftswachstum im 4. Quartal 1995, das mit 0,4 bis 0,5 Prozent angegeben war, auf 0,1 Prozent.

Über die Landwirtschaft habe ich im übrigen mit Professor Lang nicht weiter gesprochen. Dieser Komplex ist so vielschichtig und dermaßen mit der europäischen Politik verflochten, daß man ihm ein eigenes Buch widmen müßte. Aber wir haben uns über die Kohlesubventionen unterhalten.

Es mag ja durchaus sinnvoll und notwendig sein, daß der Staat in Krisen- oder gar Kriegszeiten den Kohlebergbau fördert und unterstützt. Da ist es wichtig, so unabhängig wie möglich zu bleiben. Da geben nicht wirtschaftliche, sondern übergeordnete politische Gründe den Ausschlag, Kohle teuer abzubauen, auch wenn man sie wesentlich billiger aus anderen Teilen der Welt besorgen kann. Ein klassischer ökonomischer Leitsatz, den Politiker fürchten wie der Teufel das Weihwasser, lautet: Jede Finanzhilfe nach Art der Kohlesubvention ist im Grunde eine Fehlinvestition. Denn dabei wird Geld verschwendet für etwas, das wirtschaftlich keinen Bestand mehr haben kann. Überdeutlich wird dies, wenn man es letztlich trotz aller finanzieller Anstrengungen nicht schafft, die Marktkräfte zu überwinden. Aber bei ökonomischer Argumentation darf man nie vergessen, daß es ja nicht nur um Beschäftigungsstatistiken geht, sondern um Menschen ... Wie also kann die bezahlbare Alternative aussehen, ohne Zigtausende in die Sozialhilfe zu treiben (was, nebenbei gesagt, auch nicht mehr bezahlbar wäre). Hätte der Schlüssel in einem intelligenteren Einsatz der Mittel gelegen? Wäre es wirtschaftlicher *und* menschlicher gewesen, mit den bemerkenswert hohen Fördergeldern (in den letzten 25 Jahren immerhin rund 200 Milliarden DM) die Wirtschaftsstruktur umzubauen, statt eingefahrene Strukturen fortzuschreiben im Vertrauen darauf, daß der Staat auch weiterhin die Verluste ausgleichen wird?

Dazu Professor Lang: »Unsere deutsche Kohle ist nun einmal nicht mehr wettbewerbsfähig, so daß diese Arbeitsplätze ohnehin nicht gesichert sind; viel besser, man investiert in wettbewerbsfähige Zweige. Man hilft also dort, wo Wettbewerbsfähigkeit zu erwarten ist, und sichert und schafft neue Arbeitsplätze. Es gibt jedoch eine Einschränkung, die man beachten muß. Wenn der Markt nicht in der Lage ist, Mißstände zu regulieren, wenn der Markt versagt, dann sind auch im wirtschaftlichen Sinne Subventionen zu rechtfertigen, die die eben genannten Kriterien nicht erfüllen. Es geht immer darum, das Bedürfnisprinzip anzuwenden. Aber bei den Kohlesubventionen wird man sagen müssen – es sind ja keine Direktzuwendungen an die Betroffenen, sondern es wurde und wird etwas finanziert, was ohnehin zum Sterben verurteilt war und ist –, daß es sich eindeutig um Verschwendung handelt, um Mittelverschwendung.«

Seltsamerweise ist in Gesprächen unter vier Augen quer durch alle Parteien Zustimmung zu solchen Aussagen zu erhalten, aber immer mit dem Nachsatz: »Das ist ja alles richtig – aber was glauben Sie, was los ist, wenn wir das auch so sagen.« Einer der Hauptfehler besteht darin, daß irgendwann einmal beschlossene Subventionen zur Dauereinrichtung werden, weil der politische Mut fehlt, etwas zu streichen, wofür es keine Rechtfertigung mehr gibt.

Auf dem »Steinkohletag« 1995 in Essen waren folgende Zahlen zu hören: Von 1970 bis 1995 flossen 200 Milliarden DM an Steuergeldern in Form von Subventionen in den nordrhein-westfälischen Steinkohlebergbau, und weitere 50 Milliarden sind allein für die nächsten fünf Jahre vorgesehen. Kanzleramtsminister Friedrich Bohl, der die Zahlen nannte, wies gleichzeitig darauf hin, daß Subventionen in dieser Höhe künftig nicht mehr »vertretbar, nicht verantwortbar und auch nicht mehrheitsfähig« seien. So oder so ähnlich haben das schon viele Politiker gesagt, manche auch etwas drastischer wie beispielsweise der ehemalige Bundeswirtschaftsminister Möllemann. Der zog seinerzeit von Zeche zu Zeche und machte in seiner bekannten Art keinen Hehl daraus, daß er es für wenig sinnvoll hält, heutzutage Menschen unter gesundheitsschädlichen Bedingungen Hunderte von Metern unter der Erde auf Kosten der Steuerzahler rumwühlen zu lassen und ihnen auch noch einzureden, wie wichtig und wertvoll ihr Einsatz sei. »Was ist wertvoll daran, wenn das Zeug 300 DM pro Tonne kostet, während wir es für 80 DM Weltmarktpreis frei Hafen bekommen können?« Seine Tour durch den Kohlenpott sorgte für Rabatz. Särge mit seinem Namen drauf wurden durch die Straßen getragen, Galgen mit Möllemann-Figuren aufgestellt. Das ist halt so, dachte sich der gleichermaßen unbequeme wie umstrittene FDP-Politiker und behielt die Marschrichtung bei. Und dann gab's die großen Kundgebungen, auf denen noch andere Bundesminister auftraten, und dann stand die Wahl in Nordrhein-Westfalen vor der Tür und letztlich blieb alles wie gehabt.

Der von mir sehr geschätzte Wirtschaftsjournalist Leonhard Spielhofer erwähnte in einem seiner Zeitungskommentare folgende Geschichte: Als ein Mitarbeiter des Steinkohlebergbaus zur Zigarettenindustrie wechselte, führte ihn sein neuer Arbeitgeber mit den Worten ein, seine Firma zahle ungefähr soviel an Steuern, wie der Bergbaubetrieb an Subventionen erhalte. Diese kleine Episode verdeutlicht besser als manche Zahl, wie widersinnig eine solche Subventionspraxis und wie überfällig deren Abschaffung ist.

Bleibt noch anzumerken: Was wir selbst nicht zustande bringen, verlangen wir aber nahezu kompromißlos von östlichen Ländern. Wenn dort Staatsmittel in unwirtschaftliche Betriebe gepumpt werden, bewerten wir das stets als schädliche Konservierung alter Strukturen, als Hemmnis für die Marktwirtschaft und im Zweifel als altes kommunistisches Denken.

Was halten Sie von folgender Überlegung? In diesem und jenem wirtschaftlichen Bereich sind wir Deutsche, aus welchen Gründen auch immer, nicht mehr konkurrenzfähig und werden es voraussichtlich auch nicht wieder werden. Wir müssen daher Methoden finden, wie wir als Gesellschaft, als solidarische Gemeinschaft, den Absturz der Menschen, die in diesen Branchen arbeiten, sozial abfedern können, ohne uns weiterhin am weltweiten Subventionswahnsinn zu beteiligen. Das Förderungskarussell dreht sich immer schneller und macht uns alle schwindelig. Lassen wir doch *die anderen* Schiffe bauen und Stahl produzieren und Kohle fördern. *Wir* kaufen dann diese Produkte zu günstigen Preisen und produzieren eben andere Dinge. – Ich sehe schon die jovial lächelnden Gesichter, die so etwas für naiv oder völlig verrückt halten. Typisch Frau, nicht wahr? Aber laßt uns doch mal ernsthaft darüber nachdenken, statt diejenigen zu bestrafen, die sich trauen, in anderen als den ausgefahrenen Bahnen zu denken.

Die Bremser sind in den seltensten Fällen die Menschen, die in Zuschußbetrieben arbeiten, sondern jene Funktionsträger um sie herum, die mehr ihren Funktionärsposten im Auge haben als eine Problemlösung; die in ihren Kampfesreden, sowohl auf Arbeitgeber- als auch auf Gewerkschaftsseite, jede Idee, die sich nicht auf den ersten Blick als »klassenverträglich« erweist, im Ansatz ersticken. Es beschämt mich zuweilen, wenn ich in Gesprächen mit Menschen, die um ihren Arbeitsplatz fürchten müssen, feststelle, wie aufgeschlossen diese auf unorthodoxe Vorstellungen reagieren. Es ist ebenso mies, solche Menschen mit antiquierten Gewerkschaftsparolen aufzuhetzen, wie ihnen zuzumuten, Unternehmensgewinne stets zu privatisieren und die Verluste regelmäßig zu sozialisieren.

Überspitzt formuliert: Einige Gewerkschaftsfunktionäre schaden den Arbeitnehmern mehr, als sie ihnen nützen, weil sie noch nicht begriffen haben, daß wir das Nachkriegs-Wirtschaftswunder nicht bis ins nächste Jahrtausend retten können. »Weiter so« oder frühkapitalistische Zustände – das kann nicht die Alternative sein, vor der wir stehen.

»Deutsche leiden unter einem Timelag, was das Denken betrifft« – diese schöne Formulierung ist leider nicht mir, sondern Professor Lang eingefallen. Typisch Wissenschaftler, setzt er noch eins drauf: »Das Spannende ist eigentlich, daß wir heute in einer weltwirtschaftlichen Ordnung leben, die wir intellektuell noch gar nicht richtig verkraftet haben.« Welch eine Herausforderung. Dazu fällt mir sofort eine Äußerung von Knut Bleicher,

Professor für Ökonomie an der Hochschule St. Gallen, ein. Er bringt eines der zentralen Probleme beinahe humorvoll auf folgenden Nenner: »Wir arbeiten in Strukturen von gestern mit Methoden von heute an Problemen von morgen mit Menschen, die die Strukturen von gestern gebaut haben und das Morgen innerhalb der Organisation nicht mehr erleben werden.«

Es kann heute nicht mehr darum gehen, quasi protektionistisch das gesamte Güterangebot in jedem einzelnen Nationalstaat zu sichern. Wir müssen an einer internationalen Aufgabenteilung arbeiten. Und dazu gehört auch einzugestehen: Wenn Staat X besonders fähig ist, bestimmte Produkte kostengünstig herzustellen, dann liegt das letztlich im Interesse aller. Subventionen der besprochenen Art – also Konservierung von toten Ästen – kosten nicht nur eine Unmenge Geld, sie richten fatalerweise auch enormen volkswirtschaftlichen Schaden an – letztlich beeinträchtigen sie sogar die Effizienz der weltwirtschaftlichen Ordnung. Das Instrument der Subvention verhindert, daß in den Ländern, in denen etwas am besten und billigsten hergestellt werden kann, auch tatsächlich produziert wird. Das zeigt ein Blick auf die Entwicklungsländer, aber auch auf Staaten des ehemaligen Ostblocks. Und wenn die dann nicht auf die Beine kommen – dafür haben wir doch die internationalen Hilfsprogramme! Auch offizielle Prüfinstanzen verkünden längst, daß diese vielfach zu Hilfsprogrammen für einzelne Branchen der Geberländer verkommen.

Weltwirtschaftsordnung ernst genommen erfordert auch weltwirtschaftliche Verantwortung, und zwar nicht von einer diffusen, undefinierbaren Masse, sondern von jedem einzelnen Staat und seinen Entscheidungsträgern. Abhängigkeit von anderen gilt vielen als Greuel. Doch könnte es nicht sein, daß eine weltweit größere wirtschaftliche Abhängigkeit voneinander den Frieden am besten sichert? Es ist eine Binsenweisheit, daß national-egoistische wirtschaftliche Interessen Kriege fördern. Warum scheint es so schwer zu verstehen, daß internationale Arbeitsteilung die beste Friedenssicherung wäre? Ich frage mich wirklich, ob hier –

übrigens durchaus parteiübergreifend – nur Unfähigkeit oder mangelnder Wille am Werke ist, das Richtige und Notwendige auch zu tun.

Doch zurück ins Subventionsparadies Deutschland, wo sich eigenartige Verhaltensweisen breitmachen, die unserem Gesellschafts- und Wirtschaftssystem völlig unangemessen sind. Ein Beispiel: Der Präsident des Bundesverbandes der Bekleidungsindustrie, der verständlicherweise sehr stolz ist, für seine Branche bisher keine staatlichen Hilfen in Anspruch genommen zu haben, forderte im September 1995 150 Millionen DM von der öffentlichen Hand. Seine Begründung: Angesichts ständiger Meldungen über neue Subventionen sei es den mittelständischen Bekleidungsherstellern schwer begreiflich zu machen, daß ausgerechnet sie darauf verzichten sollten. Eben, die haben unser System, das doch gar nicht unser System ist, gut begriffen.

Wie aberwitzig die Auswirkungen sein können, wenn Millionen in eine sogenannte aggressive Exportpolitik gesteckt werden, zeigt ein Beispiel, das die Zeitschrift *WirtschaftsWoche* im August 1995 anführt. Im April desselben Jahres war durch ein deutsches Konsortium die erste U-Bahn-Linie der Stadt Schanghai fertiggestellt worden. Beteiligt waren, neben den Großen wie AEG und Siemens, auch kleinere Firmen, die beispielsweise die Rolltreppen lieferten. Den Auftrag für das erste, 16 Kilometer lange Teilstück hatten die Deutschen bereits 1989 bekommen. Das nach Angaben von AEG 420 bis 460 Millionen DM teure Projekt wurde von der Bundesregierung mit einem fast zinslosen Kredit in Höhe von 350 Millionen DM unterstützt. Natürlich mit dem Hintergedanken, auch die Anschlußaufträge für das geplante, insgesamt 176 Kilometer umfassende U-Bahn-Netz Schanghais an Land zu ziehen. Zwischenzeitlich sind auch die Amerikaner auf dem Plan erschienen. Sie sollen den Chinesen signalisiert haben, daß sie jedes deutsche Angebot unterbieten werden. Was passiert also? Ausgerechnet ein Land wie China, das Menschenrechte mit Füßen tritt, kann auf diese Weise billig auf Kosten der

Steuerzahler in den Industrieländern einkaufen. Das kann es doch wirklich nicht sein.

Subventionen, die den neuen Bundesländern zugute kommen, heißen landläufig Transferzahlungen. Immer wieder ein beliebtes Thema, mit dem sich Stimmung machen läßt und das jede Party aufpeppt, die ansonsten in übersättigtem Small talk zu ertrinken droht. Ich erinnere mich noch gut an eine abendliche Runde von eingefleischten Alt-Bundesländlern, in der ein Bankdirektor, ein Kunsthistoriker, ein Mediziner und ein Unternehmensberater besonders aktiv diskutierten. Der Kunsthistoriker – eine feingeistige Spezies, wie man meinen sollte – führte immerzu das Wort Toleranz im Munde und bemängelte das Fehlen derselben bei den Menschen im Osten. Er vermisse jegliche positive Einstellung, bemerkte er mit einem Gesichtsausdruck, der Sodbrennen vermuten ließ. Seiner Meinung nach würden diese Leute ständig klagen und an den – ach so arroganten – Wessis rummäkeln. Leicht angewidert und irgendwie persönlich beleidigt wandte er sich seinem Weinglas zu. Als ich daraufhin meiner Lieblingsbeschäftigung nachging, gegen das »Entweder-Oder« zu argumentieren und das »Sowohl-Als-auch« ins Gespräch zu bringen, was im vorliegenden Falle bedeutete, die Verletzungen anzusprechen, die Menschen im Osten durch Menschen aus dem Westen beigebracht wurden, teils rücksichtslos und absichtsvoll, teils ahnungslos und unbedarft – da empörte sich, bis auf den Unternehmensberater, die gesamte Runde. Warum immer diese Wermutstropfen? Im Prinzip sei doch alles prima gelaufen, was sei denn schon falsch gemacht worden, wenn, dann sei es doch eher marginal gewesen. Ich war anscheinend drauf und dran, der Runde den Appetit zu verderben. Sollte ich mich dafür entschuldigen oder zumindest verteidigen, daß ich versucht hatte, mich in die Lage von anderen zu versetzen? Der Mediziner meinte mich beiläufig zurechtweisen zu müssen, indem er sagte, daß es sehr wohl eine falsche und eine richtige Ideologie gäbe und daß die im Osten nun einmal die falsche gehabt hätten – und wir immer noch die richtige. Denen mit der falschen ginge es dann vorübergehend eben etwas schlechter, aber sie müßten sich schon von denen mit der richtigen etwas sagen lassen.

Der einzige, der auch auf die Ungerechtigkeiten, Brutalitäten und Fehler hinwies, mit denen die Bürger im Osten im Zuge der deutschen Vereinigung konfrontiert wurden und die das Zusammenwachsen so schwer machen, war der Unternehmensberater. Im Bemühen zu differenzieren hielt er tapfer dagegen. Vielleicht war er ganz froh, in mir endlich einmal einen Verbündeten gefunden zu haben und nicht alles runterschlucken zu müssen, was man schon mal eher tut, wenn man nur alleine dasteht. Der Bankdirektor jedenfalls vertraute darauf, jeden Einwand mit Zahlen wegfegen zu können, und ließ gelassen lächelnd einfließen: »Wir schieben schließlich 200 Milliarden DM pro Jahr nach drüben.« Er sah so aus, als hätte er am liebsten gesagt: »Da sollen die doch gefälligst das Maul halten.« Kein Wort vom Verdrängungswettbewerb durch westdeutsche Firmen, aber viel Aufhebens um die Undankbarkeit der ehemaligen DDR-Bürger, denen es schließlich bei weitem besser ginge als all ihren Ostblock-Verwandten drumherum – und dafür müssen sie uns, verdammt noch mal, dankbar sein.

Es gibt sie ja, die anständigen und engagierten Westmenschen, die ihre heimische Bequemlichkeit verlassen haben, um aufbauen zu helfen, um das Know-how weiterzugeben, das sie sich aufgrund anderer Lebensumstände leichter aneignen konnten. Es gibt sie ja, die meckernden Ostmenschen, die Anspruchsdenken schneller gelernt haben als alles andere. Die Vereinigung erfordert einen Kraftakt von uns allen, einen geistigen und materiellen. Das ist ja alles richtig. Aber es ist eben nur die halbe Wahrheit. Warum soll der sich einen Miesmacher schimpfen lassen, der darauf hinweist? An besagtem Abend jedenfalls haben wir dann schließlich das Thema gewechselt, nachdem eine der anwesenden Damen sich darüber beschwert hatte, daß ihr diese »kleinkarierte Kritikasterei« die Stimmung verderbe und das wäre in der Tat den ausgezeichneten und sympathischen Gastgebern gegenüber unfair gewesen. »Wenn ein total ramponiertes System auf Vordermann gebracht werden muß, dann geht das nun mal nicht ohne Verletzungen ab.« Sprach's, und wir wandten uns dem weit amüsanteren Hauptstadtproblem zu.

Diese Geschichte ist nicht erfunden. Es verhielt sich genau so. Ich habe mir noch in derselben Nacht Notizen gemacht, weil ich so fassungslos über diese Stimmungslage war. Ein weiteres Mosaiksteinchen auf dem Weg zu diesem Buch – und es gab mir eine Ahnung davon, welche Reaktionen ich damit möglicherweise auslösen werde.

200 Milliarden DM pro Jahr – so der Bankdirektor – fließen von West nach Ost. Bundeskanzler Helmut Kohl sprach in seiner Regierungserklärung vom Oktober 1995 von 600 Milliarden DM, die bis Ende 1995 transferiert worden sein sollen. Gregor Gysi stellt diese Summe in Frage. Das sei eine Bruttozahl, die verschleiere, daß darin auch Zahlungen enthalten sind, auf die in der gesamten Bundesrepublik ein Rechtsanspruch bestehe, wie zum Beispiel Kindergeld. Außerdem müsse man ehrlicherweise die Summe abziehen, die durch Steuern aus den neuen Bundesländern wieder zurückfließen. Leider habe ich trotz mehrfacher Nachfrage bisher keine schriftlichen Unterlagen dazu bekommen; dabei müßte man doch annehmen, die PDS hätte ein Interesse daran, ihre Argumente zu untermauern.

Abgesehen von der tatsächlichen Höhe der Transferleistungen (dazu komme ich gleich) – man muß kein Parteigänger der PDS sein, um sich die folgenden Fragen zu stellen: Wie steht es mit dem Vermögenstransfer von Ost nach West? Wer sind die Besitzer von Immobilien, Banken, Versicherungen und Unternehmen? Wieviel staatliches Geld könnte man heute einsparen, wenn man Ostbetriebe davor bewahrt hätte, von Westbetrieben aus Konkurrenzgründen kaputtgemacht zu werden? Wer profitiert von den Möglichkeiten der Sonderabschreibung für Luxuswohnungen in den neuen Bundesländern? Woher kommen diejenigen, die diese horrenden Mieten wiederum als Betriebsausgaben absetzen können? Nach im Bundestag genannten Zahlen – von der Regierung nicht in Abrede gestellt – liegen in den neuen Ländern inzwischen 94 Prozent des Produktionskapitals in den Händen westdeutscher Kapitaleigner. Wem kommen dann letztlich Transferleistungen von West nach Ost zugute? Dazu fällt mir ein Kinderspiel ein: Man wirft einen Ball in Omas Garten auf der einen Seite der Wäscheleine hoch, läuft schnell drunter durch, so daß man den Ball auf der anderen Seite wieder auffangen kann. Das ist zu schaffen, macht sogar Spaß. Man muß nur hoch genug werfen.

Nun zu den Zahlen. Ich machte mich also selbst auf die Suche, ohne zu ahnen, was da auf mich zukommen sollte. Laut Dokumentation des Bundeswirtschaftsministeriums in der Broschüre Nr. 382, Anlage 1, belaufen sich die bisher (inklusive 1995) gezahlten Transferleistungen – ohne Steuerzahlungen zu berücksichtigen – auf 984 Milliarden DM; nach Abzug von sogenannten Rückflüssen durch Steuer- und Verwaltungsmehreinnahmen verbleiben 786 Milliarden DM. Dann stieß ich auf eine Untersuchung des Kieler Weltwirtschaftsinstituts, in der die Nettozahl für den gesamten Zeitraum 888 Milliarden DM lautete. Bei näherem Hinsehen stellte sich heraus, daß in beiden Papieren so gut wie nichts übereinstimmte. Es hätte ja sein können, daß das Wirtschaftsministerium aus irgendwelchen Gründen eine ganze Kategorie von Leistungen ausgeblendet hat. Dann müßte aber zumindest für die einzelnen Jahre eine bestimmte Relation zwischen den konkurrierenden Angaben erkennbar sein. Weit gefehlt! Für das Jahr 1992 nennt das Forschungsinstitut eine viel höhere Summe (253 Milliarden) als das Wirtschaftsministerium (157,3 Milliarden). Für das Jahr 1995 verhält es sich genau umgekehrt: Das Institut geht von 143 Milliarden aus, das Ministerium von 161,5 Milliarden.*

---

* Auch für 1993 klaffen die Angaben weit auseinander: Kiel meldet 198 Milliarden, Bonn nur 175,9. 1994 liegt man dicht zusammen: Das Institut nennt 165 und das Ministerium 168,9 Milliarden DM Transferleistungen.

Nach intensiven Gesprächen und ausdauernder Lektüre präsentiere ich Ihnen hier die schlichte Erkenntnis: Genaue Zahlenangaben gibt es nicht. Man mag sich bemühen, wie man will. Zum Teil durchlaufen die Mittel mehrere Haushalte; dadurch ist die Gefahr einer Doppelzählung gegeben. Außerdem sind viele Sonderhaushalte geschaffen worden, die den Überblick nicht gerade erleichtern. Dann machen die Haushalte der neuen Bundesländer keinen Unterschied zwischen Bundes- und EU-Mitteln. Wahrscheinlich deshalb, weil der Bund die EU-Gelder zusammen mit seinen eigenen Leistungen an die neuen Länder überweist. Im Haushalt des Bundes wiederum wird für Zuschüsse, die an alte und neue Bundesländer gleichermaßen gehen, nur ein Gesamtbetrag angegeben, also nicht zwischen West und Ost differenziert. Das betrifft z. B. das Erziehungsgeld oder auch so komplizierte Dinge wie die Bundesergänzungszuweisungen im Rahmen des Finanzausgleichs. Bei Berlin ist überhaupt nicht auszumachen, wie sich Beträge auf die beiden Stadthälften verteilen. Was das Steueraufkommen betrifft, wird der ostdeutsche Beitrag zwangsläufig unterbewertet. Denn bei sogenannten überörtlich agierenden Unternehmen mit Sitz in Westdeutschland schlägt man die Steuerzahlungen generell dem Westen zu, auch wenn sie im Osten »erarbeitet« wurden. Ähnliche Verzerrungen ergeben sich bei der Berechnung des Beitragsaufkommens der einzelnen Sozialversicherungsträger. Manche Statistiken schlagen die Beitragseinnahmen, die sich aus den Lohnzahlungen in den neuen Bundesländern ergeben, den alten Ländern zu – so, als seien sie dort erwirtschaftet worden. Der Grund ist einfach darin zu suchen, daß überregional organisierte Krankenkassen ihre zentrale Buchungsstelle meist in der alten Bundesrepublik angesiedelt haben. Auch die Landesarbeitsämter sind teilweise sowohl für die alten wie die neuen Bundesländer zuständig. Zu allem Überfluß wird das hin und wieder ja vielleicht sachlich begründete Tohuwabohu noch dadurch vergrößert, daß die Verwaltung (oder wer immer) selbst Fußangeln auslegt und die Nummern von Haushaltstiteln ständig wechselt. Man findet nichts wieder.

Das Kieler Weltwirtschaftsinstitut stellt bei seinen Versuchen, verbindliches Zahlenmaterial über die Transferleistungen zu bekommen, wissenschaftlich unterkühlt fest: »Der Aufbereitung des Datenmaterials stellen sich in einigen Bereichen Hindernisse in den Weg.« Und nach Aufzählung konkreter Beispiele der Verwirrung bedauern die Wissenschaftler: »Es gibt keine Publikation, in der das beim Umgang mit dem staatlichen Finanzwesen erforderliche ›Insider-Wissen‹ umfassend und systematisch archiviert ist.« Das kann man auch unfreundlicher ausdrücken: Kein Schwein blickt mehr durch. Und die bürokratischen Mechanismen, die sich da verselbständigt haben – oder sollte man argwöhnen, daß sie bewußt zur Verschleierung eingesetzt werden? –, verhindern erfolgreich, daß jemand, der selbst keine Karten im Spiel hat, irgendeine Kontrolle ausüben kann. Ideale Voraussetzungen, um sich das für die politische Auseinandersetzung jeweils gewünschte Ergebnis zurechtzubiegen. Nach diesen Erkenntnissen verabschiede ich mich von dem Versuch, die Wahrheit in Zahlen finden zu wollen.

Keine Frage, mit Transferleistungen können wichtige Aufgaben gelöst werden. Doch auch mit Blick auf die neuen Bundesländer gilt, was an Subventionen generell zu bemängeln ist. Wissenschaftler des schon mehrfach erwähnten Kieler Instituts haben mühselig herausdestilliert, daß 1995 »die zukunftswirksamen Leistungen zugunsten des Beitrittsgebiets weniger als 15 Milliarden DM ausmachen«, und folgern an anderer Stelle ihrer Untersuchung, daß die »schädlichen Effekte, die mit Transfers – insbesondere mit Subventionen – auf der Nehmerseite einhergehen, an Bedeutung gewinnen.« Das Wissenschaftlerteam stellt eine »hohe Subventionsneigung der politisch Verantwortlichen« fest, die »symptomorientierte, kurzfristig schmerzlindernde Instrumente bevorzugen«. Daß diese langfristig schädlich sind, verlieren Politiker, deren Zeithorizont oft nur bis zum nächsten Wahltermin reicht, leicht aus dem Auge.«

Das Problem ist aber noch grundsätzlicher. Ich meine, man muß das Instrument des Finanzausgleichs prinzipiell in Frage stellen. Denn letztlich ist er so konstruiert, daß schlechte Wirtschaftspolitik belohnt und gute bestraft wird. Auf den Finanzausgleich zwischen den Bundesländern, ob West oder Ost, bezogen, formuliert einer der Wissenschaftler im Gespräch: »Das ist Sozialismus in Reinkultur. Wir sind auf dem Übernivellierungstrip, weil wir eine Differenzierung nicht mehr zulassen. Es geht nur noch nach Bedürfniskriterien, wie im Sozialismus.« Statt sich *darüber* aufzuregen, konzentrieren Westler ihre Aggressionen auf die »Kosten der Einheit« und schießen sich auf die Ostler ein.

Wenn eine aufgebrachte Politikerin aus den neuen Bundesländern, in Anlehnung an die Formel vom real existierenden Sozialismus in der DDR, vom real existierenden Branchensozialismus in den alten Bundesländern spricht – was ist da ernsthaft entgegenzuhalten? Ich habe mir die Rede von Antje Hermenau, Bündnis 90/Die Grünen, gehalten am mehrfach denkwürdigen Datum 9. November 1995, aufmerksam angehört. Das geht – auch wenn man, wie ich, mit der grünen Reglementierlust und dem ständigen Ruf nach dem Staat überhaupt nichts anfangen kann. Ruhig und dennoch engagiert hat Antje Hermenau den Anwesenden um die Ohren gehauen, daß der deutsche Steuerzahler pro Jahr jeden Arbeitsplatz im Steinkohlebergbau mit 106 000 DM subventioniert, in der Landwirtschaft mit 57 000 DM und im Schiffsbau mit 17 000 DM. Selbst wenn es weniger wäre – und die Betroffenen zaubern immer Rechnungen aus der Schublade, die ein günstigeres Bild zeichnen –, ist es im Sinne unserer Gesellschaftsordnung zuviel. Sie hat recht, wenn sie sagt, daß bei uns die Erhaltungssubventionen dominieren, daß kleine Unternehmen »gnadenlos dem Konkurs preisgegeben werden, während bestimmte Großbetriebe in veralteten Branchen an Tröpfen öffentlicher Subventionen hängen«, und sie trifft den Kern, wenn sie das für einen der größten Fehler »nicht nur der deutschen, sondern auch der europäischen Wirtschafts- und Wettbewerbspolitik [hält], die diesen Namen nicht mehr verdient«.

Die damalige Bundesregierung hat in ihrem 9. Subventionsbericht vom 6. September 1983 sehr treffend formuliert, daß Subventionen in einer Marktwirtschaft nur in besonderen Ausnahmefällen zum Ausgleich nicht hinnehmbarer Nachteile gesellschaftspolitischer, sozialpolitischer oder gesamtwirtschaftlicher Art gewährt werden dürften. Und Bundeskanzler Helmut Kohl ist in seiner Regierungserklärung vom 24. November 1994 noch einen Schritt weitergegangen, indem er mit einem nicht unsympathischen Schuß Selbstkritik festgestellt hat: »Viele dieser Regelungen [gemeint war der Vorschriftenwirrwarr, zu dem die Gewährung von Subventionen maßgeblich beiträgt] wirken zukunftsfeindlich, denn sie zielen auf die Verfestigung von Besitzständen. Hierin treffen sich nur allzuoft die Wünsche von Verbänden und Interessenvertretern mit dem Beharrungsvermögen der Bürokratie und auch – das wollen wir offen zugeben – der Neigung in der Politik, solchen Forderungen nachzugeben.« Eben.

Das völlig Widersinnige ist – und auch das kam von Frau Hermenau und nicht vielleicht aus der FDP oder CDU: Nicht einmal die »exorbitanten Branchensubventionen« werden verhindern können, daß sich Betriebe bestimmter Größenordnungen aus Deutschland absetzen. »Das kann man unmoralisch finden, das kann auch volkswirtschaftlich fatal sein, aber betriebswirtschaftlich ist es [. . .] logisch.«

Zu den Transferleistungen von West nach Ost macht Antje Hermenau folgende Rechnung auf, die sich wie viele andere Rechnungen auch nicht 100prozentig nachvollziehen läßt, aber vom Prinzip her beachtet werden sollte. Sie geht von 89 Milliarden DM aus, die als Transferleistung für 1996 vorgesehen sein sollen (nach oben genannter Broschüre lautet die entsprechende Bruttozahl 196,2, die entsprechende Nettozahl 144,2 Milliarden) und stellt 52 Milliarden DM dagegen, die 1996 nach ihren Informationen in den neuen Ländern aus eigenen Kräften aufgebracht werden könnten. Das hieße, es blieben unterm Strich »nur« 37 Milliarden DM übrig. Und selbst wenn man mit 89 Milliarden rechnete, dann – so Antje Hermenau – solle man sich klarmachen, daß diese Summe etwa 20 Prozent des Bundeshaushalts ausmache und damit dem Bevölkerungsanteil der fünf neuen Bundesländer ziemlich genau entspreche. Und wer kritisiert, daß Fördermittel gar nicht abgeflossen seien, der solle mal mit den Bürgermeistern in Sachsen oder anderswo reden, die sagen: »Wir würden ja gerne, aber wir wissen nicht, wie wir bei so vielen Maßnahmen – über 700 auf Länder-, Bundes- und EU-Ebene – durchblicken sollen.«

Da ich den Schluß ihrer Rede für besonders erhellend halte – ganz unabhängig von jeder Zahl –, möchte ich ihn hier vollständig zitieren: »Diese Gesellschaft kann sich die Animositäten beim Anerkennen der Veränderungen in der Welt nicht mehr leisten. Vielleicht können wir Ostdeutsche einen gesamtdeutschen Beitrag leisten, indem wir eine Erfahrung zur Verfügung stellen: Es war in den letzten sechs Jahren nicht immer einfach – auf den Tag genau vor sechs Jahren ist die Mauer gefallen –, und wir sind zum Teil über das zweierlei Maß zornig, das in Deutschland existiert. Aber wir wissen, daß man nicht stirbt, wenn um einen herum die alten Dinge zusammenbrechen und vage neue Zeiten beginnen. Wir haben uns gefürchtet, aber wir sind nicht zugrunde gegangen. Wir wissen, wie schmerzhaft es wird, wenn man bis zum bitteren Ende in der Hoffnung immer weiterwurschtelt, irgendwann wird ein Deus ex machina die Sache in letzter Sekunde retten. Diese irrige Hoffnung muß ich Ihnen leider nehmen. Man muß handeln.«

Das Thema hat noch eine Facette: Offiziell wird immer zwischen »Subventionen« und »Zuwendungen« unterschieden. Subventionen werden im Subventionsbericht aufgeführt, Zuwendungen nicht unbedingt. Aber es lohnt sich, diese »Zuwendungen« genauer unter die Lupe zu nehmen. Immerhin handelt es sich um eine Größenordnung von jährlich über 30 Milliarden DM, und das ist wahrlich kein Pappenstiel. Und dann sind Zuwendungen nichts anderes als verkappte Subventionen, die allerdings im Unterschied zu diesen nicht der gleichen – theoretisch – strengen Kontrolle unterliegen.

Wer sich einen Überblick verschaffen will, muß sich mühselig durchfragen. Es ist nur auf den ersten Blick verwunderlich, daß bis auf wenige Ausnahmen die Ansprechpartner in den Ministerien bereitwillig Auskunft geben. Nicht wenigen geht dieses Verfahren auch auf die Nerven, weil sie sich ständig für etwas kritisieren und prügeln lassen müssen, was sie selbst für kritikwürdig halten.

In der Bundeshaushaltsordnung regelt der Paragraph 23 die Zahlung von Zuwendungen. Diese dürfen erstens nur für bestimmte Zwecke ausgegeben werden und zweitens nur dann, wenn der Bund ein erhebliches Interesse daran hat, daß Dritte, also nichtstaatliche Stellen, bestimmte Aufgaben erfüllen. Auf Zuwendungen hat man kein Recht; sie werden gewährt.

Zuwendungen sind ein beliebtes Thema des Bundesrechnungshofes, der die sinnvolle Vergabe und vor allen Dingen die Kontrolle der Mittel zu überprüfen hat. Und siehe da, auch die Steinkohle wird durch Zuwendungen gefördert. Die Rechnungsprüfer bemängelten in einem der letzten Berichte (1994), das Bundeswirtschaftsministerium habe sich bei einem Förderprogramm für den Steinkohlebergbau nicht um die vorgesehene Rückzahlung gekümmert.

An keiner Stelle des Bundeshaushalts wird die Höhe der Zuwendungen angegeben. Das Finanzministerium wäre eigentlich dafür zuständig, da es letztlich für die Staatsausgaben insgesamt verantwortlich ist. Der Bund der Steuerzahler, auf den ich im nächsten Kapitel zurückkommen werde, hat dort gezielt nach den Zuwendungen gefragt, die im Jahre 1993 an Institutionen gezahlt wurden, und als Antwort die Summe von 7,28 Milliarden DM genannt bekommen. Knapp drei Monate nach dieser Auskunft lautete die Antwort auf eine Kleine Anfrage im Bundestag für den gleichen Zeitraum 8,2 Milliarden DM. Da hat man wohl im Gewirr eine Milliarde übersehen – oder zuviel gerechnet?

Nun werden ja nicht nur Institutionen gefördert, sondern auch eine Vielzahl von Einzelprojekten. Die Summe, die für Projektförderung ausgegeben wird, konnte man im Finanzministerium nur schätzen. »Die Höhe der Ausgaben für die Projektförderung läßt sich nur mit erheblichem Verwaltungsaufwand ermitteln«, teilte das Ministerium dem Bund der Steuerzahler mit.

Daraufhin nahm der Steuerzahlerbund die Recherche selbst in die Hand, und zwar schaute man sich Inter Nationes e. V., einen Verein zur Förderung zwischenstaatlicher Beziehungen, einmal genauer an. Dabei zeigte sich, aus wie vielen unterschiedlichen Töpfen man sich bedienen kann, wenn man sich auskennt und alle vorhandenen Möglichkeiten voll ausschöpft. Es stellt sich die Frage, ob zwischen den einzelnen staatlichen »Sponsoren« Kommunikation überhaupt stattfindet, um den Gesamtbetrag im Auge zu behalten, der auf diese Weise durch öffentliche Gelder zusammenkommen kann. Im einzelnen: Inter Nationes als *Institution* erhält Zuwendungen in Höhe von etwa 15 Millionen DM vom Presse- und Informationsamt der Bundesregierung (1994 waren es 14,5 Millionen, 1995 15,3 Millionen, und 1996 sollen es 15,8 Millionen sein). Außerdem weisen drei Ministerien unter insgesamt elf verschiedenen Haushaltstiteln als *Projekt*förderung über 45 Millionen DM aus, als da sind Öffentlichkeitsarbeit, internationale Aktivitäten gesellschaftlicher Gruppen, Förderung der deutschen Sprache im Ausland usw. Nach Angaben des Bundes der Steuerzahler erhält Inter Nationes 1996 über 61 Millionen DM und hat damit seine Gesamtfördersumme innerhalb von zwei Jahren um 8 Millionen DM erhöhen können.

Ein weiteres Ergebnis der Recherche: Zuwendungen tauchen – aus welchen Gründen auch immer – von Jahr zu Jahr unter verschiedenen Haushaltstiteln auf. Im Haushalt 1995 wird, um bei dem Beispiel zu bleiben, der Zuschuß zur Förderung der Institution Inter Nationes in der Rubrik »Gegenüber dem Vorjahr entfallene Titel« aufgeführt. Dieser Teil der Förderung in Höhe von rund 15 Millionen DM ist aber gar nicht eingestellt, sondern auf zwei andere Haushaltstitel verteilt worden, die nahezu vollständig an Inter Nationes gehen, wobei der Verein aber nur im Kleingedruckten aufgelistet wird.

Um Mißverständnissen vorzubeugen – ich rede keineswegs dem Kahlschlag das Wort; ich halte auch Inter Nationes für eine im Grunde sinnvolle Einrichtung, und ich verstehe sogar die Argumentation der Bundesregierung, daß man eine solche Organisation nicht staatlich betreiben, sondern lieber in private Hände geben wollte. Ich begrüße es, wenn Privatinitiativen, die der Allgemeinheit zugute kommen, staatlich unterstützt werden. Aber wenn die staatliche Zuwendung, wie es häufig der Fall ist, mehr als die Hälfte des Etats einer geförderten Einrichtung beträgt, dann sehe ich darin keinen Sinn mehr. Dann ist staatliche Förderung nicht mehr Ansporn, sondern wird als Gewohnheitsrecht automatisch bei allen Aktivitäten mit einkalkuliert – nach dem Motto: Wir kriegen soundsoviel, also können wir das und das machen, statt nach der Devise zu verfahren: Wir sollten das und das machen, vielleicht hilft uns der Staat dabei. Es ist einfach die falsche Denke für unser System. Sonst laßt uns doch gleich den Sozialismus ausrufen.

Zeit für eine vorläufige Bilanz: Die Existenz eines unübersichtlichen Subventionsgestrüpps bestreitet niemand ernsthaft, nur an welcher Stelle wieviel beschnitten oder rausgerissen werden soll, darüber gehen die Meinungen weit auseinander. Jeder sieht vorzugsweise Handlungsbedarf beim jeweils anderen. Derweil bietet das Gestrüpp optimale Lebensbedingungen für gefährliche oder gar giftige Pflanzen. Da wuchern nämlich Dauersubventionen, die vom Grundsatz her unserem System abträglich sind, und es blüht und gedeiht der Subventionsbetrug. Die Spirale dreht sich immer weiter. Weil sich Subventionen nicht so positiv auswirken wie gedacht, werden sie erhöht oder erweitert mit dem Effekt, daß zwar die Belastung weiter steigt, aber die Wirksamkeit noch lange nicht. Um das alles überhaupt noch bezahlen zu können, werden die Steuern und Abgaben erhöht, und jeder, der auf den Abbau »seiner« Subventionen angesprochen wird, will darauf nicht verzichten, weil er sie als gerechten Ausgleich, als Korrektur der übermäßigen Belastungen empfindet. Womit wir bei einem Reizthema wären, das ich in diesem Buch auch noch behandeln werde.

4
»Eine zweckwidrige Verwendung der Mehrkosten ist nicht feststellbar«

Bürokraten, Schuldenmacher und Verschwender

D er Bund der Steuerzahler versteht sich als Interessen-
vertretung aller Steuer- und Gebührenzahler und gibt
jedes Jahr ein Schwarzbuch über Steuerverschwendung
heraus, aus dem dann die Medien regelmäßig die kuriosesten und
unverschämtesten Beispiele aufgreifen. Wer kennt nicht die Ge-
schichten von Brückenbauwerken, die seit Jahren auf die zugehö-
rige Autobahn warten? Der Steuerzahlerbund hat zwar auch in
Bonn ein Büro, aber das Präsidium findet es ganz angenehm,
ähnlich wie der Bundesrechnungshof, nicht am Regierungssitz
ansässig zu sein, weil man doch gewisse Kumpaneien nicht ausschließen kann, und hat Wiesbaden als Sitz gewählt. Über dem
Eingang in der Adolfsallee 22 fällt eine Digitalanzeige auf, die sich
über die gesamte Türbreite von schätzungsweise knapp zwei Metern erstreckt und ebenfalls gut zwei Meter hoch ist. Auf ihr sind
zwei Zahlen zu sehen. Die eine verändert sich langsam, die andere
so schnell, daß die letzten drei Ziffern nicht zu erkennen sind, die
vierte nur mit Mühe zu erahnen ist. Es handelt sich um eine
Schuldenuhr. Die durchrasende Zahl beziffert den staatlichen
Schuldenzuwachs pro Sekunde; das sind 3935 DM. Die sich nur
langsam verändernde Anzeige nennt die Gesamtverschuldung;
sie ist am 14. Dezember 1995 kurz vor 16 Uhr auf
2 000 000 000 000 umgesprungen, in Worten: zwei Billionen
DM. Runtergerechnet auf alle Einwohner Deutschlands vom
Säugling bis zum Greis bedeutet dies, daß zu besagtem Zeitpunkt
jeder mit etwa 24 500 DM verschuldet war. Wenn man realistisch

und gleichzeitig brutaler umrechnet, also Kinder, Jugendliche in der Ausbildung, Nichterwerbstätige, Arbeitslose und Rentner ausklammert, dann ist jeder Arbeitnehmer mit ungefähr 55 000 DM Schulden belastet. Das ist mehr als der jährliche Durchschnittsverdienst, denn 1994 betrug das durchschnittliche Jahreseinkommen eines westdeutschen Beschäftigten 49 410 DM und das eines ostdeutschen Beschäftigten 35 880 DM. Da kann einem nur schlecht werden.

Wie soll man je von einem solchen Schuldenberg herunterkommen, der noch dazu ständig wächst? Es wäre vielleicht gar keine so schlechte Idee, an jedem größeren Rathaus eine Schuldenuhr anzubringen. Das kostet natürlich auch – die Wiesbadener Ausführung rund 30 000 DM –, aber vielleicht läßt sich da im Etat »Kunst am Bau« etwas machen, oder, wer weiß, möglicherweise finden sich gar private Spender. Wenn wir doch schon so weit sind, daß Weihnachtsbäume auf öffentlichen Straßen und Plätzen von Sponsoren gestiftet werden, daß städtische Springbrunnen nur noch mit privater Unterstützung sprudeln können, dann kommt's auf die Schuldenuhr auch nicht mehr an. Und es könnte ja immerhin sein, daß sie das Verdrängen erschwert.

Der Bund der Steuerzahler wertet für seine Aktivitäten und Publikationen in puncto Verschwendung öffentlich zugängliche Informationen aus, aber er bekommt auch viel von seinen Mitgliedern »gesteckt«, wie man mir sagte. 400 000 gibt es davon in der Bundesrepublik, Einzelpersonen, aber auch Firmen, überwiegend aus dem mittelständischen Bereich. Wenn denen etwas auffällt, schicken sie entsprechendes Material oder geben gezielte Hinweise, einer Sache nachzugehen. Die Nachforschungen werden dann im wesentlichen von den Landesverbänden geleistet, wobei die in Nordrhein-Westfalen, Bayern und Baden-Württemberg von ihrer personellen Ausstattung her am ehesten dazu in der Lage sind.

Die besten Tips kommen von Lokaljournalisten, die oftmals nicht das berichten können, was sie wissen, weil sonst ihr Informationsfaden sofort abreißt. »Der Bürgermeister wird denen nie mehr etwas sagen. Deswegen kommen die zu uns«, erzählt mir ein Mitarbeiter und schiebt gleich ein konkretes Beispiel nach. Da wurde ein neues Landratsamt seiner Bestimmung übergeben, und der Lokalreporter verfaßte einen Jubelbericht über das Ereignis. Doch innerlich platzte er beinahe vor Wut, denn die Büroräume für den Publikumsverkehr mit Sozialhilfeempfängern waren so geschmackvoll wie instinktlos mit teurer Zirbelkiefer an Decken und Wänden verkleidet. »Wie muß jemandem zumute sein, der für fünfzig Mark ansteht, und da hängt ein Vermögen quasi als Tapete an der Wand.« Nach entsprechender Überprüfung fand dieses Beispiel dann auch Eingang in eines der Schwarzbücher.

Ich mag es kaum glauben, als man mir sagt, daß die ergiebigsten Informationen von den Beamten und Staatsdienern selbst kommen. Vielfach nehmen sie ihren Auftrag ernst, mit dem Geld anderer Leute sparsam zu wirtschaften, und leiden darunter, wenn ihre Dienststelle sie in bürokratischer Unbeweglichkeit oder aus anderen Gründen zur Verschwendung zwingt. Es gehört Mut dazu, als Beamter den Bund der Steuerzahler einzuschalten, denn das Dienstrecht enthält strenge Vorschriften, wem sie sich offenbaren dürfen und wem nicht. Ich erfahre, daß in den nächsten Tagen hier ein ehemaliger Staatsdiener erwartet wird, dessen man sich mit Hilfe des Instruments der Frühpensionierung entledigt hatte, weil man nach seinen öffentlichen Hinweisen auf Verschwendungen keine Basis mehr für eine weitere Zusammenarbeit sah. »Da flogen die Fetzen«, meint der Mann vom Steuerzahlerbund und verrät nur noch, daß es um Beschaffungen bei der Bundesbahn ging.

Der Steuerzahlerbund ist, genau wie Journalisten, natürlich so weit wie möglich bemüht, diese Informanten zu schützen. Doch oftmals hat derjenige, der sich nach draußen wendet, schon vorher versucht, innerhalb der Behörde bestimmte Dinge abzustellen. Wenn also etwas an die Öffentlichkeit gelangt, dann weiß man einfach oder ahnt zumindest, wer da nicht dichtgehalten hat. Schön, daß es dennoch Menschen gibt, die ihre Veranwortung so ernst nehmen, daß sie auch bereit sind, für sich selbst Nachteile in Kauf zu nehmen.

Auf meine Frage, wie man hier das Problem löst, Informanten von Denunzianten zu unterscheiden, beruhigt man mich: »Keine Sorge, wir machen das Geschäft nicht erst seit gestern, das kriegen wir schnell raus.« Private Rechnungen mit dem Chef lassen sich also nicht per Steuerzahlerbund bereinigen. Man ist hier auch überaus vorsichtig, wenn sich Bürgerinitiativen melden, die ihre Hinweise mit dem Satz einleiten: »Hiermit möchten wir auf eine gigantische Steuergeldverschwendung aufmerksam machen . . .«. Oft stellt sich gleich beim ersten Nachhaken heraus, daß etwa bei einem Straßenbauvorhaben knallhart nach dem Sankt-Florians-Prinzip verfahren wird: Die Straße bräuchen wir zwar, aber nicht vor *unserer* Tür.

Der Steuerzahlerbund läßt sich auch nicht vor den Karren von - pardon - Korinthenkackern und anderen Kleingeistern spannen. Die Klagewut der Bundesbürger ist ungebrochen, und manch einer schämt sich nicht einmal, die Finanzgerichte für 15,85 DM zu bemühen, seufzt einer in unserer Runde: »Wir haben kürzlich über das Urteil eines Amtsgerichts in Brilon berichtet, wo jemand das wirklich auf die Spitze getrieben hat«. Er erzählt, daß der Richter darüber entscheiden mußte, ob jemand berechtigt ist, einen Betrag von 150 DM, den er einem anderen schuldete, in Teilbeträgen von je einer Mark auf dessen Konto einzuzahlen. Durch diese Schikane mußte der Kontoinhaber für jeden Buchungsvorgang eine Bankgebühr bezahlen, die zu dem Wahnsinnsbetrag von einer Mark natürlich nicht mehr im Verhältnis stand.

Ähnlich aufwendig sind Verfahren, die eingeleitet werden, weil sich Verkehrssünder bei direkter Überweisung von Bußgeldern 1 oder 2 Prozent Skonto genehmigen. Wenn die Steuer- und Abgabenbelastung nicht so hoch wäre, würde wahrscheinlich niemand auf solchen Unfug kommen. Nach Schriftwechsel und Zahlungsaufforderungen landen auch solche Fälle vor Gericht, wo die maximal zweistelligen Restbeträge eingeklagt werden.

Zum Teil sind wir an unserer übermäßigen Bürokratie wahrlich selbst schuld. Wie oft verfahren wir ohne Rücksicht auf die Verhältnismäßigkeit nach dem Motto: »Das will ich geregelt haben!« Auf Regeln erpichte Bürger produzieren eine regelsüchtige Ministerialbürokratie, die wiederum den regelerprobten Bürger erfordert. Auch eine feine Spirale. Hinzu kommt dann noch eine große Portion Mißtrauen. Wir bemühen uns derart verkrampft, jeglichen nur denkbaren Mißbrauch zu verhindern, und produzieren auf diese Weise überhaupt erst Mißbrauch. Es läßt sich eben nicht alles bis in die letzte Ausnahme regeln. Das ist unmöglich. Der Irrglaube, durch ein besonders enges Regelkorsett alle Lebenssituationen im Griff zu haben, führt unweigerlich zu Ungerechtigkeiten und Nonsens. Wir verlernen dann, die verbliebenen regelfreien Räume im Sinne der ungeschriebenen sinnvollen Regeln unserer Gesellschaft auszufüllen.

Ein kleines Beispiel: Ein Kindergarten in Niedersachsen durfte ein zusätzliches Kind nicht aufnehmen, weil an der vorgeschriebenen Größe von 50 Quadratmetern für einen Gruppenraum 0,03 Quadratmeter fehlten – das entspricht etwa der Fläche eines Schreibheftes oder Stenoblocks. Daraufhin kam der Regierungspräsident auf die umwerfende Idee, den Putz von den Wänden zu schlagen. Auf diese Weise konnten die fehlenden Quadratzentimeter ohne größere Baumaßnahme gewonnen und das Kind aufgenommen werden. Oder: Ein Juwelier wollte einen Auszubildenden einstellen. Das Fenster in dem Raum, der für den Jugendlichen vorgesehen war, entsprach nicht den Vorschriften. Nach ein paar Versuchen, eine Ausnahmegenehmigung zu bekommen, gab der Juwelier entnervt auf. Ein Ausbildungsplatz weniger, weil das Fenster nicht die vorgeschriebene Größe hatte. Ist es denn wirklich so schwer, einen vernünftigen Weg zwischen Arbeitsschutz und »Regelitis« zu finden?

Verantwortungsbewußte Menschen werden durch unsere gesetzlichen Regelungen oftmals in Situationen gebracht, in denen die Grenzen zum kriminellen Verhalten fließend sind. Sylvius Hartwig, Professor für Sicherheitstechnik an der Universität Wuppertal, hat in einem Beitrag für *Die Welt*, am 24. November 1994, einmal beschrieben, in welche Nöte er in seinem Arbeitsalltag gerät. Manche Versuchsanordnungen im Labor, die ein bestimmtes Risiko bergen, darf er – so die Gesetzeslage – nur in Anwesenheit eines Laborsicherheitsingenieurs ausführen. Wenn der gerade nicht parat steht, kann er entweder die Veranstaltung ausfallen lassen – oder die Vorschriften ignorieren. Da hilft dann nur hoffen und beten, daß nichts passiert und ihn auch niemand anschwärzt. Ein anderes Beispiel: Wenn der Andrang der Studenten bei einer Vorlesung so groß ist, daß die feuerpolizeilichen Vorschriften zur Raumbelegung nicht mehr eingehalten werden können, steht er vor einem ähnlichen Dilemma: überzählige Studenten raus, oder er macht sich strafbar.

Ein weiteres Beispiel: Professoren ist es streng untersagt, schwarze Kassen zu führen, und Dritt- und Landesgelder dürfen nur zweckgebunden ausgegeben werden. Wer sich daran nicht hält, muß mit Strafe rechnen. Im Prinzip eine sinnvolle Regelung – obwohl man vielleicht einmal ausprobieren sollte, ob es nicht insgesamt billiger wäre, wenn Hochschulen in eigener Verantwortung wirtschaften dürften. Nach Auskunft des zuständigen Bonner Ministeriums beraten die Länder derzeit über den Plan, den Hochschulen sogenannte Globalhaushalte zur Verfügung zu stellen, um ihnen so größeren Spielraum für eigene Entscheidungen einzuräumen. Heute werden sie jedoch für Sparsamkeit noch bestraft. Sie kennen das in allen Verwaltungen grassierende Dezemberfieber, wenn mit erhöhtem Puls und angestrengt rotem Kopf überlegt wird, wofür man den Rest eines Haushaltstitels noch schnell ausgeben kann. Sonst ist er nämlich weg. Ins nächste Jahr läßt sich davon nichts mitnehmen – schlimmer noch, es droht eine Kürzung des entsprechenden Haushaltsansatzes für das Folgejahr: Offenbar kommt man ja auch mit weniger Geld aus! Kameralistische Haushaltsführung heißt das Ganze, und bis auf ein paar Modellversuche in Nordrhein-Westfalen wird noch überall in Haushaltsjahren gerechnet.

Um den Aberwitz zu illustrieren, berichtet Prof. Hartwig von einer Haushaltssperre im September 1993. Bekanntlich beginnt der Vorlesungsbetrieb im Oktober. In Hartwigs Fachrichtung werden sehr teure – wie er extra betont – sicherheitstechnische Warn- und Schutzeinrichtungen verlangt. »Gehen diese Einrichtungen zu Anfang kaputt, kann ich die Ausbildung einstellen, ich kann die Gefahr ignorieren oder Gelder ungesetzlich umleiten«, erklärt Prof. Hartwig. So entstehen zwangsläufig Situationen, in denen es unmöglich ist, alle bestehenden Gesetze und Verwaltungsvorschriften *zugleich* zu beachten. Der übergeordnete Auftrag – hier die Verpflichtung zu Lehre und Forschung – ist hinter den kleinkarierten Ausführungsbestimmungen nicht mehr zu erkennen.

In der Industrie sieht es nicht viel anders aus, meint Prof. Hartwig: »Meine Erfahrung aus der Praxis ist, daß selbst sehr gutwillige und aufgeschlossene Betreiber von Anlagen kaum noch in der Lage sind, die Gesetzes- und Verordnungsflut zu kennen. Ihnen geht es wie mir, sie stehen sozusagen immer mit einem halben Bein im Gefängnis.« Sein Fazit: »In Deutschland werden Probleme scheinbar gelöst, indem man zunehmend Gesetze und Vorschriften bis ins letzte Detail erläßt und dabei völlig vergißt, daß Gesetze nur Handlungsanleitungen sein können und nicht die Sache selbst.« Warum ist das so? Nicht nur der Wuppertaler Hochschullehrer denkt dabei an die soziale Zusammensetzung unserer Parlamente, in denen überwiegend Staatsdiener und Beamte sitzen. »Die [können] sich Problemlösungen nur via detaillierter Verordnungen und Gesetze vorstellen, aber kaum noch durch inhaltlichen Lösungskonsens oder persönliche Verantwortlichkeit mit zugegebenermaßen möglichen Fehlern.« Er macht seinem Ärger Luft, wenn er fortfährt: »Die Ahnungslosigkeit unserer Abgeordneten und Politiker vom Alltag der Wirtschaft, der Umwelt- und Sicherheitstechnologie [Hartwig leitet den Studienschwerpunkt Umweltschutz an der Universität Wuppertal] und generell den technischen Anforderungen unserer Gesellschaft ist bedrückend. Alle Parteien feilschen nur noch um den sechsten Absatz der siebenten Verwaltungsanordnung.«

Der SPD-Abgeordnete Ernst Schwanhold legte den Finger in die Wunde, als er am 21. September 1995 vor dem Deutschen Bundestag in Bonn sagte: »Stellen Sie sich einmal vor, Bill Gates [der Microsoft-Gründer] hätte in einer Garage in München angefangen: Er hätte dort gar nicht anfangen können, weil die Garage kein Fenster hatte. Fenster aber werden vom Arbeitsschutz verlangt. Garagen haben aber in Deutschland keine Fenster, das verlangt der Brandschutz.«

Übertriebene Schutzmaßnahmen, Perfektionismus und überzogene Standards – so entsteht ein fruchtbarer Nährboden für kostenintensiven Blödsinn. Natürlich ist es bequemer, auf einer breiten Straße zu fahren, als sich auf einer schmalen zurechtzuzirkeln, und die Verkehrssicherheit spielt natürlich ebenfalls eine Rolle. Doch man kann die Komfortansprüche und das Sicherheitsdenken auch übertreiben – dann bleibt man, um jedes Risiko auszuschließen, vielleicht doch besser gleich zu Hause und läßt sich in Tiefschlaf versetzen. Wie sagte schon der Dichter: Das Leben ist lebensgefährlich.

Da möchte man fast in Jubel ausbrechen, wenn, wie von der Bundesregierung im März 1995 beschlossen, der Ausbaustandard für Autobahnen gesenkt wird. Nach den Ausführungen im Verkehrsausschuß soll bei sechsspurigen Streckenabschnitten künftig eine Breite von 35,50 Metern genügen; bisher galten 37,50 Meter als angemessen. Und zwar soll die rechte Spur ihre alten Ausmaße behalten – wegen der LKWs –, alles andere wird schmaler: die mittleren und linken Fahrbahnen und auch der Mittelstreifen. Auf diese Weise will der Bund 60 bis 70 Millionen DM im Jahr sparen.

Einige CDU/CSU-Abgeordnete aus dem Verkehrsausschuß vermuten weit höhere Einsparmöglichkeiten noch auf einem ganz anderen Feld des Straßenbaus, nämlich bei der Honorarordnung für Architekten und Ingenieure. Die Höhe der Honorare richtet sich – ähnlich wie bei Anwälten, wo der Streitwert entscheidend ist – nach der Höhe der Bausummen. Wie soll gespart werden, wenn das Gegenteil belohnt wird? Wäre es nicht viel sinnvoller, Prämien für kostengünstiges Bauen zu vergeben? Sicher, dabei müßte garantiert sein, daß nun nicht umgekehrt Pfusch und Murks auf Kosten von Sicherheit und Komfort Einzug halten. Wie das im Detail zu bewerkstelligen ist, da habe ich auf Anhieb auch keine Lösung parat. Aber die derzeitigen Regelungen, da ist den Mitgliedern des Verkehrsausschusses zuzustimmen, leisten der Verschwendung Vorschub.

Überzogene Standards und eine kontraproduktive Honorar- und Gebührenordnung – eine feine Mischung. Einer aus der Runde beim Steuerzahlerbund kommentiert das so: »Expertenzirkel brüten die Standards aus – ganz gleich, ob im Straßenbau oder im Abwasserbereich oder sonstwo. Das ist dann wie die Bibel für die Leute in den Ministerien und Verwaltungen, die das so ausführen müssen. Spielraum gibt es keinen. Und dann kommt bei allem, was mit kommunalen Bauvorhaben zu tun hat, noch etwas hinzu. Mißbrauch ist sozusagen im System selbst angelegt, wenn für bestimmte Projekte Zuschüsse vom Land oder vom Bund nur ab einer bestimmten Größenordnung gezahlt werden.« Auf meinen fragenden Blick erklärt er mir: »Sie müssen sich das so vorstellen: Da wird in einer Gemeinde irgendein Projekt geplant, und man stellt fest, wir haben Kosten von 25 000 DM. Das reicht aber nicht, dafür ist kein Zuschuß zu bekommen. Also wird das Ganze richtig aufgemotzt, damit man die festgelegte Summe erreicht, sagen wir mal 50 000 DM. Und schon gibt's die 25 000 DM, die man ursprünglich nur brauchte, dazu oder eine andere Summe je nach Schlüssel. So ist das!«

Bei der Europäischen Union herrscht ein ähnliches Prinzip, die sogenannte hälftige Finanzierung, erfahre ich dann: »Wer Zuwendungen von der EU haben will, muß die Hälfte selbst zahlen, was dazu führt, daß die gesamten Kostenansätze aufgeblasen werden. Die Leute wissen das ja. Ein Vorhaben kostet dann eben nicht 100, sondern 200 Millionen; da kriegen sie von der EU die 100 Millionen dazu und haben es voll finanziert.« Man nennt mir Gesprächspartner im Europäischen Rechnungshof, die mir die tollsten Beispiele erzählen könnten, wie aus einer Teilfinanzierung praktisch eine Vollfinanzierung geworden ist. – Vielleicht im nächsten Buch.

Was überzogene Standards in unserem gewachsenen Deutschland bedeuten, läßt sich am Thema Wasseraufbereitung zeigen. Da wurden kleinen Gemeinden hypermoderne Kläranlagen aufgeschwatzt oder von ihnen selbst gefordert, nach dem Motto: Zweite Wahl waren wir lange genug. Statt auch einmal einfache Lösungen zu akzeptieren oder mittelgute, durchschnittliche, waren flächendeckend Spitzenleistungen angesagt. An die westliche Adresse ging der gallige Kommentar eines Ostpolitikers: »Die kommunalen Spitzen waren noch nicht bestimmt bzw. gewählt, aber der Westberater für die Kläranlage war schon da!«

Zusätzlich zu den hohen Baukosten, die sie ja nicht alleine aufbringen mußten, haben die Gemeinden nun gewaltige Fixkosten am Hals. Jeder Privatmensch weiß, daß es mehr kostet, ein 200 qm großes Haus als eine 70 qm große Wohnung zu unterhalten. Da nützt es auch nichts, wenn einem jemand so ein Superdomizil schenkt oder günstig verschafft. Die laufenden Kosten reißen einen rein. Warum vergißt man dieses Wissen, wenn es sich um öffentliche Haushalte handelt?

Erfreulicherweise gibt es auch positive Beispiele, die der Steuerzahlerbund mit dem Ziel veröffentlicht, Nachahmer zu finden. Und da wir gerade beim Thema Kläranlagen sind, will ich Ihnen das Folgende nicht vorenthalten. Die Blumen gebühren in dem Fall der rheinland-pfälzischen Umweltministerin Klaudia Martini, SPD, die nicht nur eine Broschüre herausgebracht hat mit dem Titel »Umweltschutz muß nicht teuer sein«, sondern die dieses Motto auch praktiziert. Ihre Frage war, ob denn wirklich jede Kläranlage neu geplant werden muß. Warum sollte man nicht eine gewisse Standardisierung einführen, sozusagen im Baukastensystem für unterschiedlich große Werke? Damit nicht bei jeder Anlage immer neue Architekten bei Null anfangen müssen. Der Bund der Steuerzahler hat diesen Vorstoß aufgegriffen und anderen Ländern vorgeschlagen, »denn Frau Martini hat in der Tat bei einer ganzen Reihe von solchen Kläranlagen-Planungen, die zum Teil auch schon realisiert wurden, eine Menge Geld gespart«.

Die klassische Aufgabe der Rechnungshöfe ist es, Verschwendung aufzudecken. Werden sie fündig, tut das den Betroffenen, die sich in der Öffentlichkeit angeprangert sehen, möglicherweise weh – aber rein ökonomisch gesehen nützt es herzlich wenig: Das Geld ist dann bereits weg. Der Bundesrechnungshof und die Landesrechnungshöfe sind daher dazu übergegangen, soweit möglich, Kontrollen vorab durchzuführen. So kann in einigen Fällen verhindert werden, daß unnötig Geld ausgegeben wird. Doch grundsätzlich haben die Rechnungshöfe nur sehr geringe Einflußmöglichkeiten. »Die können eigentlich nur Papier vollschreiben«, sagt man mir beim Bund der Steuerzahler. »Und die Berichte sind dann auch noch hübsch diskret, was die Verantwortlichen angeht. Namen dürfen nicht genannt werden, auch wenn sie bekannt sind.« Nur Empfehlungen können die Rechnungsprüfer aussprechen, etwa, so einer meiner Gesprächspartner, »den Minister in Regreß zu nehmen oder die Schadenersatzfrage zu prüfen oder sogar ein Strafverfahren einzuleiten. Aber da passiert nichts.« Das ist nach Ansicht der an unserem Tisch Versammelten auch keineswegs verwunderlich: »Wer sollte das machen? Das wäre in der Regel der Dienstvorgesetzte. Doch der hütet sich, weil er weiß, daß dann jemand von der Opposition gelaufen kommt und sagt: Den kleinen Beamten, den willst du jetzt wegschießen, aber verantwortlich bist du, Herr Minister oder Herr Staatssekretär, nimm gefälligst den Hut! Dasselbe gilt auf allen Ebenen der

Verwaltung, und das ist der Grund dafür, daß nichts passiert.«
Leuchtet ein.

Schon vor Jahren hat der Bund der Steuerzahler deshalb angeregt, den Rechnungshöfen die Befugnis zu erteilen, Ermittlungsverfahren selbst einzuleiten, um sie dann nach den ersten Ergebnissen an die zuständigen Stellen abzutreten. Doch in Gesprächen mit Rechnungsprüfern stellte sich heraus, daß sie dieser Idee wenig abgewinnen können. Zwar sind sie auch nicht gerade glücklich, so wenig zu bewirken. Da wird einmal im Jahr ein bißchen Staub aufgewirbelt, das war's dann aber meist auch. Doch als Ermittlungsbehörde, vergleichbar der Staatsanwaltschaft, wollen die Mitarbeiter der Rechnungshöfe nicht agieren. Der Rechtsgrundsatz, daß niemand gezwungen ist, sich selbst zu belasten, könnte dazu führen, daß die Rechnungsprüfer trotz erweiterter Rechte ihre eigentliche Arbeit einstellen müßten. Wer immer ins Visier genommen würde, könnte sich auf sein Recht berufen, die Aussage zu verweigern, und schon funktionierte das gesamte Prüfverfahren nicht mehr.

Ein anderer Vorschlag des Steuerzahlerbundes liegt schon rund 20 Jahre auf dem Tisch. Danach sollte eine Instanz der sogenannten Amtsankläger geschaffen werden, die die Empfehlungen der Rechnungshöfe aufgreift und umsetzt, d. h. Ermittlungen einleitet. Dazu müßte allerdings auch unser Strafgesetzbuch um den Tatbestand der »Amtsuntreue« erweitert werden, wie die organisierten Steuerzahler ebenfalls vorschlagen. Beide Initiativen stießen bisher auf wenig Begeisterung, würden mancherorts eher als »Majestätsbeleidigung« verstanden, wie mir mit leicht resignativem Unterton bedeutet wird: »Da geht der Beamtenbund auf die Palme, wenn er ›Amtsuntreue‹ hört. Warum eigentlich? Daß es den Straftatbestand des Mordes gibt, heißt auch nicht, wir seien alle Mörder. Wir wollen doch nur die schwarzen Schafe erwischen, und daran müßte auch der Beamtenbund ein Interesse haben, der schließlich für einen leistungsfähigen, nicht korrupten öffentlichen Dienst eintritt.«

Einem anderen in der Runde fällt ein: »Wir haben vor etlichen Jahren bei Prof. Günter Kohlmann in Köln, der ein ausgewiesener Fachmann im Steuerstrafrecht ist, ein Gutachten zum Thema Amtsuntreue in Auftrag gegeben. Seine Studie mit dem komplizierten Titel ›Zur strafrechtlichen Erfassung der Fehlleitung öffentlicher Mittel‹ hat durchaus Beachtung gefunden. Denn daraufhin bestellte die Bundesregierung, genauer der Bundesjustizminister, ebenfalls ein Gutachten zu diesem Thema, und zwar bei Prof. Klaus Volk, der damals noch in Konstanz saß. Und das erste, was Herr Volk machte – er rief bei uns an und fragte: ›Habt ihr nicht Material dazu?‹« Die ihm gestellte Aufgabe lautete, die aufgeführten Fälle des ersten Gutachtens daraufhin zu überprüfen, ob überhaupt Handlungsbedarf bestehe. Rechtstatsachenforschung nennt man das in der Fachwelt. Rein theoretisch hätte es sich ja um Einzelfälle handeln können, die so selten vorkommen, daß der ganze Verwaltungsaufwand für die Einführung eines neuen Straftatbestandes nicht lohnen würde. »Wir haben den Professor mit allen Informationen und Unterlagen versorgt, die wir hatten«, fährt der Mitarbeiter fort, »und der hat dann der Bundesregierung einen umfänglichen Bericht vorgelegt mit fast 500 Fällen, die er selbst alle für strafwürdig hielt. Daraufhin haben die in Bonn dann zugestimmt, daß ein gewisser Bedarf vorliegt, und ihm den Auftrag gegeben, nun den Tatbestand zu formulieren. Das hat der Professor auch getan – und danach ist alles einfach in der Schublade verschwunden. – Das ist jetzt etwa zehn Jahre her.«

Prof. Gerhard Wolf, früher Privatdozent in Marburg und jetzt Ordinarius für Strafrecht an der Universität in Frankfurt/Oder, sei mit ähnlichen Forschungen befaßt, höre ich dann. Er versucht neue Wege zu finden, wie Verschwender in den Verwaltungen belangt werden können. Sofern jemand sich nicht selbst bereichert hat, ist die Chance, ihn wegen Verschwendung öffentlicher Gelder zur Rechenschaft zu ziehen, nämlich heute gleich Null.

Dazu gibt es ein spannendes Beispiel: den Petersberg. Das wunderschön gelegene Gästehaus der Bundesregierung bei Königswinter am Rhein, das auch Normalsterblichen als Hotel und Ausflugsziel offensteht, wenn nicht gerade Staatsbesuch dort weilt oder der Formel-1-Weltmeister Michael Schumacher Hochzeit feiert, wurde vor einigen Jahren umgebaut. Ursprünglich sollte das Gebäude, das zwischen 1912 und 1914 errichtet wurde, für die Nutzung durch die Bundesregierung lediglich renoviert werden. Der Bund hatte Haus und Grund – 103 Hektar Wald- und Parkgelände – 1978 für 18,5 Millionen DM von der Kölner Familie Mühlens erworben. Bei genauerer Untersuchung der Bausubstanz stellte sich dann heraus, daß es mit Renovieren allein nicht getan war. Ganze Gebäudeteile mußten abgerissen und neu errichtet werden. Folglich genehmigte der Haushaltsausschuß des Deutschen Bundestages am 22. Dezember 1981 für den Umbau die stolze Summe von 96 Millionen DM. 1985 – Baubeginn war im Oktober – wurden statt der 96 schon 103 Millionen freigegeben. Zwei Jahre später – im Dezember 1987 war Richtfest – mußten noch einmal 13 Millionen DM nachgelegt werden, und 1989 schließlich waren die Kosten bei exakt 128,6 Millionen angelangt.

Daraufhin erstattete der Steuerzahlerbund im August desselben Jahres Strafanzeige und beschuldigte die Bundesbaudirektion, den Haushaltsausschuß des Deutschen Bundestages »wider besseres Wissen durch erkennbar zu niedrig angesetzte Kosten« getäuscht zu haben. Die Staatsanwaltschaft wurde insbesondere aufgefordert, den Verdacht der Untreue zu prüfen. Zuvor, nämlich im Juni 1989, hatte der Bundesrechnungshof seinen Bericht vorgelegt, in dem auch über den Petersberg-Umbau zu lesen war. Und nun schlugen die Wellen hoch. Von Täuschung des Parlaments war die Rede, Journalisten und Abgeordnete riefen nach dem Staatsanwalt oder forderten zumindest disziplinarische Maßnahmen innerhalb der Bundesbauverwaltung. Die Staatsanwaltschaft Bonn leitete ein Verfahren ein.

Die damalige Bundesbauministerin Gerda Hasselfeldt, die nur

das Erbe ihres Amtsvorgängers Oscar Schneider übernommen hatte, mußte Stellung nehmen. Sie gab zu bedenken, daß bereits der allererste Kostenvoranschlag von Oktober 1980 143 Millionen DM ausgewiesen habe, vom Haushaltsausschuß aber abgelehnt worden sei. Ein Schuft, wer Böses dabei denkt. Die Ministerin wollte die Aufregung gar nicht verstehen, denn: »Wären die öffentlichen Bauherren nicht doch zur Sparsamkeit fähig, dann wären wir heute bei 172 Millionen DM angekommen, berücksichtigt man die allgemeinen Baukostensteigerungen seither.« *So* ist das nämlich.

Das Verfahren wurde schon Ende 1989 wieder eingestellt. Die Begründung jedoch liest sich wie ein Krimi – und als ein einziges Plädoyer für die Forderung des Steuerzahlerbundes, endlich den Straftatbestand der Amtsuntreue einzuführen.

Zunächst befaßt sich die Staatsanwaltschaft intensiv mit der Vorgeschichte und listet dazu die einzelnen Etappen eines beispiellosen Kostenanstiegs auf:

○ Am 29. Mai 1974 werden die Gesamtkosten für »Bau und Herrichtung des Hotels Petersberg als Gästehaus des Bundes« in einer gemeinsamen Kabinettsvorlage des Auswärtigen Amtes und des Bundesbauministeriums auf 61 Millionen DM geschätzt (!).

○ Am 26. Juli 1978, also vier Jahre später, stimmt das Bundeskabinett dem Erwerb zu.

○ Am 25. Oktober 1978 beziffert das Bauministerium die Kosten für die »baulichen Investitionen« mit 61,25 Millionen DM.

○ Im Mai 1980 werden im Planungsvertrag mit den Architekten die voraussichtlichen Gesamtkosten mit 96,7 Millionen DM angegeben.

○ Am 1. September 1980 stellt die Bundesbaudirektion aufgrund des Wettbewerbsentwurfs die Kosten mit 143 Millionen DM fest.

Nun beschließt der Bund, wie die Staatsanwaltschaft weiter ausführt, aufgrund der angespannten Haushaltslage eine Kostengrenze von 100 Millionen DM. Wundersam geht es dann weiter:

○ Am 12. Mai 1981 erteilt das Bundesbauministerium einen neuen Planungsauftrag mit dem Ziel, die Baukosten auf maximal 100 Millionen DM zu begrenzen.
○ Am 24. Juli 1981 legt die Bundesbaudirektion ihren zweiten Haushaltsentwurf vor, die Kosten werden mit 97 770 000 DM beziffert.
○ Am 22. Dezember 1981 genehmigt das Bundesbauministerium 96 Millionen.

Drei Jahre später geht es dann mit den Nachtragshaushalten los:

○ Am 17. Juli 1984: zusätzliche 7 Millionen,
○ Am 2. Dezember 1987: noch einmal 13 Millionen,
○ Am 26. Juni 1989: weitere 12,6 Millionen.

»Betrügerisches Verhalten eines oder mehrerer Mitarbeiter der Bundesbaudirektion oder einer anderen Behörde [kommt] nicht in Betracht«, kommentiert die Staatsanwaltschaft Bonn in ihrer Einstellungsbegründung. Denn »der Tatbestand eines Betruges gemäß § 263 Strafgesetzbuch erfordert, daß der Täter ›in der Absicht gehandelt hat, sich oder einem Dritten einen rechtswidrigen Vermögensvorteil zu verschaffen‹«. Auch der Bericht des Bundesrechnungshofes habe keinerlei Anhaltspunkte dafür ergeben, so die Staatsanwälte, nicht einmal eine betrügerische Absicht sei zu erkennen. Die unglaubliche Kostenexplosion sei vielmehr so zu erklären – und ich bitte Sie, sich die folgenden Zeilen auf der Zunge zergehen zu lassen: »Die entstandenen Mehrkosten [beruhen] ausschließlich auf Planungsfehlern, Versäumnissen, Fehlberechnungen, unzureichender Überwachung der freiberuflichen

Architekten, nicht ordnungsgemäße[r] Überarbeitung, unzutreffenden Kostenberechnungen sowie unzulässigen Kürzungen und Kostenherabsetzungen im Rahmen der ersten Haushaltsunterlagen-Bau, ungeprüfter Übernahme der Kostenansätze der ersten Haushaltsunterlagen-Bau in die zweite Haushaltsunterlagen-Bau, ungerechtfertigte[n] Kürzungen in der zweiten Haushaltsunterlagen-Bau, unzureichender Planung des Hubschrauberlandeplatzes sowie des Gästehauses, Nichtberücksichtigung einer erforderlichen Fußbodenheizung im Gästehaus u. a. m.«

Jeder private Bauherr hätte sich die Kugel gegeben. Aber so? Wir haben's ja, jeder einzelne zahlt, und wehe, wenn nicht. Aber es kommt noch dicker – und nicht etwa in einem Pamphlet des Steuerzahlerbundes, sondern im Schriftsatz der Bonner Staatsanwaltschaft: »Hierbei ist als einer der wesentlichsten Gründe für die entstandenen Kostensteigerungen die nicht rechtzeitige Überprüfung der Verwendbarkeit der vorhandenen Bausubstanz anzuführen. Die Bundesbaudirektion soll nach Ansicht des Bundesrechnungshofes aufgrund eines Untersuchungsberichtes eines Ingenieurbüros über die Verwendbarkeit der vorhandenen Bausubstanz rechtzeitig [erkannt haben] können, daß die Bausubstanz nicht mehr in den Neubau habe einbezogen werden können.« Auf gut deutsch: Man hätte das vorher merken müssen. »Trotzdem habe man die Fassaden des ehemaligen Hotels erst nach und nach auf ihre Verwendbarkeit untersucht und abschnittsweise abgerissen.«

Haben Sie eine Vorstellung davon, was Menschen in der Privatwirtschaft passiert, die sich solche Schnitzer leisten? Das mindeste ist, daß sie ihren Job verlieren, von zivilrechtlichen Klagen nicht zu reden. Daß in diesem Zusammenhang der Präsident der Bundesbaudirektion ausscheiden mußte, ist ein schwacher Trost. Um den Sprecher des Steuerzahlerbundes, Dieter Lau, auf der damaligen Pressekonferenz zu zitieren: »Das bedeutet doch nur, daß die Schar der Frührentner, die auf Kosten der Steuerzahler spazierengehen, vergrößert wird.«

Es soll nicht verschwiegen werden, daß das Bundesbauministerium versucht hat, einen Teil der Kostensteigerung mit Hinweis auf Denkmalschutzbestimmungen zu rechtfertigen. Doch diese Argumentation spielte für die Staatsanwälte überhaupt keine Rolle. Sie meinen dazu: »Ob die vom Bundesbauministerium angeführten Gründe [...] stichhaltig sind, kann dahinstehen. Jedenfalls ist kein Anhaltspunkt ersichtlich, in diesem Zusammenhang gegen einen Angehörigen der Bundesbaudirektion bzw. des Bundesbauministeriums oder der mit der Planung beauftragten Architektengruppen den Vorwurf zu erheben, er habe durch die Planungsfehler versucht, sich zu Unrecht zu bereichern.«

Wenn Sie annehmen, jetzt sei keine Steigerung mehr möglich – abwarten! Denn nun geht es um den Vorwurf der Täuschung der Parlamentarier. Die Staatsanwaltschaft stellt dazu fest: Selbst wenn diese getäuscht worden wären, bliebe das strafrechtlich unerheblich. Zu einem Vermögensschaden sei es ja nicht gekommen, schließlich sei doch ein entsprechender Gegenwert erstellt worden. Das heißt: Die haben euch zwar möglicherweise belogen und an der Nase herumgeführt, aber zum Schluß hattet ihr doch ein wundervoll restauriertes Gästehaus auf dem Petersberg, alle verbauten Mittel steckten da irgendwie drin – also meckert nicht rum.

Im Schriftsatz der Bonner Staatsanwaltschaft liest sich das so: »Ferner könnte aus der Tatsache, daß die Bundesbaudirektion bereits in der ersten Haushaltsunterlage-Bau vom 1. 9. 1980 die Baukosten mit 143 Mio DM veranschlagt hat, diese Kosten aber in der Folge im Hinblick auf die damalige Haushaltslage auf Anweisung des Bundesbauministeriums auf maximal 100 Mio DM herabgesetzt hat, eine bewußte Täuschung des Haushaltsausschusses des Bundestages und damit auch des letzteren erblickt werden, sofern Angehörige der Bundesbaudirektion hierbei in dem Bewußtsein gehandelt haben sollten, daß in Wahrheit diese Kostenreduzierung nicht zu realisieren ist.« Alles klar?

»Eine solche Täuschungshandlung, die zum Ziele hat, den Getäuschten nur über die Höhe der wahren später entstehenden Kosten irrezuführen, kann zu keinem Vermögensschaden führen.« Na prima. Im folgenden legen die Staatsanwälte dar: Selbst wenn bewußt zu niedrig angesetzte Zahlen angegeben worden wären mit der Absicht, eine positive Entscheidung des Bundestages herbeizuführen, dann wäre das immer noch nicht strafwürdig. Der Bund habe schließlich einen entsprechenden Gegenwert erhalten, »so daß nach der Rechtsprechung des Bundesgerichtshofes grundsätzlich in diesem Fall von einem Vermögensschaden nicht auszugehen ist«.

Ich bin kein Bauexperte, frage mich aber schon, in welchen Bauteilen sich der Gegenwert versteckt, der durch Mehrkosten aufgrund von Fehlplanungen, Fehleinschätzungen und unökonomischer Arbeitsweise entstanden ist. Aber das sehe ich wahrscheinlich zu eng.

Die Staatsanwälte sind sowieso viel großzügiger, wenn sie anmerken, daß von einem Vermögensschaden ohnehin nur dann auszugehen sei, »wenn durch diese Mehrausgabe, zu der der Bund durch die Täuschung veranlaßt worden ist, derselbe in seiner Verfügungsfreiheit so beschränkt worden ist, daß ihm die Mittel entzogen würden, die für die Aufrechterhaltung einer seinen Verhältnissen angemessenen Wirtschaftsführung unerläßlich sind.« Auch das wieder in etwas verständlicherer Sprache: Weil der Bund durch die Kosten für den Petersberg-Umbau nicht vollends pleite ging, ist das alles nicht so schlimm. Oder etwas seriöser formuliert: Der Bund ist finanziell so gut ausgestattet, daß ihn dieser Verlust nicht daran gehindert hat, seinen anderen Aufgaben ordnungsgemäß nachzugehen.

Ein betrügerisches Verhalten von Bundesangehörigen oder anderen kommt nach der derzeitigen Gesetzeslage nicht in Betracht. Den Tatbestand der Untreue sehen sie auch nicht als erfüllt: Es »kann in keinem Falle festgestellt werden, daß Angehörige der Bundesbaudirektion oder des Bundesbauministeriums ›bewußt und gewollt zum Nachteil des Bundes gehandelt haben‹, wie dies der Tatbestand des § 266 Strafgesetzbuch erfordert«. Die Staatsanwälte gehen von Fahrlässigkeit aus und vom Bemühen, den vorgegebenen Kostenrahmen auf jeden Fall einzuhalten, »ein vorsätzliches und damit strafbares Handeln der betreffenden Behördenangehörigen zum Nachteil des Bundes kann jedoch nicht festgestellt werden«.

An dieser Stelle wird es in der Argumentation der Staatsanwaltschaft noch einmal spannend: »Abgesehen davon stellen zahlreiche beanstandete Maßnahmen [. . .] eine klare Werterhöhung des Gästehauses dar, so daß insoweit dem Bund nach der oben bereits ausgeführten Rechtsprechung des Bundesgerichtshofes kein Schaden entstanden sein dürfte, zumal in allen Fällen die werterhöhenden Maßnahmen für die spätere Nutzung des Gästehauses durchaus sinnvoll erscheinen.« Und schließlich ist »eine zweckwidrige Verwendung der Mehrkosten nicht feststellbar, da im vorliegenden Falle der Mehraufwand ausschließlich dem Gästehaus Petersberg zugute gekommen und somit zweckentsprechend verwandt worden ist«.

Wenn man dieses Prinzip konsequent anwendet, dann muß man sich um Haushaltsbeschränkungen nie mehr kümmern: Erst so tun, als käme man mit den bewilligten Mitteln aus. Dann getrost mit der Baumaßnahme anfangen, die notwendigen Nachtragshaushalte werden schon genehmigt: Denn alles andere, Stopp oder Abbruch, käme noch teurer. Und wenn sich jemand drüber aufregt, der Bundesrechnungshof meckert oder gar jemand auf die Idee kommt, Strafanzeige zu erstatten – kein Problem. Alles derzeit nicht strafbar.

Die Staatsanwaltschaft Bonn schließt ihre Begründung denn auch mit dem entscheidenden Satz: »Eine andere Bestimmung des Strafgesetzbuches, nach der die Beschuldigten sich strafbar gemacht haben könnten, ist nicht ersichtlich. Das Verfahren war daher aus den vorgenannten Gründen einzustellen.« – Dann ist es höchste Zeit, eine entsprechende Bestimmung zu schaffen.

Inzwischen hat man in Bonn beschlossen, das Gästehaus auf dem Petersberg aus Kostengründen wieder abzustoßen. Immerhin fließen jedes Jahr gut vier Millionen Mark an Steuergeldern in die Unterhaltung des Gebäudes. Ich bin schon sehr gespannt, was passiert, wenn die Bundesregierung das Objekt weit unter Wert veräußern muß, was aus vielerlei Gründen zu befürchten steht. Das war dann leider eine Fehlkalkulation, für die wieder niemand zuständig ist.

Von jedem Bürger erwartet der Staat zu Recht, daß er pünktlich und umfassend seine Steuern zahlt. Wer sich nicht daran hält, wird zur Rechenschaft gezogen. Unsere Gesetze erlauben nicht nur bei vorsätzlicher Steuerhinterziehung eine Bestrafung (bis zu fünf Jahren Freiheitsstrafe sind möglich), sondern schon bei leichtfertiger oder grob fahrlässiger Steuerverkürzung (bis zu 500 000 DM Geldbuße). Und sogar eine sogenannte Steuergefährdung wird als Ordnungswidrigkeit mit einem entsprechenden Strafenkatalog geahndet, selbst wenn keine Schädigung eingetreten ist. Zudem wird auch strafrechtlich verfolgt, wer nicht zum eigenen Nutzen Steuern hinterzogen oder verkürzt hat. Das gilt beispielsweise für den Geschäftsführer einer GmbH, der an dem Unternehmen nicht persönlich beteiligt ist. Da sind die Sitten rauh.

Haben die Bürger, denen sehr enge Verhaltensregeln im Umgang mit ihrem eigenen Geld auferlegt sind, nicht das Recht, einen ähnlich strengen Verhaltenskodex von denjenigen zu verlangen, denen dieses Geld zum Wohle der Allgemeinheit anvertraut ist? Spendenaktionen jeglicher Art – sei es für Flüchtlinge oder Katastrophenopfer oder für ein Haus, in dem geschundene Kinder oder mißhandelte Frauen Zuflucht finden können – beweisen, daß die Menschen in unserem Land bereit sind, abzugeben und zu teilen. Aber wer ist schon bereit, Schlamperei und Unfähigkeit bei Leuten zu finanzieren, die auch noch den Mut haben, bei jeder Kritik an ihrer Tätigkeit die Solidargemeinschaft zu bemühen?

Ich weiß natürlich nicht, wie die Steuererklärung von Boris Becker oder Michael Stich aussieht, woher auch? Aber – ganz ehrlich – wenn erfolgreiche Sportler oder Künstler mit ihrem Geld Stiftungen und Hilfsaktionen finanzieren, anstatt die staatliche Verschwendungsmaschine zu füttern – ist das so schlecht? Immerhin besteht dann die Chance, daß die Mittel bei bedürftigen Menschen auch wirklich ankommen. Bei Steuergeldern kann man da nicht so sicher sein – da versickert zuviel und wird für Prestigeobjekte verschleudert. Wer sich das Maul über Steuerflüchtlinge zerreißt, sollte zumindest einmal darüber nachdenken.

Die Menschen sind besser als ihr Ruf, daran glaube ich noch immer – man muß sie nur lassen. Vertragen Sie noch eine etwas unorthodoxe Überlegung? Ich habe zunehmend den Eindruck, daß es den sozial Schwachen einer Gemeinde besserginge, wenn die sozial Starken dieser Gemeinde für sie verantwortlich wären und nicht irgendein anonymer Topf, in dem bald sowieso nichts mehr drin ist. Sympathien für einen Feudalstaat hege ich übrigens nicht. Festgelegte Rechte zu haben ist allemal besser, als vom Wohlwollen einzelner abhängig zu sein – obwohl für Willkür ja nachweislich bei beiden Varianten Platz ist, wie wir alle wissen.

Wir veranstalten Wettbewerbe unter dem Motto: »Unser Dorf soll schöner werden« und bewerten dabei Blumenschmuck, Fassaden und andere Äußerlichkeiten. Schön, ich bin dafür. Aber wie wäre es mit einem Wettbewerb: »Lebensqualität für in Not Geratene«? Wenn die Ausscheidung im Fernsehen bundesweit übertragen, wenn die Öffentlichkeit im Vorfeld mit Berichten über die beteiligten Kommunen versorgt würde, meinen Sie nicht, da ließe sich einiges bewegen? Zugegeben, man kann nicht alle sozialen Aufgaben der Eigeninitiative überlassen, sondern muß auch Kontrollmechanismen einbauen und, wenn nötig, ausgleichen. Aber immerhin kämen wir durch das Prinzip einer lokalen Solidargemeinschaft auch von der sozialen Anonymität weg, die

Mitgefühl gar nicht entstehen läßt. Sicher möchten Sie jetzt einwenden: Und was ist mit den Gebieten, in denen die sozial Schwachen die Mehrheit bilden? Ich sagte schon, es läßt sich nicht alles bis ins letzte regeln. Dafür müßten wir uns verdammt noch mal etwas einfallen lassen. Der Datenschutz wäre dann der nächste Stolperstein und könnte ein Problem darstellen. Aber darf man deshalb nicht einmal darüber nachdenken?

Es wäre übrigens nicht das erste Mal, daß sich Datenschutz auch nachteilig auswirkt. Beispiel gefällig? In unserem Land leben insgesamt knapp 1,2 Millionen Rußlanddeutsche, davon gut die Hälfte im erwerbsfähigen Alter. Viele von ihnen arbeiten, wenn sie denn überhaupt eine Anstellung finden, weit unterhalb ihrer Qualifikation. Da verkümmern nicht nur die Fähigkeiten, sondern auch die Menschen. Zugleich gibt es eine Reihe von Unternehmen, die für ihre geschäftlichen Aktivitäten in Rußland und den GUS-Ländern händeringend Personal suchen. »Deutsch«-Deutsche reißen sich nämlich nicht gerade darum, im Osten tätig zu werden. Der Datenschutz verhindert die Realisierung einer naheliegenden Idee: eine Datei zu erstellen, in der die Qualifikation von arbeitssuchenden Rußlanddeutschen aufgelistet wird. So könnten sie von interessierten Unternehmen gezielt aufgespürt werden. Wer weiß, vielleicht würden dann manche wieder ihren Fähigkeiten gemäß arbeiten, und vielversprechende Wirtschaftsprojekte müßten nicht mehr an Personalmangel scheitern.

Zurück zur öffentlichen Verschwendung – einem unerschöpflichen Thema, wie mein Besuch beim Bund der Steuerzahler zeigt. Jeder der Anwesenden weiß aus seinem Erfahrungsschatz ein Beispiel zu berichten, und wir reden uns in Rage. »Wir haben öfter Strafanzeigen erstattet«, so mein Gegenüber, »aber die wurden früher von den Staatsanwaltschaften ganz locker abgeschmettert« – also nicht mit einer so umfänglichen Begründung wie im Falle Petersberg. Und er erzählt von einer Kommune in der Nähe von Hannover, die kurz vor der bevorstehenden Eingemeindung noch ein Hallenbad in Auftrag gegeben hatte, obwohl dafür kein Pfennig in der Kasse war. »Die haben sich fest darauf verlassen, daß die Großgemeinde das nachher schon zahlen werde.« Das Verfahren wurde schließlich eingestellt, denn der Bürgermeister hätte doch nicht zum Nachteil der Stadt gehandelt. Er hätte ja für die Allgemeinheit nur das Beste gewollt und sich selbst nicht bereichert. »So lautete ganz ernsthaft die Begründung«, meint mein Vis-à-vis, offensichtlich immer noch fassungslos.

Eine Strafanzeige wegen der enormen Kostensteigerungen beim Neubau für den Deutschen Bundestag in Bonn verlief ebenfalls im Sande. Das Ermittlungsverfahren wurde im April 1990 von der Staatsanwaltschaft Bonn mit der schon vertrauten Begründung eingestellt: »Zahlreiche der nachträglich geforderten und bewilligten Baumaßnahmen stellen eindeutige Werterhöhungen dar. Sie erscheinen auch für die spätere Nutzung als durchaus sinnvoll.« Weiter heißt es: »Durch die Kostensteigerungen sind dem Bund auch nicht die Mittel entzogen worden, die für die Aufrechterhaltung einer seinen Verhältnissen angemessenen Wirtschaftsführung unerläßlich waren. Seine wirtschaftliche Dispositionsfreiheit war zu keinem Zeitpunkt wesentlich eingeschränkt.« Es wäre ja wirklich mal interessant zu erfahren, wieviel Millionen oder Milliarden es nach Ansicht der Staatsanwaltschaft denn sein müssen, damit der Bund seine »wirtschaftliche Dispositionsfreiheit« einbüßt.

Besonders frustrierend ist es, wenn die Staatsanwälte in ihren Einstellungsbescheiden auch noch darauf hinweisen, daß es sich »im nachhinein nicht mehr ermitteln [läßt], welchen Anteil jeweils die einzelnen Faktoren an der Kostensteigerung hatten« und daß alleine deshalb eine strafrechtliche Verfolgung nicht möglich sei. »Im Prinzip wird alles bestätigt, was wir monieren«, meint einer meiner Wiesbadener Gesprächspartner, »man findet aber immer wieder Begründungen, warum jetzt gerade nichts passiert.«

Sein Nebenmann streut vorsichtig ein, daß in letzter Zeit einzelne Staatsanwälte umzudenken beginnen. »Früher hieß es immer, Vorsatz liegt nicht vor – also keine Chance. Dann gab es allerdings mal eine Strafanzeige, da ging es ein kleines Stückchen weiter.« Er erzählt von einem ehemaligen Präsidenten des Bundesgerichtshofes, der sein Arbeitszimmer derart aufwendig renovieren und ausstatten ließ, daß der entsprechende Jahresetat allein für diese Aktion verwandt werden mußte. Die Ermittler standen wieder vor dem Problem, daß für das ausgegebene Geld ein Gegenwert vorhanden war und sich niemand persönlich bereichert hatte. Doch immerhin: Besagter Präsident zahlte aus seiner Privatschatulle 10 000 DM für das hochherrschaftliche Arbeitszimmer, und damit war die Sache erledigt. Daß der Verantwortliche im nachhinein nicht mehr festzustellen sei, konnte ja schlecht behauptet werden.

Aber an die richtig dicken Brocken ist nicht dranzukommen. Im März 1995 bekam der Bund der Steuerzahler wieder Post von der Staatsanwaltschaft Bonn. Auf einer knappen Seite wurde zum wiederholten Male die Einstellung eines Verfahrens mitgeteilt. Die Anzeige war am 22. September 1994 erstattet worden und richtete sich gegen unbekannte Mitarbeiter des Bundeswirtschaftsministeriums. Diese hatten Fördermittel in Höhe von 10,6 Millionen DM zur Auszahlung freigegeben, obwohl vertraglich vereinbarte Voraussetzungen dafür fehlten. Der Zahlungsempfänger – die Firma Claudio Dornier Seastar GmbH – ging später in Konkurs, die Millionen waren unwiederbringlich verloren. Der Bundesrechnungshof hatte dazu in seinem Bericht festgestellt, daß »dem Bund ein erheblicher finanzieller Schaden entstanden« sei. Die Geschichte liest sich nach Darstellung der Rechnungsprüfer so:

Das Privatunternehmen hatte seit 1982 ein Amphibienflugzeug entwickelt, und zwar zunächst auf eigene Kosten. Im Juli 1988 kam es zu einer vertraglichen Absprache zwischen dem Bundeswirtschaftsministerium und der Firma, die folgendes besagte: Der Bund zahlt einen Zuschuß zu den von Mai 1987 bis Ende 1988 angefallenen bzw. noch anfallenden Entwicklungskosten für das Flugzeug in Höhe von 10,6 Millionen DM, höchstens jedoch 55 Prozent der »zuwendungsfähigen Kosten«. Für den Zeitraum von 1989 bis 1990 wurden weitere 9,4 Millionen in Aussicht gestellt.

Die Zusage erfolgte unter einer aufschiebenden Bedingung. Der Bundeszuschuß sollte erst fließen, wenn die Gesamtfinanzierung gesichert war. Dafür sollte unter anderem eine Landesbürgschaft für einen Kredit in Höhe von 14,6 Millionen DM zur Verfügung stehen. Das zuständige Land Bayern stimmte zu, stellte seinerseits aber auch eine Bedingung: Die Gesellschafter der Firma sollten eine Rückbürgschaft übernehmen. Im Dezember 1988 erfuhr der Bundeswirtschaftsminister sowohl vom Unternehmen als auch vom zuständigen Landesfinanzminister, daß man sich zwar geeinigt, aber die Verträge noch nicht unterzeichnet habe. Das Landeskabinett stand der Angelegenheit positiv gegenüber und beauftragte den Landesfinanzminister, die Sache umzusetzen. Daraufhin, und zwar am 20. Dezember 1988, ordnete das Bundeswirtschaftsministerium die Auszahlung der 10,6 Millionen DM an.

Ende März 1989 lag dann die verbindliche Bürgschaftszusage des Landes über den Kredit von 14,6 Millionen DM vor. Die Gesellschafter des Unternehmens waren aber nicht mehr bereit, die Rückbürgschaftserklärung abzugeben. Folglich übernahm das Land keine Bürgschaft, und der Kredit platzte. Ein halbes Jahr später, im Oktober 1989, ging die Firma in Konkurs. Gegen die Gesellschafter wurde ein Ermittlungsverfahren wegen Subventionsbetrugs eingeleitet – und eingestellt.

Der Bundesrechnungshof beanstandete in seinem Bericht, daß der Bund sich nicht strikt an die selbstgestellten Bedingungen gehalten habe, obwohl er doch ausdrücklich auf die erheblichen Risiken hingewiesen hatte. Der Bundeswirtschaftsminister seinerseits schob den Gesellschaftern des Unternehmens den

Schwarzen Peter zu: Interner Streit »wegen enormer nachträglicher Kostensteigerungen und – infolge des fallenden Dollarkurses – erheblich verminderter Erlöserwartungen« sei für das Scheitern verantwortlich gewesen.

Dieser Argumentation mochte der Rechnungshof nicht folgen. Aber was konnte er schon tun? Das übliche – zum Schluß seines Berichts stereotyp schreiben: »Der Bundesminister ist aufgefordert, zukünftige Fördermittel entsprechend den Bedingungen des Zuwendungsvertrages auszuzahlen. Der Bundesminister wird die Regreßfrage prüfen müssen.«

Der Standpunkt des Bundeswirtschaftsministers ist in der Bundestagsdrucksache 12/7951 vom 16. Juni 1994 nachzulesen: »Der Bundesminister hat festgestellt, daß objektiv und subjektiv eine Pflichtverletzung vorlag. Vorsatz oder grobe Fahrlässigkeit waren jedoch nicht gegeben.« Die Staatsanwaltschaft beruft sich auf diese Einschätzung und zitiert sie auch in ihrem Schreiben an den Bund der Steuerzahler. Sie ergänzt: »Ob das Verhalten auch von strafrechtlicher Relevanz gewesen ist, kann dahingestellt bleiben.«

Es macht den Eindruck, daß es mittlerweile auch den Staatsanwälten stinkt. Denn das zitierte Schreiben enthält einen aufschlußreichen Nebensatz: ». . . einen Straftatbestand der *Amts*-Untreue gibt es bekanntlich nicht«. Heißt im Klartext: Uns sind die Hände gebunden, was sollen wir machen?

Dabei ist Untreue im Amt wahrlich kein ganz neues Thema für die Ministerialbürokraten, wie fast zwanzig Jahre alte Schriftstücke zeigen. Da existiert zum Beispiel ein Rundschreiben aus dem baden-württembergischen Innenministerium vom 2. März 1978 an andere Landesministerien, an die Stuttgarter Landtagsverwaltung und an den zuständigen Landesrechnungshof in Karlsruhe mit der Bitte, »in den jeweiligen Geschäftsbereichen sicherzustellen, daß [. . .] gegenüber Bediensteten Regreßforderungen [. . .] geltend gemacht werden.« Man beruft sich dabei auf das Landesbeamtengesetz sowie eine entsprechende Anweisung, die bereits am 6. September 1972 ergangen sei.

Der niedersächsische Finanzminister hat am 6. Dezember 1984 einen vergleichbaren Runderlaß verschickt, der sich ebenfalls mit Verfehlungen von Staatsdienern befaßt. »Ein Vermögensnachteil zu Lasten des Landes liegt in der Regel auch dann vor«, heißt es dort, »wenn der Wert einer entgegen haushaltsrechtlichen Bestimmungen erworbenen Sache ihrem Preis entspricht. [Petersberg wäre da schon durchgefallen!] Der Schaden ist in diesem Fall darin zu sehen, daß durch die Aufwendungen höherer Mittel als nach den Haushaltsvorschriften für den Erwerb einer bestimmten Sache zulässig entweder andere Aufgaben des Dienstherrn, die in den Haushaltsplänen vorgesehen sind, nicht erfüllt werden können oder daß für deren Erfüllung zusätzliche Mittel eingesetzt werden müssen.« Klare Worte, die da Ende 1984 an alle Dienststellen der niedersächsischen Landesverwaltung gegangen sind. Doch ich möchte wetten, zur Jahrtausendwende ist der Straftatbestand der Amtsuntreue immer noch nicht in die Gesetzbücher gelangt – falls es dann überhaupt noch was zum Ausgeben gibt.

Solange wir am System der organisierten Unverantwortlichkeit festhalten – so nennen die Leute in Wiesbaden das –, wird sich nichts ändern. »Verantwortungshandball ist das«, meint einer, »es sind so viele Behörden beteiligt, daß sich jeder auf den anderen verläßt und sagt: Das hätten die doch sehen müssen. Ich hab' zwar was gemerkt, aber eigentlich fällt das in deren Ressort – so stolpert man auch sehenden Auges in die Verschwendung.«

Zwei typische Journalistenfragen kann ich mir dann nicht verkneifen. Einmal will ich wissen, ob es länderspezifische Unterschiede gibt, vielleicht je nach Regierungspartei. Anders ausgedrückt: Wo sitzen die größten Schnarchnasen, oder ist der Prozentsatz überall gleich? Was ich mir schon gedacht hatte: Es gibt keine nennenswerten regionalen Unterschiede, und »parteipolitisch geht's quer durch«.

Die zweite Journalistenfrage lautet: Wen würden Sie als ihren ärgsten Feind bezeichnen? Nach kurzer Überlegung sagt einer:

»Ärgster Feind – das würde ich so nicht sagen. Aber es gibt einen Teil der Beamtenschaft, für die sind *wir* so eine Art rotes Tuch.« Rundherum Zustimmung. Ende 1994 hat sich der Bund der Steuerzahler zum Thema Beamtenpensionen geäußert und damit eine Lawine heftigster Reaktionen losgetreten. Dabei hatte der Verein lediglich ein Gutachten des prognos-Forschungsinstituts sowie einen Appell der Rechnungshof-Präsidenten aufgegriffen, die im Oktober 1994 ihre Jahrestagung in Rüdesheim abhielten. In beiden Fällen ging es um die gewaltigen Kosten, die auf den Staat zukommen – etwa mit dem Tenor: Die Beamtenpensionen fressen uns auf, ihr müßt dringend etwas tun! Die obersten Rechnungsprüfer machten für die dramatische Lage zwei Ursachen verantwortlich: Einmal sei in den siebziger Jahren unter der sozialliberalen Koalition der Staat »stark angefüttert« worden, wie sich der Mann vom Steuerzahlerbund ausdrückt, und zum anderen wirke sich das Instrument der Frühpensionierung gleich zweifach kostensteigernd aus. Denn zusätzlich zu den Pensionen für Menschen mittleren Alters müßten die Gehälter für die neuen Mitarbeiter gezahlt werden.

Diese Ausführungen hatte der Bund der Steuerzahler zum Anlaß genommen, mit seinen Mitteln an die Öffentlichkeit zu gehen, um breitere Schichten problembewußt zu machen. In einem Interview mit der *Neuen Osnabrücker Zeitung* war dann auch zu lesen, daß sich die Verantwortlichen nach Ansicht des Steuerzahlerbundes schleunigst Klarheit verschaffen sollten, um welche Beträge es dabei ginge. »So etwas habe ich noch nicht erlebt«, schüttelt mein Nachbar den Kopf, »Beleidigungen, Beschimpfungen – das ging bis zu Morddrohungen gegen den Präsidenten unseres Vereins. Sie können sich nicht vorstellen, was wir uns hier tagelang am Telefon anhören mußten. Dabei haben wir doch nur die Wahrheit ausgesprochen, haben mahnend den Finger erhoben und gesagt: Leute, ihr müßt versuchen, das Problem in den Griff zu kriegen.«

5

»Ein Steuersystem, das dazu beiträgt, daß Geld ins Ausland geht, ist ein falsches Steuersystem«

Die Grenzen der Abgabenbelastung

Fortschritt, was immer man im einzelnen darunter versteht, und die vielfältigen Bedürfnisse und Möglichkeiten einer modernen Gesellschaft bewirken komplizierte Regelmechanismen. Das war dem früheren Präsidenten des Bundesfinanzhofes Franz Klein, sicher auch klar. Dennoch bemühte er bei seiner Kritik an deutscher Regelwut und Gesetzesflut das Alte Testament und die Römerzeit: »Im Alten Testament kam man mit zehn Geboten aus, das römische Recht hatte dann schon ein paar Grundsätze mehr, und wenn man sich das Bundesgesetzblatt anschaut – das hat mal angefangen mit zwei Bänden, die hatten etwas mehr als DIN-A4-Heftstärke, und heute sind es zwei Teile mit jeweils drei Bänden à ungefähr 2 000 Seiten.«

Bei den Steuern wird das Regelbedürfnis so richtig ausgelebt. Etwa 80 Prozent der Steuerliteratur, die weltweit publiziert wird, entstehen in Deutschland. Die komplizierten Vorschriften erzeugen ein Heer von Spezialisten, die von immer weniger immer mehr wissen. Nach Ansicht des Steuerzahlerbundes, dem dieses Thema mindestens ebenso am Herzen liegt wie die Verschwendung öffentlicher Gelder, regt sich auch von dieser Seite Widerstand gegen Steuervereinfachungen. Ganze Fachabteilungen würden ihr mühsam angehäuftes Spezialwissen nicht mehr einsetzen können, wenn die Ausnahmeregel zur Sonderverordnung XY entfiele.

»Das ist wirklich interessant«, erzählt einer der jungen Wiesbadener Mitarbeiter, »wenn Sie in einem Ministerium anrufen und irgendeine Detailfrage haben, dann müssen Sie sich erst einmal durch mehrere Instanzen telefonieren, bis Sie endlich einen kompetenten Gesprächspartner erreichen. Doch der Sachbearbeiter ganz unten, der es dann wirklich weiß, ist oft so froh, daß sich jemand dafür interessiert, womit er sich den ganzen Tag beschäftigt. Der erzählt Ihnen dann alles, was Sie wissen wollen – und auch das, was Sie nicht wissen wollten.«

Zum Thema Steuervereinfachung sind die Reformvorschläge der Wiesbadener recht radikal. Man spricht hier von drei Säulen, die vom heute undurchschaubaren System übrigbleiben sollen. Erstens *Einkommensentstehung* – darunter fallen Lohn-, Einkommen- und Körperschaftsteuer –, zweitens *Einkommensverwendung*, also Umsatzsteuer, und als dritte Säule gelten die großen *Verbrauchsteuern* wie etwa die Mineralölsteuer. Letztere übrigens sollte nach Ansicht des Steuerzahlerbundes ausschließlich für Zwecke des Straßenbaus eingesetzt werden, und die Kraftfahrzeugsteuer sollte zugunsten einer höheren Benzinbesteuerung entfallen.

Die Vermögensteuer gehört nach Ansicht des Steuerzahlerbundes ebenso zur Disposition gestellt (hier befindet man sich im Gleichklang mit dem Bundesverfassungsgericht, das am 22. Juni 1995 eine entsprechende Entscheidung vorgelegt hat), gleichfalls die Erbschaft- und Schenkungsteuer.

Um es gleich vorweg zu sagen: Ich empfinde die Besteuerung von Erbschaften als Unverschämtheit. Persönlich habe ich nichts geerbt, jedenfalls nichts, was steuerrelevant wäre, fühle mich also nicht geschädigt oder sonstwie vorbelastet, aber für mich ist Erbschaftsteuer die moderne Form des Raubrittertums. Der Staat vergreift sich an bereits versteuertem Einkommen, das Eltern für ihre Kinder angesammelt haben, wofür sie sich vielleicht Zeit ihres Lebens krummlegen mußten. Mit welchem Recht eigentlich? Ich rede von Moral, nicht von Gesetzestexten. »Vermögensumverteilung« ist in dem Zusammenhang ein bloßes Scheinargument, mit Erbschaftsteuer jedenfalls nicht zu machen. Denn die »Superreichen« schert es kaum, ob sie ein paar Millionen mehr oder weniger haben. Die versteigern das Inventar einiger Schlösser, um ihre Steuerschulden bezahlen zu können – was ich allerdings auch für eine Zumutung halte. Die »Mittelreichen« hingegen kommen arg ins Schleudern. Familienbetrieben wurde so vielfach die Existenzgrundlage genommen. Die wurden dann von Großbetrieben und Konzernen aufgekauft, was sicherlich nicht im Sinne derer ist, die mit dem Begriff »Vermögensumverteilung« für die Erbschaftsteuer werben. Das war ja wohl eher andersherum gedacht. Nach dem Urteil des Bundesverfassungsgerichts soll die Steuerbelastung von Familienbetrieben im Erbfall reduziert werden. Wollen wir mal abwarten. Und die »Kleinreichen« schließlich sind ruiniert. Wie viele Menschen mußten nicht nur den Tod des Ehepartners verkraften, sondern auch noch den Verlust der vertrauten Umgebung in Kauf nehmen, weil das Eigenheim der Steuerlast zum Opfer fiel? Feine Umverteilung. Wer profitiert denn von solchen Notverkäufen? Mehr oder weniger Vermögende sowie die Geldinstitute. Auch das soll sich nach dem Urteil des Bundesverfassungsgerichts ändern. Ein »normales Einfamilienhaus« wird nicht mehr von der Erbschaftsteuer erfaßt, heißt es. Und was heißt das wirklich? Das Reihenhaus in München, das viermal soviel kostet wie das in Cloppenburg, fällt raus, oder nicht? Die Villa im Hessischen kommt rein, weil sie nicht normal, aber trotzdem immer noch billiger ist als das Reihenhaus in München, oder wie?

Mein Unmut findet in der Wiesbadener Runde uneingeschränkte Zustimmung. »Es wird einfach nicht bedacht, daß alles, was vererbt wird, doch eigentlich von einer Familieneinheit erarbeitet worden ist«, sagt einer und ergänzt: »Der Staat hat doch nichts dafür getan, daß solche Vermögen aufgebaut wurden – im Gegenteil, dies ist trotz staatlicher Hindernisse gelungen.« So kann man es auch sehen!

Prof. Lang glaubt ebensowenig daran, daß mit Hilfe der Erbschaft- und Schenkungsteuer die Karten für kommende Generationen neu gemischt werden können: »Von wegen Chancengleichheit! Und daß man sagt, man will gesellschaftliche Verhältnisse nicht zementieren – das ist doch Augenwischerei! Denn was bringt die Erbschaftsteuer? Derzeit gerade mal 3,5 Milliarden im Jahr inklusive Schenkungssystem – das fällt kaum ins Gewicht. Da brauchen Sie bloß eine einzige Steuervergünstigung im Umfeld der Einkommensteuer abzuschaffen, und schon haben Sie locker das Doppelte dessen, was die Erbschaftsteuer einbringt. Also, Umverteilung ist eine große Illusion.« Prof. Lang sieht auch die Erbschaftsteuer als einen der Gründe, warum immer mehr Bürger ihr Vermögen außer Landes schaffen: »Ein Steuersystem, das dazu beiträgt, daß Geld ins Ausland gebracht wird, ist ein falsches Steuersystem.«

Die unterschiedlichen Sätze bei der Erbschaftsteuer sind kaum nachzuvollziehen. Ehegatten und Kinder sind im Erbfalle besser gestellt als Geschwister und die wiederum besser als weitläufige Verwandte. Erben, die nicht in einem Verwandtschaftsverhältnis zum Erblasser stehen, ergeht es am schlechtesten. Der Steuersatz kann bis zu 70 Prozent betragen! Ein Fünftel der Erbschaft kassiert der Staat schon bei der kleinsten Summe; bei einem Betrag von einer Million nimmt er sich fast die Hälfte, nämlich 480 000 DM. Dabei sind wir in Deutschland gar nicht mal die Schlimmsten; Prof. Lang weiß aus Japan und den USA wahre Horrorbeispiele zu berichten. Er betont noch einmal: »Das ist eine Steuer, die bringt weder für den Staat noch für die Wirtschaft was, und für die soziale Gerechtigkeit bringt sie auch nichts.« Mit Blick auf das eben schon zitierte Urteil des Bundesverfassungsgerichts wittert er sogar neue Ungerechtigkeiten. Sein Fazit: »Am besten wäre es, Vermögen-, Erbschaft- und Schenkungsteuer ganz abzuschaffen.« Und er macht eine überschlägige Rechnung auf: »Nach den jüngsten Schätzungen wird 1996 die Vermögensteuer 8,5 Milliarden und die Erbschaft- und Schenkungsteuer nur 3,5 Milliarden DM einbringen, macht zusammen 12 Milliarden. Wegen der schwierigen Bewertungen ist die Verwaltung dieser Steuern exorbitant teuer: Mehr als 4000 Beamte verschlingen mit ihren Büros nahezu 20 Prozent der Einnahmen. Rechnet man die Kosten der Steuerberatung hinzu, so ergibt sich bei der Vermögensteuer sogar ein Kostenanteil von 32 Prozent. Summa summarum entstehen Verwaltungskosten in der Größenordnung von 3,4 Milliarden; das ist ein Nettoertrag aus Vermögen-, Erbschaft- und Schenkungsteuer von 8,6 Milliarden. Würden wir diesen Betrag auf die Mineralölsteuer und die Tabaksteuer umlegen, so müßten diese Steuern jeweils nur um 10 Prozent erhöht werden. Dafür würde es sich aber wieder lohnen, Kapital in Deutschland zu lassen. Die Umlegung wäre verfassungsfreundlich, weil das Grundgesetz ausdrücklich Eigentum und Erbrecht garantiert. Ein bedeutendes Stück Staatsbürokratie und Steuerberatung würde überflüssig werden; schließlich wäre auch der Umwelt und der Gesundheit gedient.«

Im Prinzip tritt jeder für Steuervereinfachungen ein – da verhält es sich wie beim Subventionsabbau –, aber wenn aus der Theorie Praxis werden soll, geht es nicht weiter. Ich frage Prof. Lang, dessen Rat auch in Bonn gehört (wenn auch wohl nicht befolgt) wird, woran es liegt. Er antwortet wie aus der Pistole geschossen: »Es ist die Angst. Warum nehmen die Politiker nicht einfach mal das Herz in beide Hände und wagen sich an diese verdammten Besitzstände heran? Einfach mal sagen, wir setzen uns jetzt zusammen und unternehmen eine Fundamentalrevision des Steuerrechts! Laßt uns mit dieser nicht mehr nachvollziehbaren Kompliziertheit aufhören und ganz neu anfangen!« Auf parteipolitische Unterschiede angesprochen, meint Prof. Lang: »Sie sind natürlich alle für Steuervereinfachung. Keine Partei ist dagegen – nur, wenn es konkret wird, dann fängt's an: Nein, das geht nicht, und das geht schon gar nicht, und das geht überhaupt nicht.« Prof. Lang nennt als Beispiel die heiß diskutierte Ökosteuer, die er im übrigen für notwendig erachtet und früher oder später auch kommen sieht – auf diesem Gebiet sei staatliche Lenkung gerechtfertigt, weil dort der Markt offenbar versage.

»Das Grundmodell einer konsumorientierten Besteuerung würde insgesamt eine durchgreifende Vereinfachung bringen. Der Teufel steckt aber auch hier im Detail: Die verschiedenen Parteien haben zur Ökosteuer ihre ganz speziellen Vorstellungen. Die Grünen haben sich etwa auf die Emissionsteuer versteift [also Besteuerung dessen, was in die Umwelt abgegeben wird]. Davor kann ich nur dringend warnen; das würde wahnsinnig kompliziert werden. Wie soll ich Emissionen denn steuerlich erfassen? Das ist heute schon bei den Emissionsabgaben sehr schwer.« Mir fällt eine zentimeterdicke »Anleitung zur Erstellung von Emissionserklärungen« ein, die bei meinen Unterlagen liegt – für Normalbürger völlig unverständlich und selbst für Fachleute kaum überschaubar. Allein der Versuch festzustellen, ob ein Unternehmen verpflichtet ist, im Zweijahresabstand eine solche Erklärung abzugeben, liefert Stoff für Realsatire. Unter dem Stichwort Steuervereinfachung ist man hier sicherlich falsch. »Wir müssen Verbrauchsteuern schaffen«, so Prof. Lang, »die lassen sich relativ einfach verwalten.«

Auch die Familienbesteuerung muß nach Ansicht des Steuerexperten »in Ordnung gebracht« werden. »Wenn ich das Existenzminimum realitätsgerecht ansetze, dann sind das auch schon ein paar Millionen Steuerfälle weniger.« Ärgerlich ergänzt er: »Wer Einkommen in Höhe der Sozialhilfe hat, der darf doch keine Mark Steuern zahlen. Der darf mit dem Finanzamt nichts, aber auch gar nichts zu tun haben! Schließlich erwirtschaftet er selbst seinen eigenen Lebensunterhalt und hat etwa soviel wie ein anderer, der sein Geld vom Staat bekommt und nichts tut. Und der erstere soll dann noch schlechter gestellt werden, indem ihm was wegkassiert wird?« Er schüttelt den Kopf, beugt sich nach vorne und fährt fort: »Und was haben wir jetzt? Jetzt haben wir ein Existenzminimum von 12 000 DM. Das reicht in München doch niemals! Also sind Geringerverdienende nach wie vor schlechter gestellt als Sozialhilfeempfänger. Sehen Sie – das sind so Dinge, die furchtbar falsch laufen.« Es scheint mir tatsächlich

ziemlich schizophren: Auf der einen Seite ein sozialistisch ange-
hauchtes Umverteilungsdenken, auf der anderen Seite Beruhi-
gungspillen, die lediglich neue Ungerechtigkeiten schaffen. Der
Professor stimmt zu: »Es ist in der Tat widersprüchlich. Man
müßte sich wirklich frei machen und auch den Mut haben, solche
scheinbar sozialen Einrichtungen wie die Erbschaft- und Schenkungsteuer, die sich als Irrtum herausgestellt haben, einfach abzuschaffen.«

Den Mut haben ... In meinen Gesprächen höre ich immer
wieder die Klage über den fehlenden Mut. Menschen aber, die
unkonventionelle Ideen einbringen oder zu einer radikalen Korrektur auffordern, werden regelmäßig als Spinner oder Extremi-
sten abgestempelt. Der Zugang zu den Zirkeln, in denen beraten
und beschlossen wird, was politisch getan werden soll, bleibt
ihnen verwehrt. So läßt sich vielleicht erklären, daß Politiker oder
zuweilen auch Wirtschaftsführer von so manchen Entwicklungen
völlig überrascht werden. In der Regel fragen sie nur solche um
Rat, die nicht aus der Reihe tanzen und die gewünschten Antworten abliefern – eine Verhaltensweise, die Bundeskanzler Kohl
nach Aussagen aus seiner Umgebung besonders kultiviert hat.
Prof. Lang wird sehr nachdenklich: »Ja, das ist ein ganz schwieri-
ges Geschäft.« Wir sprechen über die Bonner Hearings, die Ex-
pertenanhörungen, die im Vorfeld mancher Bundestags- oder
Regierungsentscheidungen veranstaltet werden. Das Wort
»Schauspiel« fällt in diesem Zusammenhang, und ganz vorsichtig
formuliert der Steuerexperte: »Ich versuche schon, gemäßigt und
nicht zu extrem aufzutreten, mich dem Ziel in vielen kleinen
Schritten zu nähern.« Das erinnert mich an eine Gratwanderung:
Auf der einen Seite droht der Absturz in die Selbstverleugnung,
auf der anderen der Ausschluß aus dem Expertenzirkel. Mein
Gesprächspartner holt noch einmal tief Luft und meint lachend:
»Ich gelte noch nicht als völliger Spinner, ich bin immer noch im
Auftrag unserer Regierung tätig. Aber man muß aufpassen und
sich sehr ausgewogen ausdrücken. Darum wage ich jetzt auch

nicht – aber vielleicht tue ich es doch –, die Abschaffung der Erbschaft- und Schenkungsteuer zu fordern.«

Der mangelnde Mut – dieses Thema läßt uns nicht los. »Sie werden von der Bühne gekegelt, wenn sie sich nicht an die Spielregeln halten«, stellt der Steuerfachmann trocken fest, »und es gehört sozusagen zu den Spielregeln, kein Vordenker zu sein.« Warum? Der Professor berichtet ein weiteres Mal von seinen Erfahrungen in den USA und kommt mit einer Erklärung, mit der ich nicht gerechnet hätte: »Das Problem bei uns ist Neid. Es gibt nicht nur Sozialneid, es läßt sich auch eine Art intellektueller Neid feststellen.« Und er beschreibt Situationen, in denen spürbar war, »daß man es dem anderen gar nicht gönnt, wenn der plötzlich Anstöße gibt oder etwas sagt, was wirklich diskussionswürdig ist«. Nach einer kurzen Pause fügt er abschließend hinzu: »Es gibt da zur Zeit so einen Regelmechanismus, der sehr viel Fortschritt in Deutschland verhindert. Das muß man ganz klar sehen.«

Wie schon erwähnt, hat Prof. Lang im Auftrag der Bundesregierung ein Steuergesetz für verschiedene mittel- und osteuropäische Staaten ausgearbeitet, das inzwischen auch in russischer Sprache vorliegt. Es handelt sich um ein voll ausformuliertes, 450 Seiten starkes Gesetzbuch aller Steuerarten. Lediglich die Steuerstrafen und Bußgelder fehlen noch sowie Anwendungs- und Übergangsvorschriften. Auf fast das Doppelte, nämlich 860 Seiten, kommt im Vergleich dazu allein der systematische Wegweiser durch unser Steuerrecht, den er 1994 zusammen mit seinem wissenschaftlichen Nestor Klaus Tipke erstellt hat. Sicher, für osteuropäische Staaten wie Rußland mag in dieser Übergangsphase ein einfacheres Steuerrecht genügen, mit dem unsere differenzierte Gesellschaft nicht auskommen würde. Doch unbestreitbar bleibt: Wir haben uns hoffnungslos in einem Gewirr von Ausnahmeregeln und Ausnahmen von den Ausnahmeregeln verheddert. Möglicherweise sollte so zu Beginn sogenannte Einzelfallgerechtigkeit geschaffen werden, um die individuell unterschiedlichen Lebenssituationen von Menschen steuerlich adäquat zu erfassen. Steuergerechtigkeit ist ein hohes Gut und eine wesentliche Voraussetzung für den sozialen Frieden. Aber ebendiese Steuergerechtigkeit besteht schon längst nicht mehr, und wir sind es selbst schuld. Wenn immer mehr Aufgaben auf den Staat abgewälzt werden, braucht der Staat dafür immer mehr Mittel. Wundern darf man sich auch nicht, wenn der Staat immer gefräßiger wird, weil er Geschmack daran gefunden hat, sich in alle Lebensbereiche seiner Bürger einzumischen. Das schafft Macht. Erst das gibt Politikern die Möglichkeit, immer mehr zu versprechen und immer weniger halten zu müssen. Erst das läßt eine aufgeblähte Ministerialbürokratie entstehen, von der man doch nicht ernsthaft erwarten darf, daß sie sich selbst abschafft.

Und zudem – wohin mit all denen, die aus dem Mammutbetrieb Staat rausfallen, wenn staatliche Aufgaben zusammengestrichen oder vereinfacht werden? Also beruhigen, schönreden und darauf vertrauen, daß das System länger lebt als man selbst. Wer jahrzehntelang nur Wohlstand zu verwalten hatte, ist zugegebenermaßen auch nicht geübt im Umgang mit Schwierigkeiten. Wer es versucht, sich den Problemen offen stellt, Dinge beim Namen nennt, bewegt sich am Rande einer Falltür, wo Konkurrenten auf der Lauer liegen und gierig auf einen Fehltritt warten, damit sie endlich den Hebel betätigen können.

Den folgenden vier Feststellungen wird wohl niemand widersprechen. Erstens: Bei uns herrscht Steuerchaos. Zweitens: Das führt zu Ungerechtigkeiten, weil selbst Experten den Überblick verlieren; der »Normalbürger« hat überhaupt keine Chance, alle rechtlichen Finessen zu seinem Vorteil auszuschöpfen. Drittens: Diese Situation macht unzufrieden. Viertens: Steuervereinfachung ist dringend geboten. – Ich möchte noch einen Schritt weitergehen und behaupten: Wenn wir es nicht schaffen, umgehend unser Steuerchaos zu beseitigen, wird das zur Existenzfrage für unsere Demokratie. Wenn Bürger – ganz gleich, ob arm oder reich – den Staat nur noch als Melkmaschine empfinden und sich seiner Willkür ausgeliefert sehen, dann trägt das sicherlich mehr zur Politikverdrossenheit bei als menschliches Fehlverhalten einzelner Politiker. Worauf kann man sich denn noch verlassen? Eine Bestimmung ist gerade raus, da folgt die nächste samt Ausnahmeregelung, darauf aufbauend die sich widersprechenden Urteile der Finanzgerichte, die erneute Novellierung ...

Wenn unser Einkommensteuergesetz von allen Sonderbestimmungen befreit würde, käme man nach Ansicht von Prof. Lang mit 10 Prozent des jetzigen Textumfangs aus. Allerdings – so dämpft er gleich zu optimistische Erwartungen: »Eine Schlankheitskur solchen Ausmaßes dürfte politisch nicht zu verwirklichen sein.« Denn Vereinfachung erfordere auch eine neue Denkweise. Solange gesellschaftliche Gruppen ihre Interessen durchboxen und das auch noch als dem Gemeinwohl dienlich verkaufen, so lange werden wir von den Ausnahmeregelungen nicht runterkommen, die immer wieder neue Begehrlichkeiten wecken und weitere Ausnahmeregelungen nach sich ziehen. Darüber hinaus wird alles, was noch nicht erfaßt ist, in deutscher Perfektion »ver-regelwerkt«.

»Die neue Denkweise«, betont Prof. Lang noch einmal, »darf das Steuerrecht nicht zum Vehikel der Umverteilung machen wollen.«

Als die Entscheidung des Bundesverfassungsgerichts zum Einheitswert publik wurde, war der Kölner Steuerexperte ein vielbeschäftigter Interviewpartner. Jede zweite Frage lautete: Begünstigt dieses Urteil die Reichen? »In der Schule hätte man gesagt: Thema verfehlt«, urteilt Prof. Lang, »aber der Umverteilungsaspekt ist allgegenwärtig.« Die Angst, die Reichen könnten noch reicher werden, wird zur Manie. »Dabei bleibt vollkommen außer acht«, fährt er fort, »und das ist schließlich eine internationale Erkenntnis, daß Kapitalbildung, Vermögensbildung, auch wenn sie die einzelnen reicher macht, insgesamt natürlich den Wohlstand so verstärkt, daß alle davon Nutzen haben.« »Heißt das, überspitzt formuliert«, so frage ich, »daß wir die Ideologie, von der die Russen sich gerade verabschieden, selbst viel stärker ver-innerlicht haben, als wir uns eingestehen wollen?« Er stimmt ohne Zögern zu. »Ja, wir haben eine sozialistische Renaissance in Deutschland. Das ist ganz deutlich zu erkennen, und das hat mit dem Osten Deutschlands überhaupt nichts zu tun. Es ist eine sozialistische Renaissance in Westdeutschland.«

Ich muß an eine Fernsehsendung denken, eine Talk-Show, in der junge Menschen – so um die dreißig – miteinander über Reichtum und Armut diskutierten. Da saß zum Beispiel ein er-folgreicher Jungunternehmer, der seinen langen Arbeitstag schil-derte und sich von seinen gleichaltrigen Mitdiskutanten vorwer-fen lassen mußte, daß er soviel arbeite. Daß ihm das auch Spaß mache, ließ man nicht gelten. Da saß ein junger Manager, der aus seiner Vorliebe für Luxusgüter keinen Hehl machte, vorläufig keine Kinder wollte und sich für beides als Untier beschimpfen lassen mußte. Da saß ein junger Gelegenheitsarbeiter, der ganz andere Bedürfnisse hatte als die beiden Erstgenannten und über-haupt nicht verstand, daß die nicht verstanden, daß er sich mit monatlich 400 Mark von seinen Eltern unterstützen ließ – in dem Alter. Und da saß eine junge Frau, Studentin, verheiratet mit einem Studenten und Mutter von zwei Kindern. Auf die Frage, wie sich die Familie denn finanziere, gab sie freimütig und fast stolz Auskunft, wo und wie sich am meisten aus staatlichen Töpfen rausholen ließe. Sie wüßte auch nicht mehr genau, wie sie das alles geschafft hätten, schließlich wären allein für die Woh-nungsmiete 1400 Mark monatlich aufzubringen gewesen. Und wenn die staatlichen Unterstützungen einmal nicht ausgereicht hätten, dann wären halt beide Großeltern eingesprungen. Sie bekam Applaus für ihre Leistung. Der Jungmanager hörte sich das alles an, schüttelte den Kopf, wie die Kamera immer wieder zeigte, und fragte schließlich, ob sie das alles eigentlich für richtig hielte. Unruhe im Studiopublikum, Unsicherheit beim Modera-tor und Unverständnis bei der Angesprochenen. Der junge Mann meinte, dann müsse man eben aufs Studium verzichten, wenn man Kinder habe, oder aber keine Kinder kriegen, wenn man studieren wolle. Es sei doch zumutbar, daß ein gesundes Ehepaar mit zwei Kindern sich die Sache so aufteile, daß erst der eine studiere und der andere arbeite und dann umgekehrt, wenn's gewünscht werde. In solchen Fällen halte er Sozialhilfe nicht für angebracht. Noch dazu, wo abzusehen sei, daß beide später in eine Einkommensklasse aufsteigen würden, von denen »echte« Sozialhilfeempfänger nur träumen könnten. Er regte sich darüber auf, daß sich diese Familie auf Kosten der Allgemeinheit sozusagen einen Wettbewerbsvorteil verschaffe – nach seinen Worten die Pervertierung des Solidarprinzips. Die junge Frau war nur kurzfristig verunsichert. Buhrufe für den Mann, Applaus für die Frau ermutigten sie, in die Offensive zu gehen: Hätte sie etwa abtreiben sollen? Gejohle im Studio. Und was bilde er sich eigentlich ein, solle sie als Frau mal wieder zurückstecken und das Hausmütterchen abgeben? Sie habe ein Recht auf eine qualifizierte Ausbildung *und* Kinder. Als sie sich dann in der Aufzählung der Schwierigkeiten erging, Studium und Kinder unter einen Hut zu bringen, griff der Moderator behutsam ein, denn über Gleichberechtigung von Mann und Frau habe man schon in einer der letzten Sendungen geredet.

Also wieder zurück zu arm und reich. Der Gelegenheitsarbeiter verkündete überzeugt, daß Geld und Reichtum den Charakter verdürben. Die jungen Vertreter der begüterten Klasse waren bereits in Verteidigungshaltung, als einem von ihnen der Kragen platzte. Charakterschweine gebe es überall, unabhängig von Einkommen oder Besitz. Er solle nicht von sich auf andere schließen. Allerdings – das wolle er einräumen – wenn einer ein Charakterschwein sei, dann könne er damit in begütertem Zustand mehr Unheil anrichten als eine arme Sau.

Wenn Gefühle wie Aggression und Neid sichtbar wären, etwa als gelblich-grüne Nebelschwaden – man hätte wegen Bildstörung die Sendung abbrechen müssen. Ich fürchte, es ist symptomatisch für die Unzufriedenheit auf allen Seiten. Die einen gönnen den anderen ihren Wohlstand nicht und reden ihn mies, weil er für sie unerreichbar scheint. Und umgekehrt regen sich die Selfmadetypen über die Sozialstaats-Lebenskünstler auf, die ihr Auskommen haben, ohne erwerbstätig zu sein oder gar unternehmerische Risiken eingehen zu müssen.

Es läuft etwas falsch, wenn sich in unserer Gesellschaft solche Stimmungen aufbauen. Und wie stark müssen die Neidgefühle sein, wenn sich eine seriöse Programmzeitschrift zu einem Artikel hinreißen läßt mit der Überschrift: »Und abends noch schnell ein paar Tausender! – Lukrative Nebenjobs machen unsere Stars noch reicher«? Ja, und? Die klauen nichts, die machen nichts Ungesetzliches. Es ging noch nicht einmal um Werbung von bekannten Journalisten, wo es sicherlich Grenzfälle gibt, über die man streiten kann. Es ging nur um Auftritte von Schauspielern, Sängern, Moderatoren oder Sportlern, die »Geld wie Heu« verdienen, aber »offensichtlich nicht genug bekommen« können. Warum soll Herr Biolek kein Kochbuch verfassen dürfen? Dazu heißt es in dem Artikel süffisant: »Daß seine Sendung ›Alfredissimo‹ dem Verkauf nicht geschadet hat, ist klar.« Ja, sollte sie denn? Und was ist gegen die angeblich »schnelle Mark« einzuwenden, die Kati Witt mit ihrer Autobiographie macht? Das »bringt einige zusätzliche Taler ins ohnehin gut gefüllte Goldsäckel«. Na und? Warum soll Thomas Gottschalk keine Gummibärchen-Reklame machen? Dem glaubt man das ja sogar. Warum soll sich Steffi Graf nicht für Nudeln begeistern? Das tut ihrem Tennisspiel keinen Abbruch. Also, was soll das? Dramaturgisch geschickt aufgebaut der Knaller zum Schluß: »Was Franzi van Almsieck für ihre Mode- und Auto-Spots kassiert und Wigald Boning für sein Spaßbarometer von Toyota einstreicht, weiß man wohl nur beim Finanzamt – oder auch nicht.« Pfui Teufel, wie widerlich!

Was der Artikelschreiber geflissentlich vergessen hat zu erwähnen, ist die Tatsache, daß der von ihm beschriebene »Mißstand« ja nur funktioniert, weil sich zuweilen weniger prominente Menschen für die prominenteren interessieren. Und warum sollten Firmen nicht von der Bekanntheit und Beliebtheit der Stars profitieren, solange alles ganz offen geschieht?

Halb so schlimm, wenn der zitierte Artikel ein Einzelfall wäre. Doch das war kein Ausrutscher, die Haltung zieht sich wie ein roter Faden durch die veröffentlichte Meinung. Ich fürchte nur, es fällt schon kaum mehr auf. Oder würden Sie in Ihrer Tageszeitung über den folgenden Satz stolpern? In einer Sportreportage zum Sieg von Steffi Graf beim New Yorker Masters-Turnier stand: »Zwar konnte die Deutsche die 65 Pfund schwere Siegestrophäe für die Photographen nicht in die Höhe heben, dafür hatte sie aber keine Mühe, den Scheck über eine halbe Million Dollar einzustecken. Alles Routine.« Mir fallen dazu nur zwei Begriffe ein: bösartig und primitiv.

Zurück zum Steuerrecht und zur Familie. »Warum soll jemand, der ein hohes Einkommen hat, Kindergeld kassieren?« fragt Prof. Lang und ergänzt: »Ich brauch' kein Kindergeld. Das ist doch vollkommen . . .« Wahrscheinlich fällt ihm so schnell kein höfliches Wort ein. Er läßt den Satz unvollendet. Es liegt auf der Hand, daß die wirtschaftliche Leistungsfähigkeit eines Familienvaters geringer ist als die eines Junggesellen, wenn beide das gleiche Einkommen beziehen. Es wäre durchaus logisch, die höhere Belastung einer Familie mit Mitteln des Steuerrechts zu kompensieren – etwa über Freibeträge für Kinder, Ausbildung etc., und zwar ausschließlich über das Steuerrecht. Wozu Sonderzahlungen wie das Kindergeld? Doch wenn man in dieser Richtung nachdenkt, fällt sofort die Klappe: Davon werden die Reichen wieder mehr profitieren als die Armen. »Eine steuerlich saubere Lösung wird verhindert wegen solcher politischer Vorstellungen, die außerhalb dessen liegen, wofür das Steuerrecht da ist«, sagt Prof. Lang. Er erzählt von seinem Lehrer, Prof. Klaus Tipke, und von der Bienenkorbtheorie, die dieser entwickelt hat. So wie der Imker seinen Bienen den gesamten Honig wegnimmt und ihnen dann das zuteilt, was sie zum Überleben brauchen, so verhält sich der Staat auch gegenüber den Eltern. Erst müssen sie

Steuern zahlen in einer Höhe, die ihre Leistungsfähigkeit überfordert, und dann bekommen sie Kindergeld zugeteilt – arm wie reich. Soll das gerechter sein? »Diese Bienenkorbtheorie beschreibt unser System recht gut – Deutsche haben offenbar eine große Vorliebe für staatliche Regulierung.«

Auch beim Unterhalt sind nach Ansicht von Prof. Lang widersprüchliche Regelungen unseres Rechtssystems zu knacken. Einerseits regelt der Staat Unterhaltssätze sehr genau, andererseits wird demjenigen, der den Unterhalt zahlt, verwehrt, diese Summe entsprechend seiner reduzierten wirtschaftlichen Leistungsfähigkeit von seinem steuerpflichtigen Einkommen abzuziehen. Wollte man diesen Widerspruch beseitigen, ließe sich leicht eine – auch verwaltungstechnisch – einfache Formel finden: Gesetzlich vorgeschriebene Unterhaltszahlungen sind steuerlich abzugsfähig, der Empfänger hat sie zu versteuern – wobei das Existenzminimum jedes einzelnen Familienmitglieds angerechnet werden muß. Heutzutage gilt ja noch die abenteuerliche Regel, daß Unterhaltszahlungen an geschiedene Ehegatten bis zu einer bestimmten Höhe nur dann als Sonderausgaben steuerlich berücksichtigt werden, wenn derjenige, der diese Zahlungen bekommt, wie es in den Vorschriften heißt, »zustimmt« und damit bestätigt, daß er sie auch versteuert. Eine richtig lebensnahe Regelung, die zwischen zerstrittenen Partnern für viel Freude sorgt.

Abgesehen von all diesen Einzelproblemen – Prof. Lang denkt über ein grundsätzlich neues Steuersystem nach. Und da sind seine Vorstellungen nahezu revolutionär. Das geltende Einkommensteuergesetz hält er für derart wirr und unpraktikabel, daß man es gar nicht mehr reformieren kann. Da helfe nur ein völliger Neuansatz. Prof. Lang schlägt vor, lediglich das konsumierbare Einkommen zu besteuern und Ersparnisse von der Besteuerung zu befreien. Bevor Sie jetzt aufschreien, sollten Sie noch etwas weiterlesen. Auch ich habe bei meinen diversen Gesprächen gelernt, erst einmal bis zum Schluß zuzuhören und die

Kommentare, die mir spontan einfielen, zurückzuhalten. Da kann man sich manchmal ganz schön vertun. Sie werden sehen.

Es ist ja jetzt schon so, daß am Ende immer der Konsument die Steuerlast trägt. Auch die Hausfrau, die auf die Frage, ob sie Steuern zahlt, mit nein antwortet, zahlt natürlich doch: indirekte Steuern – beim Tanken, beim Rauchen, beim Trinken und bei jedem Einkauf sowieso, nämlich Mehrwertsteuer. »Jeder Unternehmer wälzt letztlich die Steuer, die er selbst zu bezahlen hat, auf den Verbraucher ab, dem er etwas verkauft. Was bei der Umsatzsteuer offiziell gewollt ist – dem Verbraucher die Steuerlast aufzubürden –, gilt also eigentlich für alle Steuern«, erklärt Prof. Lang und folgert: »Wenn dem so ist – und das wird man schwerlich widerlegen können –, warum sollte dann nicht das ganze System an diesem Prinzip ausgerichtet werden?«

Wenn ein Steuersystem den wirtschaftlichen Realitäten entspricht, wird es automatisch transparenter. Wenn es dann auch noch ökonomisch vernünftig aufgebaut ist, wird es für jeden plausibel. »Und es ist doch vollkommen klar«, untermauert Prof. Lang seine Auffassung, »das, was dem Bürger nicht einleuchtet, das wird er nicht tun, da wird er Widerstand leisten. Und das ganze Steuerrecht ist auch deshalb so kompliziert, weil die Leute natürlich immer Widerstand leisten.«

Der Grundsatz des neuen Systems könnte lauten: Solange Einkommen gespart wird, bleibt es steuerlich verschont; wenn Gespartes zur Auszahlung kommt, wird es besteuert. Das hätte die praktische Folge, daß jede Form von Zukunftssicherung, von Altersversorgung zunächst der Besteuerung entzogen würde – mit dem angenehmen Nebeneffekt, daß diejenigen, die wie die Weltmeister konsumieren, ohne für ihr Alter vorzusorgen – da springt ja notfalls die Allgemeinheit ein –, für diese unsoziale Haltung nicht auch noch belohnt würden. Beamte übrigens werden schon heute nach diesem Modell besteuert. Während ihres Arbeitslebens sind die Beträge für die Altersversorgung steuerfrei. Im Ruhestand müssen sie ihre Pensionen versteuern. Für alle übrigen hieße es in der Konsequenz der Vorschläge von Prof. Lang, daß Beiträge zur gesetzlichen Rentenversicherung als Werbungskosten gälten und damit voll abzugsfähig wären. Alles, was auf einem Sparkonto, bei einer Bausparkasse, in einer Lebensversicherung oder in einem Wertpapierdepot landete, müßte ebenfalls vom steuerpflichtigen Einkommen abgezogen werden können. Die Steuern fielen erst an, wenn man dieses Geld verbrauchen wollte. Auf diese Weise gingen dem Staat keine Steuern verloren, der Bürger hingegen könnte den Zeitpunkt der Steuerzahlung so wählen, wie es ihm am sinnvollsten schiene.

Nach dem vorgestellten Modell hätten Spitzensportler und andere, die ihre Berufe nur eine begrenzte Zeit lang ausüben können, die Möglichkeit, das nicht unbeträchtliche Einkommen, das sie in nur wenigen Jahren erzielen, auf ein ganzes Leben zu verteilen. Ich stimme Prof. Lang voll zu, wenn er meint: »Leute wie Boris Becker weichen eben nach Monaco aus, weil das Steuersystem falsch ist.« Der Grundsatz der Gleichbehandlung wird doch gerade dann verletzt, wenn ein typischer Angestellter, der sein Leben lang berufstätig ist und ein mittleres Einkommen erzielt, nach demselben Schema F besteuert wird wie jemand, der in ganz wenigen Jahren ein sehr hohes Einkommen erwirtschaftet. Diese Einkünfte auf die Lebenszeit verteilen zu können, scheint mir viel gerechter zu sein. Denn nicht zu vergessen: Sobald ein Spitzenverdiener sein Geld zum Konsum verbraucht – Autos, Reisen, Schmuck, was immer – muß er sofort entsprechend Steuern zahlen.

Prof. Lang fordert immer wieder »ein ökonomisch intelligentes Steuersystem, das den Menschen hilft, Vermögen und Wohlstand zu bilden, für sich selbst zu sorgen«. An erster Stelle steht für ihn dabei der Abbau von »Substanzbesteuerung« – insbesondere der Wegfall der Vermögensteuer, die ein Vermögen ja auch dann besteuert, wenn es überhaupt keine Erträge bringt.

Beispiel: Jemand besitzt ein Mietshaus, das drei Millionen Mark wert ist. Das Objekt wirft Mieten ab, die über die Einkommensteuer zwar sowieso besteuert werden, aber aus denen dann auch noch die Vermögensteuer bezahlt werden kann, die sich bei Immobilien ja bislang noch an den deutlich unterhalb des Marktwertes angesiedelten Einheitswerten orientiert. Ein anderer besitzt eine selbstgenutzte Villa, die möglicherweise sehr viel mehr wert ist als drei Millionen, die aber keine Erträge bringt. Der Vermögenswert (auch hier vorläufig noch der niedrigere Einheitswert) wird dennoch besteuert und muß aus anderweitigen Einkünften (die, um es zu wiederholen, sowieso der Einkommensteuer unterliegen) bestritten werden. Das Vermögen selbst, für das Steuer zu zahlen ist, wirft keine müde Mark ab. Die Steuer frißt also die Substanz auf. Ein anderes Beispiel: Ein großes Grundstück, das nicht bebaut ist oder nicht bebaut werden darf, hat unter Umständen einen enormen Wert, bringt aber keine Erträge. Vermögensteuer ist dennoch fällig. Man muß also auch hier auf irgendwelche anderen Einkünfte zurückgreifen – die selbstverständlich ebenfalls besteuert werden –, um die Vermögensteuer überhaupt bezahlen zu können.

Noch brutaler wird es bei Barvermögen. Wenn jemand privat drei Millionen DM auf der Bank hat, schlägt diese Summe bei der Vermögensteuer voll zu Buche.* Das bedeutet, jedes Jahr sind 30 000 DM Steuern zu zahlen. Gehen wir mal von einem Zinssatz von 5 Prozent aus, den man mit drei Millionen DM zur Zeit erreichen kann, dann wirft dieser Betrag jährlich 150 000 DM ab. Damit liegt man im Spitzensteuersatz von 53 Prozent. Es bleiben also zunächst 70 500 DM übrig (Solidaritätszuschlag, Kirchensteuer und weitere Abgabenbelastungen rechne ich jetzt der Einfachheit halber gar nicht mit). Davon gehen die 30 000 DM ab, macht 40 500 DM. Dabei ist der Kaufkraftverlust durch die Inflation noch gar nicht berücksichtigt. Es ist absehbar, daß bei dieser

---

* Der Freibetrag bei der Vermögensteuer beträgt 120 000 DM. Um die Beispiele nicht unnötig zu komplizieren, setze ich voraus, daß dieser Betrag in jedem Fall durch Mobiliar, Kunstgegenstände, Teppiche oder Schmuck ausgeschöpft bzw. überschritten wird. Das soll uns also bei unserer Rechnung nicht weiter beschäftigen.

steuerlichen Belastung früher oder später die Einlage angetastet werden wird. Der Staat mindert systematisch das Vermögen seiner Bürger – oder treibt sie zur Kapitalflucht. Ob das sinnvoll ist? »Außerdem – da heutzutage die Zinsen nahezu durch die Inflation aufgefressen werden«, so Prof. Lang, »lohnt sich das normale Sparen bei ehrlicher Versteuerung der Zinsen sowieso nicht.«

Dagegen wird Schuldenmachen belohnt. Ich spreche jetzt nicht vom Prinzip, durch Kredite Investitionen zu erleichtern, sondern von folgendem Fall. Wenn jemand, der ein Mietshaus bauen will und das Geld dafür auf dem Konto hat, sich aus steuerlichen Gründen dennoch für ein Darlehen entschließt. Das habe ich persönlich noch nie begriffen und immer schon als hochgradig schizophren empfunden. Diese Mentalität schlägt ja auf alle Lebensbereiche durch. Meine Großeltern und Eltern haben mich zum Sparen ermuntert, und ich fand es eine gute Idee, mir auf diese Weise meine Wünsche zu erfüllen. Auch wenn sich das altmodisch anhört: Ich denke, man hat eine realere Vorstellung vom Wert einer Sache und geht sorgsamer damit um, wenn man sie sich erarbeitet, »erspart« hat und nicht »auf Pump« besorgt. Es mag ja lächerlich klingen, aber ich kann mich noch sehr genau erinnern, wie erstaunt ich reagierte, als ich vor Urzeiten zum ersten Mal davon erfuhr, daß sich bestimmte Schuldzinsen steuerlich absetzen lassen. Wenn hemmungsloses Schuldenmachen steuerlich nicht belohnt würde, hätten wir wohl ein paar Pleiten weniger. Oder sehe ich das falsch? Prof. Lang stimmt mir zu: Schuldenmachen verschafft in unserer Gesellschaft Vorteile – ein unsinniges Prinzip. Wenn man den Wohlstand einer Gesellschaft – und damit jedes einzelnen – mehren will, müßte man das Schuldenmachen vielmehr möglichst unattraktiv gestalten.

Auch unterhalb von Spitzensteuersätzen drückt die Abgabenlast immer mehr. Wir sprechen von der Masse der Steuerzahler, den Lohnempfängern. Nach Auskunft von Prof. Rudolf Hickel, Finanzwissenschaftler an der Universität Bremen, ist die Belastung eines Singles in den letzten Jahren so stark gestiegen, daß oftmals von 100 DM Lohn nur noch 45 DM übrigbleiben. Folgende Horrorzahlen machen die demoralisierende Wirklichkeit deutlich: Während ein Bürger 1975 noch 150 Tage im Jahr arbeiten mußte, um Steuern und Sozialabgaben zu erwirtschaften, so sind es 1995 bereits 164 Tage. Unser Steuersystem bewirkt genau das Gegenteil von sozialer Gerechtigkeit, denn den Lohnabhängigen bleiben diverse Schlupflöcher unseres komplizierten Steuerrechts verschlossen. Für sie besteht keine Chance, ihre Steuer- und Abgabenlast zu reduzieren – sie können so gut wie überhaupt nichts absetzen. Da frage ich mich wirklich, wie groß der Leidensdruck noch werden muß, bevor es knallt oder eine radikale Steuerreform in Angriff genommen wird.

Der CDU-Finanzpolitiker Gunnar Uldall plädiert für folgende Variante: Wer ein Jahreseinkommen bis 12 000 DM hat, soll überhaupt keine Steuern zahlen. Von 12 000 bis 20 000 DM sollen 8 Prozent abgezogen werden, von 20 000 bis 30 000 DM 18 Prozent, und Einkommen über 30 000 DM sollen einem Steuersatz von 28 Prozent unterliegen – allerdings nur der Betrag, der 30 000 DM tatsächlich überschreitet. Ein Lediger mit einem Jahreseinkommen von 45 000 DM würde nach dieser Rechnung 6 640 DM Steuern zahlen müssen: Bis 20 000 DM kommen bei 8 Prozent 640 DM an Steuern zusammen; die nächsten 10 000 DM bis zum Betrag von 30 000 DM schlagen bei 18 Prozent mit 1 800 DM zu Buche, und für die 15 000 DM, die den Betrag von 30 000 DM überschreiten, sind 28 Prozent, also 4 200 DM, zu zahlen. Macht zusammen: 6 640 DM. Nach Uldalls Berechnungen und Schätzungen entsprächen die staatlichen Einnahmen aus diesem Modell etwa dem jetzigen Steueraufkommen, wenn man gleichzeitig alle Freibeträge, Vergünstigungen und Ausnahmeregelungen abschaffte. Die Kosten, die durch die vereinfachte Verwaltung einzusparen wären, sind dabei noch gar nicht berücksichtigt.

Für Prof. Lang ist das Uldall-System etwas zu »roh«. Ein bißchen Differenzierung sollte schon sein, so der Steuerexperte. Betriebsausgaben und Werbungskosten muß der Steuerpflichtige nach wie vor abziehen können, denn diese Ausgaben mindern ohne Zweifel seine Leistungsfähigkeit. Von diesem international gültigen Grundprinzip dürfte man sich nicht verabschieden. Außerdem sei im Uldall-System die »hohe Steuerbelastung für untere Einkommen unerträglich«. Da würde er viel später mit der Besteuerung ansetzen. Aber sein Prinzip sei ähnlich einfach: jedenfalls eindeutige Steuerstufen und ein so übersichtliches System, daß für den »Normalbürger« die automatisierte Steuerklärung möglich sei.

Junge Wissenschaftler, die letztlich auch nichts anderes tun, als Erkenntnisse der alten zu verarbeiten – sie möglicherweise nur etwas »fetziger« formulieren –, rennen seit Jahren den Bonnern die Bude ein mit ihren computergestützten Rechenmodellen, die allesamt auf dasselbe hinauslaufen: Hohe Steuern bringen kurzfristig viel ein, aber schaden langfristig. Eine geringe Steuerbelastung bedeutet letztlich höhere Staatseinnahmen. Hohe Steuern wiederum, die nicht akzeptiert werden, bremsen die wirtschaftliche Entwicklung. Warum sich anstrengen und Leistung bringen, wenn es sich nicht lohnt? Wozu es führt, wenn man Menschen die Motivation nimmt, hat uns die kommunistische Sowjetunion eindrucksvoll vorgeführt. Wollen wir da wirklich hin?

6
Die Schlacht um die Kostendämpfung

Wie krank ist unser Gesundheitssystem?

In erster Linie Gesundheit« – das wünscht man sich zum Jahreswechsel oder zum Geburtstag. Das ist zwar nicht sehr originell, aber wichtig. In Georgien sagt man bei solchen Gelegenheiten: »Ich wünsche dir Gesundheit und Liebe – den Rest kannst du dir kaufen.« Diesen Glückwunsch habe ich in mein Repertoire aufgenommen, weil er mir so gut gefiel. Ich weiß, ich weiß, daß jetzt wieder die berufsmäßigen Naserümpfer ihren Auftritt haben, die den Spruch angesichts der Armut in der Welt für zynisch halten. Aber wenn dieser Wunsch in einer wahrlich nicht wohlhabenden Gesellschaft wie der georgischen allseits richtig verstanden wird, dann sollte man annehmen, bei uns müßte das erst recht möglich sein. Auch Sozialhilfeempfänger können sich Gesundheit nicht kaufen, selbst wenn sie das Geld dazu hätten. Klar?

Sind Sie gesund? Ich wünsche es Ihnen. Fühlen Sie sich gesund? Auch das wünsche ich Ihnen. Haben Sie mal überlegt, ob das eine mit dem anderen etwas zu tun hat? Wie soll man Gesundheit überhaupt definieren? Die ganz Schlauen ziehen sich aus der Affäre, indem sie sagen: Gesundheit ist Abwesenheit von Krankheit. Hilft das wirklich weiter? Denn was ist krank? In unserem Sozialrecht arbeiten wir ganz selbstverständlich mit dem Gesundheits- und Krankheitsbegriff und tun so, als sei eindeutig und klar, was das ist. Dabei handelt es sich um zwei höchst unscharfe Begriffe. Die Weltgesundheitsorganisation (WHO) beschreibt in ihrer Satzung Gesundheit als einen Zustand völligen körperlichen, seelischen und sozialen Wohlbefindens und bezeichnet das für jeden Menschen erreichbare Höchstmaß an Gesundheit als eines seiner Grundrechte. Nach Auskunft eines Ärztefunktionärs existieren in der deutschen Rechtsprechung nicht weniger als 43 Definitionen über die Gesundheit. Da wird schon klar, wo der Hase lang läuft. Denn den von der WHO beschriebenen Zustand erreicht sicher nur ein Bruchteil der als gesund bezeichneten Menschen. Obwohl der Gesundheitsbegriff also etwas Utopisches hat, wird mit ihm in Gesetzestexten gearbeitet – zwangsläufig –, was bleibt übrig! Da bekommen z. B. die Krankenkassen in Paragraph 20 SGB (Sozialgesetzbuch) den Auftrag, für »Gesundheitsförderung« und »Krankheitsverhütung« zu sorgen. Für diesen Paragraphen müßten alle Krankenkassenfunktionäre dreimal täglich vor Dankbarkeit auf die Knie fallen. Mit ein wenig Köpfchen läßt sich fast jede noch so abstruse Wettbewerbsidee als Gesundheitsförderung verkaufen. Und wenn die Kundschaft von entsprechenden Angeboten erst einmal erfahren hat, dann will sie auch Gebrauch davon machen. Das steht uns schließlich zu, nicht wahr? Wenn mein Nachbar Indoor-climbing auf Krankenschein betreibt, dann will ich meinen Bauchtanzkurs. – Sie wissen nicht, was Indoor-climbing ist? Trösten Sie sich, ich wußte es auch nicht. Das heißt auf deutsch nicht etwa Innentürklettern, sondern meint, im Gegensatz zum Klettern in freier Natur, denselben Vorgang in geschlossenen Räumen.

Spaß beiseite. Bestimmte Krankheitszustände gelten heute in der Medizin als eindeutig beschreib- und therapierbar. Da stecken Jahrzehnte der Forschung dahinter. Deshalb ist – flapsig gesagt – jemand mit einer entzündeten Gallenblase oder Nierensteinen besser dran als einer mit einem eher diffusen Krankheitsbild wie Kopfschmerzen oder Depression. Der Mensch fühlt sich zwar krank, aber das läßt sich nicht so leicht messen oder abbilden: Vielleicht trifft eher der Begriff »subjektive Befindlichkeitsstörung« zu? Man kennt den Spruch: Der nimmt wohl heute wieder seine Migräne! Kein Wunder, daß es so lange gedauert hat, bis

Migränepatienten den Mut hatten, an die Öffentlichkeit zu gehen, um einzufordern, daß man ihre Beschwerden ernst nimmt.

Unser Sozialrecht, das den Leistungsanspruch im Krankheitsfall regelt und Richtlinien für die konkrete Umsetzung formuliert, räumt allen Krankheiten formal den gleichen Rang ein. In der Praxis jedoch, im angewandten Leistungsrecht, sind die Unterschiede zu spüren. Ich glaube auch nicht, daß sich das beseitigen läßt. Fatal für die Betroffenen – Patienten wie Ärzte –, aber noch fataler wird es, wenn man Gleichbehandlung vorgaukelt. Herzchirurgen haben es z. B. leichter als Psychotherapeuten, wenn es um Anerkennung bestimmter Therapien und Mittelzuteilung geht. Vielleicht ist das sogar richtig. Je »weicher« die Richtlinien im Sozialrecht formuliert werden, gesteht mir ein Psychotherapeut, der damit im Grunde gegen seine eigenen Interessen verstößt, »desto häufiger verwende ich Begriffe, die auch im normalen Lebensalltag ohne Krankheitsbezug benutzt werden«. Angst ist dafür ein gutes Beispiel. »Leistungsrechtlich« gibt es zwei Sorten Angst. Zum einen diejenige, die man selbst in den Griff bekommt – darauf hat man keinen Behandlungsanspruch. »Das ist Gegenstand Ihres Privatlebens, gegebenenfalls Ihres Portemonnaies oder Ihrer Religionspflege oder was immer Sie sich einfallen lassen, um mit dieser Lebensangst zu Rande zu kommen.« Angst kann allerdings auch in einem Maße Besitz von einem Menschen ergreifen, daß er da alleine nicht mehr rauskommt, auch nicht mit liebgemeinter, aber laienhafter Hilfe aus dem Freundeskreis. Da wäre der Profi gefragt, der »angstkundige Offizialbegleiter«. In einem solchen Fall ist der Leistungsanspruch gegeben. »Ja, machen Sie daraus mal 'ne Richtlinie!«

Unsere Gesundheitsversorgung hat – so steht es geschrieben – nach dem allgemein anerkannten Stand der medizinischen Erkenntnisse zu erfolgen. Was das für das geschilderte Beispiel bedeutet, beschreibt der Psychotherapeut so: »Es gibt eine Angsttherapie, die ist in Religionen gebräuchlich. Überall auf der Welt findet

137

man Riten zur Angstbewältigung, Beichten und Gebete, was auch immer. So etwas kennt der medizinische Leistungskatalog natürlich nicht. Obwohl kein Arzt, der halbwegs bei Trost ist, behaupten würde, daß ein Gebet bei Angst nicht hilft. Folglich wird in der Therapie die sehr gebetsnahe Autosuggestion – autogenes Training oder Selbsthypnoseverfahren – angewendet. Das will dann aber noch fachlich definiert werden als Leistungsanspruch nach dem Sozialrecht, in Abgrenzung von ähnlichen Strategien wie z. B. Yoga, die als Bestandteil der normalen Lebensführung, nicht aber der Krankheitsbehandlung gelten.«

Es läuft auf einen Widerspruch hinaus, der sich nicht beseitigen läßt. Einerseits brauchen wir verläßliche Richtlinien, wofür ein Leistungsanspruch bestehen soll, andererseits kann man nicht alles lückenlos erfassen. Wollte man das versuchen, würde man nicht mehr handhabbare Absurditäten produzieren. Das bedeutet, es wird immer Menschen geben, die vergeblich auf der Bezahlung einer sinnvollen medizinischen Leistung bestehen, und es wird immer Menschen geben, die sich medizinisch nicht gebotene, aber angenehme Therapien auf Kosten der Allgemeinheit besorgen. Je eher man sich das klarmacht, desto besser. So ist das Leben, würde der Russe sagen ... Die haben sowieso besser begriffen als wir, daß manche Widersprüche unauflösbar sind. Darin liegt ein Grund für die sprichwörtliche russische Gelassenheit. Unsere Hektik und Aufregung resultiert u. a. aus unserer Grundüberzeugung, alles »irgendwie regeln« zu können und damit im Griff zu haben.

Ja, wenn sich der Mensch normieren ließe! Dann brauchten wir nicht mehr zu grübeln, wie unser Gesundheitssystem bezahlbar bleiben kann. Pro Mensch im Laufe seines Lebens zweieinhalb Brillen, ein halbes Hörgerät und zehn Zahnfüllungen – oder so ähnlich –, und wir wüßten, woran wir wären. Wirklich sehr unpraktisch, daß es nicht so ist. Das schert uns aber wenig, das ignorieren wir und setzen unverdrossen auf Budgetierung, zu deutsch Haushaltsplanung. An sich ist Haushaltsplanung natürlich etwas absolut Vernünftiges und Notwendiges. Jeder Bürger praktiziert sinnvolle Budgetierung, der mit seinen finanziellen Mitteln gerade so über die Runden kommt und sich Monat für Monat überlegen muß, wieviel Geld er für Lebensmittel, Kleidung, Kino etc. ausgeben darf. Wer sich nicht daran hält, muß Schulden machen oder ist auf Geschenke angewiesen. Jeder einzelne kann mit seinem Haushalt so verfahren, weil er nicht den Anspruch hat, sich alles leisten zu können. Auch der Staat geht mit seinem Haushalt so um: Das sind die Einnahmen, und das können wir ausgeben. Die einzelnen Ministerien erhalten ihren Anteil und müssen zusehen, wie sie klarkommen. Da bleiben auch schon mal staatliche Leistungsangebote auf der Strecke. Aber trotz des verbreiteten Anspruchsdenkens – jeder vernünftige Mensch akzeptiert letztlich, daß sich in einem Gemeinwesen nicht alle Wünsche erfüllen lassen, nicht einmal all die, die einer sozial gerechten Gesellschaft gut anstünden.

Im Gesundheitswesen verhält es sich anders. Jedem einzelnen wird eine optimale medizinische Versorgung garantiert, die Kosten aber dürfen einen bestimmten Betrag nicht übersteigen. Also legen wir ein Budget fest. Den Ärzten geht es ohnehin zu gut. Das sieht die Mehrheit der Bevölkerung auch so. Folglich müssen Politiker, die sich für die Kostendämpfung im Gesundheitswesen einsetzen – sprich Einkommenskürzung bei den Ärzten –, keine Wählerproteste befürchten. Budgetierung im Gesundheitswesen ist aber nichts anderes als sozialistische Planwirtschaft. Verstehen Sie mich nicht falsch – man kann ja durchaus vertreten, daß es aus vielerlei Gründen nur so und nicht anders machbar ist, aber dann muß man auch dazu stehen und die Dinge beim Namen nennen.

Ich versuche mich einmal in die Lage eines jungen Arztes – na ja, wohl besser einer jungen Ärztin – zu versetzen. Man hat ihr während des Studiums erzählt, sie habe sich für einen freien Beruf entschieden. Sie durchläuft bestimmte Prozeduren der Qualifikation, bevor sie sich mit einer eigenen Praxis niederlassen darf. Sie sucht sorgfältig den Standort aus – wobei ihre Freizügigkeit in diesem Punkt seit der letzten Gesundheitsreform stark eingeschränkt ist –, kalkuliert ihre finanzielle Belastung, denn die Praxiseinrichtung finanziert ein Bankinstitut. Die wenigsten Mediziner haben sechsstellige Beträge auf dem Konto oder bekommen die Mittel von großzügigen Eltern. Sie organisiert nun den Praxisbetrieb, kümmert sich auch um die komplizierten Abrechnungsprozeduren gegenüber den Krankenkassen. Sie arbeitet engagiert und konzentriert. Sie hat es schließlich mit Menschen zu tun, da dürfen ihr keine Fehler unterlaufen. Eines Tages wird ihr von einer Krankenkasse mitgeteilt, daß sie ihr Budget überschritten habe. Im besten Falle bedeutet das, daß sie den Rest des Jahres umsonst arbeitet. Im schlechtesten Falle muß sie bereits kassierte Honorare wieder zurückzahlen.

Ist solch ein Verfahren in irgendeinem anderen Beruf denkbar? Ich stelle mir einmal vor, ich arbeite in der Kölner Redaktion von »Tagesschau« und »Tagesthemen«, also der Abteilung beim Westdeutschen Rundfunk, die für die ARD-Nachrichtensendungen Beiträge aus Nordrhein-Westfalen produziert – das habe ich vor meiner Zeit bei »Monitor« von 1978 bis 1981 ja auch gemacht. Im Rahmen der Kostendämpfung wird vereinbart: Uns steht künftig ein Betrag X pro Jahr zur Verfügung, der durchschnittlich für soundsoviele Einsätze reicht. Sollten mehr Einsätze erforderlich sein – die Aktualität läßt sich ähnlich schlecht planen wie die Gesundheit –, muß auch das mit den vorgegebenen Mitteln bewerkstelligt werden. In einem Monat passiert wenig, und ich komme mit meinem finanziellen Rahmen problemlos aus. Im nächsten Monat passiert viel, ich kann aber – will ich meine Chronistenpflicht erfüllen – nicht einfach ein Thema weglassen. (Der Arzt hat Pflichten, mit denen er noch viel weniger lax umgehen kann.) Also versuche ich, noch ökonomischer zu wirtschaften, einzusparen, wo es geht, und dennoch optimal zu berichten. Man kann vielleicht manchmal ein kleineres Team mitnehmen, aber bei großen Veranstaltungen zum Beispiel nicht auf einen Lichtwagen verzichten – Schattenboxen im Nebel würden weder die Akteure noch die Gebührenzahler akzeptieren.

Und dann wird mir eröffnet, daß ich leider – obwohl ich mehr gearbeitet habe – weniger Geld dafür bekomme. Vergleiche hinken immer, und festangestellte Mitarbeiter des WDR haben das geschilderte Problem natürlich nie, denn die bekommen verläßlich Monat für Monat ihr Gehalt. Der Aberwitz wird in diesem Phantasiespiel jedoch so richtig schön deutlich: Obwohl ich in einem Monat besonders viel geackert habe, wegen der engen Termine aus dem Hetzen gar nicht mehr rauskam, besonders komplizierte und aufwendige Dreharbeiten zu bewältigen waren, bekomme ich dennoch weniger Geld. Ich werde für meinen Einsatz noch bestraft. So ergeht es den niedergelassenen Ärzten. Vielleicht sollten wir doch nicht so unüberlegt über diesen Berufsstand herziehen, der irgendwie aus der sozialen Marktwirtschaft rausgefallen ist.

Wie man weiß, rechnet ein niedergelassener Arzt jeweils am Quartalsende ab. Er übermittelt seine Daten an die Kassenärztliche Vereinigung. Die prüft die Angaben, zahlt ein halbes Jahr lang Abschläge und erst im siebten Monat die endgültige Summe. Das heißt, was der Arzt von Januar bis März verdient, hat er komplett erst etwa Ende Juli eingenommen.

Wie vielleicht nicht jeder weiß, rechnen Ärzte in Punktwerten und Punktzahlen ab. Das sind Bewertungsfaktoren bei der Vergütung vertragsärztlicher Leistungen. Der Punktwert ist der DM-Wert, mit dem die Punktzahl einer bestimmten Leistung multipliziert wird, um einen DM-Betrag zu erhalten, den man in Rechnung stellen kann. Punktzahlen und Punktwerte sind in entsprechenden Listen zu finden. In der Regel entspricht ein Punkt zehn Pfennigen. Aufgrund der Budgetierung können sich Punktwerte jedoch nachträglich noch ändern – nach unten. Das führt dann zu Honorareinbußen. Zu kompliziert? Mit Hilfe eines konkreten Beispiels wird es deutlicher.

Betrachten wir eine Magenspiegelung. Bei einem Punktwert

von 10 Pfennigen kostet die Magenspiegelung eines Kassenpatienten seit Januar 1996 140 DM. Darin sind enthalten: Vorgespräch mit dem Patienten, Spiegelung von Speiseröhre und allen Abschnitten des Magens, Passage durch den Pförtner in den Zwölffingerdarm mit Betrachtung des Zwölffingerdarms, gegebenenfalls Entnahme von Proben zur Bakterienuntersuchung oder um Gewebe in einem Labor untersuchen zu lassen. Dann kurze Information des Patienten und Bericht an den Hausarzt. Wie gesagt, diese 140 DM sind kein Festpreis, sondern an den Punktwert gekoppelt. Stellt sich am Ende des Quartals heraus, daß die Mittel nicht reichen, kann der Punktwert zum Beispiel auf 7 Pfennig abrutschen. Das bedeutet für die Magenspiegelung einen Preis von 98 DM. Nach Auskunft eines Facharztes sind wir damit weltweit »Spitze«: In der Schweiz kostet eine solche Untersuchung 500 Franken, in den USA werden ca. 1 000 Dollar dafür verlangt. Ein deutscher Privatpatient muß mit knapp 400 DM rechnen. Der Facharzt, der meint, mich von der Widersinnigkeit des Honorierungssystems überzeugen zu müssen (bin ich doch längst!), zieht einen Vergleich aus dem Handwerk heran: »Wenn alle Klempner der Stadt Köln für Wasserrohrbrüche in einem Quartal 500 000 DM zur Verfügung hätten, so müßten sie die Zahl der ausgeführten Reparaturen angeben, damit ihr Verdienst ermittelt werden kann. Sie bekämen dann vielleicht 100 DM pro Rohrbruch in dem einen Quartal und im nächsten Vierteljahr, in dem aus irgendwelchen Gründen mehr Rohre zu Bruch gehen, nur 80 DM. Die Klempner wären auf der Barrikade.«

Wegen des Punktwertsystems tragen die Ärzte das Versicherungsrisiko. Reichlich schizophren. Kommen in einem Quartal weniger Patienten, so wird die einzelne Behandlung normal vergütet. Sorgt eine Grippewelle in den nächsten drei Monaten für einen Patientenansturm, bekommen die Ärzte weniger. Die Kassen jedoch können ihre Ausgaben stabil halten.

Stellen Sie sich das bitte einmal auf die Klempner bezogen vor. Nach einer starken Frostperiode mit besonders vielen Wasserrohrbrüchen verdienen die Klempner weniger als sonst, obwohl sie mehr als sonst gearbeitet haben.

Nicht genug mit dieser Absurdität – alles wird noch viel komplizierter, weil die Kassenärztlichen Vereinigungen, als Mittler zwischen Ärzten und Krankenkassen, aus dem Gesamtbudget viele einzelne Budgettöpfe gemacht haben. Das bedeutet in der Praxis, daß ein und dieselbe Untersuchung bei einem Hausarzt anders vergütet wird als bei einem Facharzt. Leicht vorstellbar, daß dieses Verfahren zu grotesken Auswüchsen führt. Nehmen wir an, ein Arzt, der nach seiner Ausbildung nur ein halbes Jahr Weiterbildung im Krankenhaus absolviert hat, läßt sich als Allgemeinmediziner nieder. Das ist im Alter von Mitte, Ende Zwanzig zu schaffen. Den üblichen Weg zum Facharzt beschreibt ein Vertreter dieser Gruppe hingegen so: »Wir müssen nach dem Medizinstudium eine sechsjährige Weiterbildung zum Internisten absolvieren. Dann schließen sich noch einmal zwei Jahre Fachausbildung zum Magen- und Darmspezialisten an.« Klar, daß so einer nach dieser zusätzlichen achtjährigen Weiterbildung qualifizierter für eine Magenuntersuchung ist als der oben skizzierte Hausarzt. Ein Gastroskop (Magenspiegelungsgerät) kann sich jedoch auch dieser anschaffen – und bekommt dann für die gleiche Untersuchung mehr als sein spezialisierter Kollege. Während der Allgemeinmediziner seit Januar 1996 126 DM (bei einem Punktwert von 9 Pfennigen) abrechnen kann, erhält der Facharzt nur 98 DM (bei einem Punktwert von 7 Pfennigen). Nennt man das nicht ungleichen Lohn für gleiche Arbeit? Sonderbarerweise ist dieses Verfahren durch ein aktuelles Sozialgerichtsurteil auch noch als Rechtens anerkannt worden.

Jeder weiß, daß man bei Billigangeboten Qualitätsabstriche machen muß. Wer für 500 DM über den Atlantik düst, kann weder den gleichen Service noch die gleichen Sicherheitsstandards erwarten wie bei einem Flug mit real kalkulierten Preisen, die in diesem Fall nach Ansicht von Fachleuten bei mindestens 850 DM liegen müssen. Nur dann seien einwandfreie Maschinen und gut ausgebildetes Personal zu gewährleisten, heißt es. Bei Billigreisen, die mit Preisen fernab realer Kosten locken, weiß jeder, worauf er sich einläßt. Nur Kassenpatienten wird gebetsmühlenartig immer wieder versichert, sie säßen mit dem Billigticket in der Business Class. Der Magen- und Darmspezialist zuckt die Schultern: »Wie soll das gehen? Die Sicherheitsstandards werden immer höher; allein unsere Desinfektionsmaschinen kosten etwa 50 000 DM. Wir können keine Hilfskräfte, sondern nur qualifiziertes Personal einsetzen, das muß entsprechend honoriert werden – wir aber sollen mit immer weniger Geld auskommen.«

Über alle Parteigrenzen hinweg ist man sich einig, daß die »kalte Apparatemedizin« mehr in den Hintergrund treten und das Gespräch zwischen Arzt und Patient aufgewertet werden soll. Die ab 1996 geltende Abrechnungsordnung für Kassenpatienten stellt diese Aussage auf den Kopf. Danach sollen Fachärzte möglichst keine »sprechende Medizin« mehr anbieten. Dafür sind die Hausärzte da. Vom grünen Tisch aus erscheint das logisch. Aber wie sieht die Realität aus? Ein Hausarzt überweist einen Patienten an einen Fachkollegen, der Darmkrebs diagnostiziert. Statt sich nun den Sorgen und Nöten des Patienten zu widmen und fachlich Auskunft zu geben, was weiter geschehen soll, lautet die nach Abrechnungskriterien formvollendete Facharztreaktion: »Bei Ihnen ist Darmkrebs festgestellt worden, alles weitere können Sie mit Ihrem Hausarzt besprechen.« Das kann doch nicht gemeint sein! Zum einen ist dieses Verfahren unmenschlich, zum anderen weitet sich das medizinische Wissen so explosionsartig aus, daß der beste Hausarzt kaum in der Lage sein dürfte, immer die neuesten Erkenntnisse mit einzubeziehen. Der Facharzt hat die Wahl, entweder den Patienten mehr oder weniger schroff abzuwimmeln oder aber mit ihm ein klärendes Gespräch zu führen und in dieser Zeit nichts zu verdienen.

Noch eine Groteske zur neuen Abrechnungsordnung gefällig? Bitte sehr: Seit Mitte der siebziger Jahre gibt es die Ultraschalluntersuchung, die inzwischen zum Standardprogramm jeder Diagnostik gehört, wenn es um Bauchbeschwerden geht.

Diese Untersuchung ist sehr effektiv und obendrein weder unangenehm noch gefährlich. Vor etwa 15 Jahren wurde sie mit 150 DM honoriert, nach immer neuen Abwertungen blieben schließlich 50 DM übrig. Die Väter der '96er Abrechnungsordnung haben nun eine Mengenstaffelung eingeführt. Das bedeutet: Ein Arzt hat pro Quartal 255 Ultraschalluntersuchungen frei. Umgerechnet auf den Arbeitstag sind das etwa vier, gleichgültig, mit welchen Beschwerden seine Patienten zu ihm kommen. Pro Untersuchung erhält er 45 DM. Ab der 256. Untersuchung sinkt der Punktwert der Bezahlung so drastisch, daß er für einmal Ultraschall nur noch 15 DM abrechnen kann. Und damit soll die Untersuchung des gesamten Bauchraumes abgegolten sein: Leber, Gallenblase, Gallenwege, Bauchspeicheldrüse, Milz, Nieren, Harnblase, Prostata oder Gebärmutter, große Blutgefäße und was sonst noch betrachtet werden muß. Darüber hinaus ist der Arzt verpflichtet, die Untersuchungsergebnisse per Foto, Hardcopy oder Video zu dokumentieren und aufzubewahren. Zum Vergleich: Der Honorarsatz bei Privatpatienten beläuft sich auf etwa 110 DM. Hier gibt es keine Mengenstaffelung.

Im Zuge meiner Recherchen bin ich auf Dr. Klaus-Dieter Kossow gestoßen, der als Allgemeinmediziner und Psychotherapeut seit über 20 Jahren eine Landarztpraxis in der Nähe von Bremen betreibt. Er hat sich auch auf verschiedenen Ebenen der Standespolitik engagiert, war von 1989 bis 1993 Vorstandsmitglied der Kassenärztlichen Bundesvereinigung und ist derzeit Vorsitzender des Berufsverbandes der Allgemeinärzte Deutschlands – Hausärzteverband e.V. Insidern dürfte er als streitbarer Mediziner bekannt sein, der schon mal in Fernsehsendungen als Überraschungsgast gegen den rhetorisch versierten Bundesgesundheitsminister Seehofer aufgeboten wird. Da wir in unserem Gespräch einen weiten Bogen geschlagen haben und Kossow zu den humorvollen Exemplaren der menschlichen Rasse gehört, will ich Ihnen ausführlicher von unserem Treffen erzählen.

Bei Kaffee und Gebäck ließen wir uns beide zunächst einmal über die allgemeine und spezielle Regelwut der Deutschen aus und über das institutionalisierte Verantwortungschaos – man muß sich ja erst beschnuppern. Dabei gefiel mir ein von ihm gebrauchtes Bild besonders gut – es sollte nicht das letzte sein –, nämlich »Ping-Pong-Spiele«. Eine schöne Verkürzung des von mir etwas umständlicher beschriebenen Spiels: »Ich bin es nicht, du bist es, ich bin es auch nicht, der ist es.« Ping-Pong-Spiele als bürokratische Herrschaftstechnik. Genau das! Man ist aktiv, vermeidet aber sorgsam jede wirkliche Problemlösung.

Mit der Verwaltung kennt Kossow sich aus, schließlich war er mal Mitglied einer Arbeitsgruppe in Bonn, die sich mit dem Abbau von Bürokratie im Gesundheitswesen befaßte. Als etwa vierzig konkrete Vorschläge auf dem Tisch lagen, traten die Bedenkenträger auf den Plan: Rechtliche Rahmenbedingungen müßten beachtet werden, ebenso die Ressortkompetenzen von Ministerien. Damit hatten sich eine Reihe grundsätzlich bedenkenswerter Vorschläge bereits im Vorfeld erledigt. Ich frage nach einem konkreten Beispiel, und da Kossow offenbar eher einer positiven Lebenseinstellung zuneigt, erzählt er mir die Geschichte eines politisch akzeptierten Vorschlags zur Entbürokratisierung. Der Gegenstand: das sogenannte Betäubungsmittelrezept.

Dazu muß man folgendes wissen: Das Arzneimittelrecht regelt generell den Verkehr mit Medikamenten. Für den Weg des Arzneimittels vom Hersteller zum »armen Schlucker«, wie Kossow sich ausdrückt, also zum Patienten, der es im Zweifel schluckt, jedenfalls irgendwie verbraucht, ist das Arzneimittelverkehrsrecht zuständig; eine »Unterabteilung« gewissermaßen bildet wiederum das Verschreibungsrecht. Das regelt, welche Medikamente verordnet werden müssen, welche apothekenpflichtig und welche frei verkäuflich sind. Innerhalb des Arzneimittelverschreibungsrechts schließlich gibt es ein Sonderrecht, die Betäubungsmittelverschreibungsverordnung. Darin nun wird ein besonderes Formblatt für das Verordnen von opiumhaltigen und ähnlichen Betäubungsmitteln vorgeschrieben, ebenso der Umgang mit diesem Formular: Der Arzt muß das Formblatt ausstellen, der Apotheker muß es verwalten, und die Landesbehörde muß es kontrollieren. Ausgegeben werden diese aufwendig gedruckten, fälschungssicheren Formblätter von der Bundesopiumstelle. Sie fungiert heute übrigens als Filiale des Bundesinstituts für Arzneimittel, das jetzt selbständig ist und früher im Bundesgesundheitsamt angesiedelt war. Letzteres wurde u. a. wegen des Skandals um HIV-verseuchte Blutkonserven aufgelöst. Jetzt wuseln statt dessen vier Einzelinstitute nebeneinander her (drei davon im Geschäftsbereich des Bundesgesundheitsministers), die sich nach Kossows Ansicht noch schwerer kontrollieren lassen als früher das Bundesgesundheitsamt. Und er hat sicher recht. Journalisten aber waren's zufrieden damals und verbuchten es auch noch als Erfolg, zur Abservierung dieser Bundesbehörde mit beigetragen zu haben. Billiger wird das alles auch nicht werden. »Insider wissen, daß es überhaupt nichts bringt außer höheren Kosten.« Diese Ansicht vertritt der Justitiar der Bundesärztekammer, der darauf verweist, daß die Behörden jetzt auch noch auf Bonn und Berlin verteilt werden. Er zitiert einen Bundesbediensteten: »Früher konnte ich ein paar Schritte gehen, um mich mit den Kollegen auszutauschen. Demnächst muß ich dafür dann wohl nach Bonn fliegen.«

Zurück zur Bundesopiumstelle. Dort wird festgehalten, welcher Arzt wie viele Formblätter bekommen hat und deren weitere Verwendung minutiös verfolgt. Der Arzt selbst dokumentiert zunächst die Patienten- und Krankenkassendaten und bewahrt eine Formularkopie in seiner Praxis auf. Die gleiche Dokumentation nimmt auch die Apotheke vor. Und schließlich wird der Vorgang von der zuständigen Regierungsstelle – das ist meist ein Regierungspräsident – kontrolliert, indem ein Mitarbeiter der

Behörde die Apotheken regelmäßig aufsucht. Das sind keine Stichproben. Dafür gibt es extra einen Apotheken-Bereisungsplan. Wenn irgendwo auffällige Mengen an Betäubungsmitteln verschrieben werden, sucht ein Mitarbeiter dieser Behörde auch den betreffenden Arzt auf. So sieht in Kurzfassung die derzeitige Praxis aus.

Dabei bringt dieses aufwendige Verfahren immer mal wieder verwaltungstechnische Engpässe mit sich. Da kommt z. B. die Bundesopiumstelle mit dem Versand der Formblätter nicht nach, wenn gerade viele Krebspatienten behandelt werden müssen oder sich mehrere Ärzte neu niedergelassen haben (das letztgenannte Problem erledigt sich allerdings zunehmend von selbst). Oder es werden hin und wieder ganze Stapel von Formblättern versandt, obwohl der anfordernde Arzt nur ein einziges Rezept benötigt. »Also die typischen Begleiteffekte von Bürokratie«, kommentiert Kossow, »im Einzelfall sinnvoll, im Durchschnitt Nonsens.«

Der bahnbrechende Vereinfachungsvorschlag der Bonner Arbeitsgruppe lautete: Laßt uns die Verordnungsformblätter in dreifacher Ausführung – die ohnehin kein Praxiscomputer frißt, es sei denn, es ist einer von der ganz teuren Sorte – durch spezielle Aufkleber ersetzen, die, auf normale Rezepte aufgebracht, die nötige Kontrolle ebensogut ermöglichen. Das hat zwei entscheidende Vorteile. Einmal kann sich der Arzt den zusätzlichen Verwaltungsaufwand sparen, der mit diesem Sonderformular verbunden ist. 70 Prozent aller Praxen arbeiten heutzutage mit einer EDV-Anlage, die normale Einfachrezepte drucken kann. Zum anderen entfallen die unverhältnismäßig hohen Kosten für den fälschungssicheren Druck der bisherigen Formblätter. »Das Ministerium hat sich tatsächlich der Aufkleber-Lösung geöffnet«, frohlockt Kossow. »Der zuständige Abteilungsleiter hat zugesagt, das Projekt zu befördern. Nun schauen wir mal.« Ich frage, wie lange das her ist. Darauf Kossow mit unbewegter Miene: »Das liegt jetzt etwa ein Jahr zurück.« Unser Gespräch fand im Dezember 1995 statt. Ich mag es nicht so recht glauben: Ein Jahr für diese – pardon – eher lächerliche Kleinigkeit? Kossow winkt ab. »Was denken Sie denn«, meint er, »allein den Vorschlag vom Grundsatz her durchzukriegen, hat schon Wochen gedauert. Da haben mehrere Abteilungsleiter, sagen wir mal: mitgeholfen. Das war richtig Arbeit.« Ja, wenn das so ist, dann wird die Vereinfachung eine Jahrhundertaufgabe werden.

»Bei der Arzneimittelverordnungsbürokratie gibt es fast nur Ping-Pong-Systeme«, fährt Kossow fort. Er scheint seine Wortschöpfung auch sehr zu mögen. »Verantwortung weiterzuschieben ist hier geradezu in die Grundstruktur eingeschrieben.« Um seine Kritik zu erläutern, zitiert er den Paragraphen 2 des Sozialrechts. Dort steht, daß der Patient in der Bundesrepublik – wenn er versichert ist – einen Anspruch auf eine Versorgung hat nach »dem allgemein anerkannten Stand der medizinischen Erkenntnisse« und unter Berücksichtigung des »medizinischen Fortschritts«. Zu den »besonderen Therapierichtungen« – das sind z. B. homöopathische, anthroposophische und phytotherapeutische Medikamente (letztere werden aus pflanzlichen Stoffen nach einem speziellen Auszugsverfahren hergestellt) – merkt das Gesetz allerdings ausdrücklich an, daß deren »Verordnungsfähigkeit« gegeben sein müsse. Der Deutschen Gesellschaft für Pharmakologie oblag die undankbare Aufgabe, diesen unbestimmten Rechtsbegriff zu interpretieren. Demnach dürfen dem Patienten nach dem »allgemein anerkannten Stand der medizinischen Erkenntnisse« nur solche Mittel auf Rezept verordnet werden, bei denen die Wirksamkeit nachgewiesen wurde. Besagte Homöopathika, Anthroposophika und Phytotherapeutika fallen demnach raus. So schafft das Sozialrecht also ein fast unlösbares Problem. In der Formulierung von Kossow liest sich das so: »Der eine Paragraph sagt: Patient, du kriegst alles; und der andere Paragraph sagt: Arzt, wenn du alles verschreibst, haftest du selbst dafür.«

Die Unentschiedenheit des Gesetzgebers sorgt für ein feines Chaos: Sozialgerichte müssen die unbestimmten Rechtsbegriffe interpretieren; der Bundesausschuß der Ärzte und Krankenkassen muß Richtlinien erarbeiten; die Kassenärztlichen Vereinigungen und die Krankenkassen müssen die Wirschaftlichkeit der Verordnungen kontrollieren, die der Paragraph 12 im Sozialgesetzbuch vorschreibt. Darin heißt es: »Die Leistungen müssen ausreichend, zweckmäßig und wirtschaftlich sein; sie dürfen das Maß des Notwendigen nicht überschreiten. Leistungen, die nicht notwendig oder unwirtschaftlich sind, können Versicherte nicht beanspruchen, dürfen die Leistungsbringer nicht bewirken und die Krankenkassen nicht bewilligen.«

»Bei solchen Gesetzestexten können alle Beteiligten nur alles falsch machen«, kommentiert Kossow. »Bei dem Versuch, den Willen des Gesetzgebers umzusetzen, geht das Ping-Pong-Spiel sofort los. Der Gesetzgeber entscheidet sich nicht, was der Patient kriegt und was er nicht kriegen kann. Und in einer Demokratie gibt es keinen, der mehr sagen darf als der Gesetzgeber.« Da es mittlerweile in unserer Gesellschaft üblich ist, bei jeder Gelegenheit das Verfassungsgericht einzuschalten, frage ich, ob das vielleicht eine Lösung sei. Kossow winkt ab: »Alles schon passiert, es hat aber zu nichts geführt.« Nach Ansicht der Karlsruher Richter sei der Verfassungsgrundsatz der Therapiefreiheit in den Gesetzestexten ausreichend berücksichtigt mit der Aussage, der Arzt dürfe alles verordnen. Dem stehe allerdings der – höherrangige – Verfassungsgrundsatz des Sozialstaatsbestandsschutzes entgegen. Auch hier hätte der Gesetzgeber nichts falsch gemacht; schließlich gebe es die Bestimmung, daß die Ansprüche des Patienten da enden, wo der Sozialstaat finanziell überfordert ist. Nach höchstrichterlicher Einschätzung könne und müsse lediglich im Einzelfall überprüft werden, ob der Sozialstaatsbestandsschutz verletzt wird. »Und das kann bei einer Packung Homöopathika wohl kaum der Fall sein«, resumiert Kossow trocken, »folglich bleibt verfassungsrechtlich alles in der Schwebe. Der Ping-Pong-Ball ist elegant abgewehrt. Da wird nichts entschieden. Denn es könnte nur entschieden werden, wenn die Mehrzahl der Ärzte so gewaltige Mengen an Homöopathika verordnen würde, daß der Sozialstaatsbestandsschutz tatsächlich gefährdet wäre.« Und er schließt noch einen Grad trockener: »Das ist aber nicht zu erwarten, weil die meisten Ärzte sich ihren gesunden Menschenverstand bewahrt haben und Medikamente, die sie selbst auch in der Apotheke bezahlen würden, nicht auf Krankenkassenrezept verordnen. So werden wir vergeblich darauf warten, daß die höchsten Gerichte des Landes diesen Streitfall entscheiden müssen.«

Ähnlich wie beim Thema Subventionsdschungel frage ich auch hier, ob Unvermögen der Grund für diese Probleme ist – oder steckt System dahinter? Kossow denkt ungewöhnlich lange nach und überrascht mich mit seiner Antwort, die auch noch einen schönen Freudschen Versprecher enthält: »Meines Erachtens können Sie in einer repräsentativen Bürokratie – äh, Demokratie – nicht Ernst machen mit dem mündigen Bürger.« Er läßt diesen Satz wirken und fährt dann fort: »In dem Moment, wo Sie den Bürger wirklich ernst nehmen, da würden Sie nur noch 10 Prozent dessen, was derzeit geregelt wird, in Verordnungen und Gesetzen festhalten. Es wäre viel besser, staatliche Aufsicht und Eingriffe auf das absolute Minimum zu begrenzen. Nicht, daß die Dinge dann optimal gelöst würden – sind sie ja jetzt auch nicht –, aber doch billiger und vernünftiger.«

Das soll er mir genauer erklären. Tut er auch gerne: »Ich bin der Auffassung, daß die Dinge desto besser geregelt werden, je bürgernaher, dezentraler man da rangeht. Und dann ist der Fliegenklatscheneffekt wichtig. Sie kennen den Fliegenklatscheneffekt?« »Ich kenne nur das Gießkannenprinzip«, antworte ich und harre der Aufklärung. »Das ist folgendes«, Kossow lehnt sich genußvoll zurück, »wenn so ein Brummer an der Scheibe sitzt und Sie stört, dann haben Sie zwei Möglichkeiten: ihn entweder mit der flachen Hand totzuschlagen oder mit der Fliegenklatsche – das ist ein bißchen ästhetischer.« Bürokratie beruht auf dem Fliegenklatscheneffekt, davon ist Kossow überzeugt. »Mit der

Fliegenklatsche schafft man Distanz – auch zu den Auswirkungen der eigenen Entscheidung. Für die vornehme Art, Macht auszuüben, ist die Fliegenklatsche erforderlich. Man läßt schlagen oder benutzt ein Werkzeug zum Schlagen, anstatt sich selber die Hände schmutzig zu machen.« Dabei sei es doch so wichtig, daß Menschen mit den Auswirkungen ihres Handelns, mit den Ergebnissen ihrer Entscheidungen konfrontiert werden: »Wenn der Landarzt seinen Hintern nicht schnell genug aus dem Bett kriegt, dann kann der Patient sterben. Es gibt eine Beziehung zwischen dem, was man tut oder unterläßt, und dem, was man damit anrichtet. Das ist in jedem Beruf so. Je direkter die Rückkopplung zwischen beidem klappt, desto menschlicher ist die Gesellschaft.« Ich kann ihm nur zustimmen. Wir bleiben noch ein wenig beim Thema Bürokratie. Nach Kossow ist sie letztendlich entstanden, weil Menschen mit den Konflikten, die aus Macht resultieren, persönlich nicht fertig werden – insbesondere, wenn sie sehr große Macht ausüben. Das kann ja sehr bedrückend sein. Wenn durch unternehmerische Fehlleistungen Tausende von Menschen ihren Arbeitsplatz verlieren, durch politische Fehlleistungen im Straßenverkehr Menschen zu Schaden kommen, durch journalistische Fehlleistungen Menschen ihre Existenz einbüßen, durch juristische Fehlleistungen Menschen in den Selbstmord getrieben werden. Es klingt einleuchtend: Weil man die persönliche Verantwortung fürchtet, die direkten Auswirkungen nur sehr schwer erträgt, sichert man sich durch Verantwortungsteilung mit Hilfe von Bürokratie ab. Auf das Sozialrecht bezogen bedeutet das in Kossows Worten: »Die Abgeordneten haben eben nicht den Mumm gehabt, den Menschen zu sagen: ›Ihr kriegt nicht alles, was für die Gesundheitspflege nötig ist, genausowenig, wie ihr jeden Quadratmeter Autobahn bekommt, den ihr haben wollt, um sicherer zu fahren. Es ist nun mal so, daß die Mittel der Gesellschaft begrenzt sind. Und das bedeutet auch, daß Menschen sterben, weil die Ressourcen begrenzt sind. Aber dafür stehen wir als von euch gewählte Abgeordnete!‹« Ärzte müssen sich wahrscheinlich von solchen Überlegungen frei machen, um Tag für Tag gute Arbeit leisten zu können.

Der Arztberuf zählt zu den sogenannten freien Berufen. Ich will wissen, wieviel Freiheit das allgemeine Regelgeflecht übrigläßt, wie frei der Arztberuf denn heute überhaupt noch ist. Kossow poltert los: »Der ist nie frei gewesen.« Er nimmt den Begriff der Freiheit auseinander und wendet sich zunächst der Entscheidungsfreiheit zu. Nur ein Arzt, der in seiner Entscheidung völlig frei ist, kann auch die Verantwortung für sein Tun übernehmen. »Wenn ich z. B. keine Abtreibung machen will, weil das nicht in mein Weltbild paßt«, verdeutlicht er seine Aussage, »dann soll ich wenigstens nein sagen können.« Das Problem der Entscheidungsfreiheit läßt sich allerdings auch wesentlich undramatischer an einem so alltäglichen Defekt wie dem Tennisarm illustrieren.

Kossow legt los: »Das können Sie mit Eiswürfeln behandeln, mit einer Bandage nach Professor Hess, mit einer örtlichen Infiltration, mit Betäubungsmitteln; das können Sie behandeln, indem sie die Nervenenden zurückschneiden, damit es nicht mehr weh tut, oder eine Umlagerungsoperation der Sehnen machen. Sie haben die Möglichkeit, Rheumamittel zu geben, entweder in Tablettenform oder als Spritze, oder sie können örtliche Auflagen mit imprägnierenden schmerzstillenden Cremes und Salben machen. Wenn Sie aber von vielleicht fünfzehn oder zwanzig Methoden, mit denen man ein Patientenproblem behandeln kann, nur fünf oder sieben richtig gelernt haben, dann ist es doch besser, Sie suchen sich von dem etwas aus, das sie beherrschen, und nicht etwas, das andere möglicherweise für besser halten. Das ist eben Berufsfreiheit, daß der Arzt selbst entscheiden kann, welchen Lösungsweg er für den Patienten als sinnvoll und auch für sich selbst als tragbar erachtet.«

Und was ist mit der »Freiheit, Geld zu verdienen«? Dieses Recht sei historisch gesehen dem Arztberuf nie eigen gewesen. Ärzte gehörten in früheren Zeiten meist nicht zu den begüterten Klassen. Das habe sich erst in diesem Jahrhundert geändert, und zwar durch die gesetzliche Krankenversicherung. Erstmals wurde für die medizinische Versorgung breiter Massen eine Finanzierungsgrundlage geschaffen. Allen im Gesundheitssystem Beschäftigten sei es von da an wirtschaftlich stetig besser gegangen. »Die Ärzte waren die ersten, die von diesem Aufschwung profitiert haben«, meint Kossow sarkastisch, »und jetzt sind sie auch wieder die ersten, die absteigen, weil es zu viele von ihnen gibt.«

»Was die meisten ja mit einer gewissen Häme betrachten«, unterbreche ich ihn, »Ärzte haben allgemein kein besonders gutes Image. Es heißt immer: Die wollen alle nur Geld scheffeln, und bei ›Kunstfehlern‹ sind sie nicht zu belangen. Ich kann das zeitlich nicht ganz genau einordnen, aber nach meinem Eindruck gehörten Ärzte bis in die siebziger Jahre hinein zu den besonders gut Verdienenden. Bei bestimmten Prestige-Sportarten war die Ärztedichte schon sehr auffällig.«

Kossow unterbricht mich, denn das mit dem schlechten Image sieht er ganz anders. Sicherlich, es gebe eine Gruppe in der Bevölkerung, die den Ärzten besonders kritisch begegne. Doch das sei nachweislich nicht die Mehrheit; vielmehr träten die Kritiker besonders laut auf und hielten die Meinungsführerschaft. »Das sind Leute mit hoher Formalbildung, Abiturienten«, meint Kossow, »und sofern sie im Beruf aufgestiegen sind, in höheren Einkommensklassen zu finden, so die *Stern*- und *Spiegel*-Leser, wissen Sie?« Die hätten meist keinen Hausarzt und »schaffen durch ihre kritische Grundhaltung oft erst die Anlässe für ihre Ärztekritik«. Kossow beruft sich dabei auf wissenschaftliche Untersuchungen des Meinungsforschungsinstituts Infratest, wonach Ärzte dieser skeptischen Bevölkerungsgruppe mit besonderer Vorsicht begegnen. Daß heißt, der Arzt versucht sich abzusichern, wo er nur kann, und zieht alle Register einer sehr sorgfältigen technischen Diagnostik. Auf diese Weise entsteht – wissenschaftlich ausgedrückt – ein enorm gefährlicher Interaktionsprozeß: »Das Problem von Menschen, die nicht mit einem gewissen Urvertrauen zu einem Arzt kommen, ist gerade mit technischem Zauber nicht zu lösen. Wie man einen Computer bedient, wie man bei einer Datenbank anfragt, wie man zwei und zwei zusammenzählt, haben sie in der Schule genauso gelernt wie der Arzt. Gleichzeitig ist die Begrenzung der ärztlichen Kunst auf die physikalische Ingenieursmedizin besonders für diese Menschen eine Quelle unendlicher Enttäuschung. Dann gehen sie lieber erst gar nicht zum Arzt. Erst wenn es wirklich existentiell wird, wenn sie in Sorge sind, kommen sie in die Praxis – und genau dann finden sie natürlich seltener Hilfe als die anderen. Schuld ist diese Grundskepsis, die wiederum insbesondere jüngere Ärzte nicht anders beantworten können als durch Rituale.«

Die ärztekritische Gruppe beziffert Kossow nach den entsprechenden Umfragen und Untersuchungen mit 25 Prozent der Bevölkerung. Ansonsten sei eher eine Idolisierung, also fast übersteigerte Verehrung, der Ärzteschaft zu verzeichnen. Er kramt eine Untersuchung der Hamburg-Mannheimer Stiftung von September 1994 hervor, der zufolge fast 90 Prozent der Befragten ihren Hausärzten vertrauen und gute bis sehr gute Noten geben, was z. B. den Punkt: »Hat der Arzt Ihnen alles gut erklärt?« angeht. Besonders zufriedene Patienten finden sich in der Altersgruppe über 55 Jahre. Sie haben in der Regel schon ein paar Ärzte ausprobiert und schließlich einen gefunden, dem sie vertrauen und mit dem sie auch Arztbesuche bei Fachkollegen absprechen. »Was den Arzt wirklich herausfordert«, gibt Kossow zu bedenken, »sind doch die von der physikalisch orientierten Medizin nicht lösbaren Probleme, Krankheiten, bei denen man den Patienten gleichwohl begleiten muß, unter Umständen bis zum Tod. Egal, welche Diagnose gestellt und welche Therapie gewählt wurde – entscheidend ist letzten Endes die subjektive, die menschliche Seite des ärztlichen Handelns. Hier liegt der Kern unseres schwierigen Berufes, der in dem ganzen Verwaltungskram des Gesundheitswesens überhaupt nicht vorkommt.«

Mich beschäftigt der Gedanke, ob Klaus-Dieter Kossow etwa den Bundestag – sieht man sich nur die Entscheidungen der letzten Jahre an – als Tummelplatz der ärztekritischen Gruppe betrachtet. Ich habe kaum ausgesprochen, da nickt er heftig und führt eine verblüffende Erklärung an: Die Abgeordneten sind in der Regel Privatpatien und waren meist auch irgendwann einmal im Raum Bonn in ärztlicher Behandlung. Diese Region weist eine besonders hohe Arztdichte auf; der Wettbewerbsdruck unter Ärzten ist enorm. Das fördert nicht immer die Begrenzung auf das notwendige Maß an Diagnostik, beflügelt auch nicht die optimale Zusammenarbeit unter Ärzten, die bei komplexeren Krankheiten notwendig ist, und ist erst recht nicht dem »maßvollen Umgang mit der Rechnungslegung« dienlich, wie Kossow sich ausdrückt. Er plaudert aus dem Nähkästchen: »In der ländlichen Bezirksstelle einer Ärztekammer wird korrektes Verhalten bei der Liquidation mit eiserner Hand erzwungen. Da haben sie wenige Ärzte, die das mal versuchen, und wenn sich ein Patient beschwert, dann kriegen die entsprechenden Kollegen ihre Rechnung brutal zusammengestrichen. Ich bin selbst Vorsitzender einer Ärztekammer in einem ländlichen Bezirk, in Verden. Das ist bei uns Routine. Mit dem Ergebnis – ich bin seit zwölf Jahren im Amt –, daß sich in den letzten sieben Jahren, wenn ich mich recht erinnere, kein Patient mehr über eine zu hohe Rechnung beschwert hat. In größeren Verwaltungseinheiten, zu denen mehrere hundert Ärzte gehören, können Sie nicht mehr mit jedem einzelnen sprechen und ihm so einen Unfug ausreden. Dann kommt es eben zu solchen Fehlentwicklungen.« Nach einer kurzen Pause rückt er seine letzte Bemerkung etwas zurecht: »Na ja, formal gesehen handelt es sich gar nicht um Fehlentwicklungen, denn schließlich entscheidet der Arzt, wie umfassend er untersucht und welchen Aufwand er treibt. Aber natürlich sind solche unverschämt hohen Rechnungen nicht zweckmäßig. Was kann der Patient dafür, daß ein Arzt einen Untersuchungsaufwand treibt, der in keinem Verhältnis mehr zum Heilungsprozeß steht? In dieser Rundumdiagnostik, ohne Bezug zur Therapie, liegt eine der häufigsten Ursachen für unmäßige Rechnungen.«

Wirklich fatal, wenn Kossow recht hätte und Bonner Abgeordnete besonders häufig mit Fehlentwicklungen im Privatpatientenbereich konfrontiert würden. Noch fataler, wenn hier die zunehmende politische Reglementierung eines ganzen Berufstandes teilweise ihren Ursprung hätte. Die systematischen Betrügereien einiger Ärzte allerdings, die Ende der achtziger Jahre bekannt wurden, haben das Klima auch nicht unerheblich verschlechtert. Die Schuldigen sind zwar bestraft worden und haben zum großen Teil ihren Beruf aufgeben müssen, doch unter dem Vertrauensverlust hatte die gesamte Ärzteschaft zu leiden. Gewisse Überreaktionen bei der staatlichen Kontrolle sind hieraus zu erklären, davon ist Kossow überzeugt. Die lückenlose Erfassung von Patientendiagnosen etwa, die zum Zeitpunkt unseres Gesprächs noch zum 1. Januar 1996 eingeführt werden sollte, sei direkt auf diese Betrügereien zurückzuführen.

Das entsprechende Verfahren nennt sich ICD-10-Code. ICD steht für International Classification of Deseases, also internationale Klassifizierung von Krankheiten. Schon seit 1992 war geplant, die Diagnose auf dem Krankenschein durch EDV-lesbare Codes zu ersetzen. Im Prinzip keine so schlechte Idee. Der Start wurde mehrfach verschoben, unter anderem mit Rücksicht auf eine europäische Vereinheitlichung. Aus dem ursprünglich auf deutsche Gepflogenheiten abgestimmten ICD-9-Code wurde dann der ICD-10-Code, der im Grunde nichts anderes ist als eine auf deutsch übersetzte amerikanische Version. Das führte zu Skurrilitäten in der Krankheitsliste wie »Aligatorbiß«, was im deutschen Alltag relativ selten vorkommen dürfte. Über Monate hinweg mußten die Ärzte von folgender Regelung ausgehen: Ab 1. Januar 1996 sind sie verpflichtet, bei jeder Behandlung computerlesbare Abrechnungen zu erstellen und dabei sehr umfangreiche Informationen weiterzugeben, von der psychischen Verfassung bis zur sozialen und wirtschaftlichen Lage des Patienten. Datenschützer äußerten sich besorgt, Ärzte wehrten sich. Beide

Gruppen befürchteten eine Aushöhlung der ärztlichen Schweigepflicht. Klagen wurden eingereicht. Nachdem man zunächst denjenigen Ärzten Honorarabstriche angedroht hat, die nicht nach dieser Methode verfahren wollten, lautete die Parole aus dem Bundesgesundheitsministerium im Dezember(!) 1995: Schonfrist bis Mitte 1996; wer nicht so abrechnen will, muß vorläufig nicht mit Nachteilen oder finanziellen Einbußen rechnen. Das 1300 Seiten starke Regelwerk soll, so war zu erfahren, noch einmal unter anderem nach Datenschutzgesichtspunkten überprüft und möglicherweise gekürzt werden. Zahlreiche Ärzte hatten natürlich bereits ihre Computersysteme in den Praxen umgerüstet. Wer sich »formvollendet« verhielt, erfuhr dann kurz vor Weihnachten, daß er die Umrüstung viel zu früh vorgenommen und teure, bald schon überholte Software angeschafft hatte. Ärzte, die dennoch mal mit dem neuen System loslegen wollten, machten die sonderbare Erfahrung, daß die Krankenkassen mit der Identifizierung der Codes, z. B. auf den Arbeitsunfähigkeitsbescheinigungen, nicht klarkamen und die Praxistelefone mit ständigen Rückfragen blockierten.

Und dann kam im Februar 1996 die vorläufige Entwarnung: Die verbindliche Einführung des ICD-10-Code wird abermals um zwei Jahre verschoben. Wer will, kann – wenn die Krankenkassen auf Zack sind –, muß aber nicht.

Zum »freien Arztberuf« gehören auch pragmatische Dinge. Wir sprechen über die Zulassungsfreiheit. »Damit sieht es ganz finster aus«, meint Kossow, »die wirtschaftliche Freiberuflichkeit ist faktisch für Ärzte zerstört. Das ist bei uns strikt planwirtschaftlich organisiert.« Die Bundesrepublik ist in Planungsbezirke von der Größe einer Kommune oder eines Landkreises eingeteilt. Wenn die Zahl der Arztpraxen in den einzelnen Bezirken den verordneten Bundesdurchschnitt um mehr als 10 Prozent übersteigt, darf dort kein neuer Arzt mehr zugelassen werden. »Dieses Verfahren praktiziert man nicht etwa, um Ärzte wirtschaftlich abzusichern«, flicht Kossow vorsorglich ein, »sondern weil man die finanziellen Auswirkungen eines Überangebots an ärztlicher Leistung fürchtet.«

Kossow lacht: »Die Politiker glauben sich aus der Affäre ziehen zu können, indem sie ab 1. Januar 1996 die Krankenkassen in den Wettbewerb schicken. Da kommt etwas ganz Schlimmes auf uns zu, fürchte ich.« Kossow ist nicht der einzige, der so denkt. Es liegt auf der Hand, daß sich die Krankenkassen in einem harten Wettbewerb um gesunde, zahlungskräftige Mitglieder balgen werden. Eine in diesem Sinne »gesunde« Mitgliederstruktur mildert die finanziellen Sorgen. Das liegt auch im Interesse der Geschäftsführer, die ja wiedergewählt werden wollen. Kossow geht noch einen Schritt weiter: »Und die kranken Leute im Risikobereich werden rausgemobbt durch geduldiges Unterlassen von Versorgung.« In seiner eigenen Praxis ist es mehrfach vorgekommen, daß ein und dieselbe Krankenkasse Schwerkranken eine Kur verweigerte, Patienten mit leichten Beschwerden hingegen ohne weiteres eine Kur genehmigte. Die letzteren waren eben gute Beitragszahler und berufstätig.

Ein Vorfall in Brandenburg, von dem Kossow mir erzählt, bestätigt die schlimmen Befürchtungen, wozu der Wettbewerb zwischen den Kassen führen kann. Die Ortskrankenkasse in Templin verlangt höhere Beiträge als eine Ersatzkrankenkasse am selben Ort. Das kommt nicht nur in Templin vor und ist zunächst einmal kein Grund zur Aufregung. Der Geschäftsstellenleiter der dortigen AOK führt diesen Beitragsunterschied – wohl zu Recht – darauf zurück, daß seine Kasse eine größere Zahl von Rentnern zu betreuen habe als die »Konkurrenz«, was sich natürlich auf die Kosten auswirke. Nun versendet er an genau diese Gruppe, etwa 130 Personen, ein Rundschreiben, in dem er auf die Möglichkeit eines Kassenwechsels hinweist. Darin heißt es unter anderem: »Somit müssen wir leider feststellen, daß eine Mitgliedschaft bei einer der oben genannten Ersatzkassen für Sie finanziell gesehen günstiger wäre.« Und weiter: »Sollten Sie [. . .] den Weg in eine billigere Krankenkasse wählen, wäre es für uns sehr hilfreich, wenn Sie uns das beigefügte Antwortschreiben [= Austrittsformular] ausgefüllt und unterschrieben per Freiumschlag zurücksenden.« Gegen diese Aktion wäre überhaupt nichts einzuwenden, wenn alle Mitglieder in gleicher »fürsorglicher« Weise angeschrieben worden wären. Doch man hatte es nur auf die kostenintensiven alten Menschen abgesehen. Die AOK-Hauptverwaltung in Teltow hat die – wie sie es nennt – Einzelaktion eines örtlichen Geschäftsstellenleiters verurteilt. Kossow versucht, sich in die Situation eines dieser Rentner zu versetzen: »Wie mag sich wohl so ein alter Mensch fühlen? Bis 1990 ist er in einer DDR-Poliklinik betreut, dann von Amts wegen in die Ortskrankenkasse übergeleitet worden, fühlte sich dort mehr als fünf Jahre gut versorgt und nun, da er die Absicherung im Krankheitsfalle am dringendsten braucht, weil er schwerkrank ist, schreibt ihm seine Krankenkasse, daß sie ihn wieder loswerden will. Die jungen Leute im Haushalt des kranken Rentners bekommen einen solchen Brief nicht, obwohl sie in derselben Krankenkasse versichert sind. Nein, diesen jungen, gesunden Mitgliedern – versicherungstechnisch ›gute Risiken‹, wie es so schön heißt – bietet man Yogakurse, Freikarten fürs Schwimmbad, Gutscheine für Ökobrot, Tanzkurse und dergleichen mehr an erfreulichen Maßnahmen zur Gesundheitspflege an, damit jeder weiß, daß die ›Gesundheitskasse AOK‹ für ihn das beste ist.«

Auch bei der Medikamentenversorgung alter Menschen soll offenbar künftig gespart werden. Zumindest muß man diesen Eindruck haben, wenn man sich die Arzneiverordnungsreporte anschaut, die alljährlich vom Wissenschaftlichen Institut der Ortskrankenkassen herausgegeben werden. Auftraggeber sind die Krankenkassenverbände. Im aktuellen Report werden sogenannte umstrittene Arzneimittel aufgelistet, deren Verschreibung jährliche Kosten von sechs Milliarden DM verursacht. Es handelt sich um solche Mittel, die vorzugsweise in der ambulanten Versorgung eingesetzt werden, etwa gegen Schwindelzustände, Gedächtnisstörungen, Schmerzen in den Beinen bei Venenbeschwerden etc. Diese Befindlichkeitsstörungen treten im wesentlichen bei älteren Patienten auf, die in der Klinik gar nicht oder nur kurzzeitig behandelt werden. Daraus leiten viele Krankenhausärzte ab, daß solche Arzneimittel überflüssig seien. Die Krankenkassen machen sich diese Auffassung gerne zu eigen, um den Leistungsanspruch der alten Menschen im ambulanten Bereich zu begrenzen. Auf einem Seminar der Deutschen Gesellschaft für Versicherte und Patienten e.V. (DGVP) in Bonn, so Kossow, habe ein Geschäftsführer des Bundesverbandes der Ersatzkrankenkassen die Leistungskürzungen bei Befindlichkeitsstörungen vehement verteidigt, obwohl die Fachdiskussion klar ergeben habe, daß rund zwei Drittel dieser Arzneimittel bei alten Menschen zur Verbesserung ihrer subjektiv empfundenen Lebensqualität beitrügen.

Mit Hilfe von sogenannten Teilbudgetierungen, die das Grundprinzip immer weiter »verfeinern«, werden die Ärzte drangsaliert. Die Berliner Mediziner bekommen z. B. bestimmte Beträge für Honorar und Arzneimittel zugeteilt, die aber bei dem örtlichen Nachfrageboom nie ausreichen. »Folglich verfallen die Punktwerte, und die Pleitenquoten regeln den Rest.« Auf meinen etwas ungläubigen Blick schiebt Kossow nach: »Nein, das wird nicht vor dem Amtsgericht verhandelt, mit Offenbarungseid und so. Solche Pleiten sind selten. Aber die wirtschaftlich Schwachen steigen aus. Die sagen sich, bevor wir nur noch Verlust machen, hören wir lieber auf. Und es werden immer mehr. In einem Bezirk von ca. 1400, davon 700 niedergelassenen Ärzten stehen drei unter einer sogenannten Bankkuratel, das heißt, sie müssen ihre finanziellen Verhältnisse ständig gegenüber der Bank offenlegen und dürfen Kontenbewegungen ohne Zustimmung der Bank nicht vornehmen. Rund 60 Mediziner haben von 1993 bis zum 1. Quartal 1996 entweder vorzeitig ihre Praxis aufgegeben, weil sie in bezug auf den wirtschaftlichen Ertrag unzufrieden waren, oder sie haben von ihrer Zulassung erst gar keinen Gebrauch gemacht, weil sie keinen wirtschaftlichen Erfolg für ihre Praxis erwarteten.«

Ich überlege, wie ich meine nächste Frage möglichst dezent formuliere: Was machen diese Ärzte, wenn sie ihre Praxis verloren haben? Denn was anderes als Arzt haben sie ja nicht gelernt. Kossow fühlt sich nicht auf den Schlips getreten und erzählt zunächst von den Glückspilzen. Das sind diejenigen, die private Pflegestationen oder Reisebüros für Behinderte und Dialyseabhängige eröffnen, an Ferienhotels angeschlossene Schönheitsfarmen gründen oder Fitneßkurse anbieten. In der Regel verdienen sie besser als vorher, jedenfalls rackern sie sich nicht mehr so ab. Ganz frei von Neid auf diese Aussteiger sind die wenigsten Kollegen. Als Kossow von einer fernsehbekannten Ärztin und ihrer Privatklinik in einem ebenso bekannten bayerischen Ferienort erzählt, meine ich so einen feinen Unterton herauszuhören, wenn er sagt: »Die braucht *einen* Patienten für den gleichen Gewinn, für den ein Kassenarzt vierzig benötigt. Das ist alles viel profitabler als eine Kassenpraxis.« Kossow hat sicher recht, wenn er behauptet, daß man wesentlich mehr wirtschaftliches Geschick als in jedem anderen Job braucht, um eine Arztpraxis erfolgreich zu betreiben. Wohlgemerkt, wir reden von freien Berufen, die in der Regel nicht mit solch einschneidenden Auflagen belastet werden wie der Ärztestand. Ich bin sicher, Kossow hat seine eigenen Erfahrungen vor Augen, wenn er genervt aufzählt: »Sie müssen Notdienst machen und das Telefon rund um die Uhr besetzen. Das ist mit erheblichen Kosten verbunden, wenn sie nicht dauernd ihre Familie damit belasten wollen. Ob der Umsatz dann auch stimmt, ist keineswegs sicher. Wer heutzutage eine Praxis so organisieren will, daß sie schön knackig wettbewerbsfähig ist, der muß von morgens sieben bis abends neun geöffnet haben – und das, wenn's geht, an sechs Tagen die Woche.« Er atmet tief durch. »Und dann müssen Sie als Arzt natürlich sehen, daß Sie die Nachfrage, die Sie so erzeugen, auch persönlich bewältigen können. Dann hören Sie nach einer Weile Telefone klingeln, wo keine sind.« Pause. »Auf diese Weise bin ich mal für eine Zeit in der Politik gelandet.« Er lacht: »Junge, sei schlau, bleib im Überbau.« Schon nicht mehr so fröhlich fügt er hinzu: »Es gibt wirklich keinen brutaleren Job als den des Landarztes, glauben Sie's mir. Und auch keinen, der einem so viel abfordert bei der Organisation eines befriedigenden Ertrages.«

Nach den »Glückspilzen«, den Gewinnern, die sich durch ihre Praxisauflösung wirtschaftlich verbessern konnten, sprechen wir von den »Pechvögeln«, den Verlierern. Kossow selbst sieht das nicht so dramatisch, aber ich weiß aus der Bundesärztekammer, daß »eine nicht unerhebliche Anzahl«, so ein leitender Mitarbeiter, Taxi fährt – als Fahrer, nicht als Kunde, versteht sich. Es gibt auch Überlegungen, ein Referat für arbeitslose Ärzte einzurichten. Dort soll gezielt nach neuen Tätigkeitsfeldern gesucht werden. Dem steht allerdings entgegen, daß Ärzte in der Regel ihre wirtschaftlichen Probleme für sich behalten und damit schon gar nicht zur Ärztekammer laufen. Möglicherweise wäre es sinnvoller, bereits im Vorfeld tätig zu werden. Wer berät angehende Medizinstudenten dahingehend, was sie in ihrem Beruf tatsächlich erwartet? Solange sich die Mär vom supergut verdienenden Mediziner hält, wird der Zustrom zu diesem Beruf künstlich erhöht. Kossow räumt ein, daß es die jungen Kollegen, die sich in den letzten fünf Jahren niedergelassen haben, besonders schwer trifft. Nach der Durststrecke, die einer Praxisgründung zwangsläufig folgt, sind sie durch die diversen Kostendämpfungsgesetze von einem Tal ins andere gefallen und hatten nie die Gelegenheit, sich in ihrem Beruf richtig zu etablieren. Wer heutzutage aufgeben muß, dem sind in der Regel auch die Möglichkeiten verschlossen, die Kollegen älterer Jahrgänge gut nutzen konnten. Der typische Weg noch bis vor zehn Jahren führte in die Pharmaindustrie. Heute versuchen jüngere Ärzte bei Behörden unterzukommen. Immer noch besser als eine ständig hart am Konkurs vorbeischlitternde

Praxis, so Kossow: »Die kriegen BAT I*, also ihre 6000 DM im Monat. Das ist mehr, als ihre Praxis früher an Gewinn abwarf, und das bei sechs Wochen bezahltem Urlaub und bei vergleichsweise komfortablen Arbeitsbedingungen.« Er grinst, als er darauf hinweist, daß sehr viele beratende Ärzte und Prüfärzte bei kassenärztlichen Vereinigungen wirtschaftlich gescheiterte Kassenärzte sind. So hätten sie jetzt wenigstens eine Machtposition, »die können nämlich ihre Kollegen kontrollieren und auf diese Weise ihr ramponiertes Ego pflegen«.

Der medizinische Dienst der Krankenkassen ist jedenfalls ein großes Auffangbecken. Allein in Niedersachsen umfaßt er 150 Arztstellen. Laut Kossow kann man diese Zahl getrost mit zwanzig multiplizieren, um auf die Summe aller Stellen in Deutschland zu kommen.** »Das sind nicht nur große, sondern gigantische Bürokratien.« Dort werden im wesentlichen Gutachten erstellt. Für Menschen, die in Rente gehen wollen oder sollen, für Menschen, die bestimmte medizinische Hilfsmittel oder Prothesen oder kostspielige Leistungen bekommen sollen oder eben auch nicht. Zur Zeit liegt der Arbeitsschwerpunkt im Bereich der Pflegeversicherung. Kossow macht folgende Rechnung auf: »Wir haben rund 40 000 Hausärzte im engeren Sinne, neue Länder eingeschlossen. Im medizinischen Dienst sind rund 3000 Ärzte tätig, zuzüglich der beratenden Ärzte in den kassenärztlichen Vereinigungen; das sind vielleicht noch mal 100. Dann gibt es Ärzte bei den Berufsgenossenschaften und in Behörden sowie Landesministerien; das sind noch mal 400, also insgesamt etwa 3500. Da ist folglich seit noch nicht allzulanger Zeit ein Apparat entstanden, der fast 10 Prozent der niedergelassenen Hausärzte ausmacht.«

---

* Nach Auskunft des Bundesgesundheitsministeriums werden Ärzte bei Behörden als Facharzt nach BAT Ia oder Ib bezahlt. Wenn sie verbeamtet sind, gelten etwas höhere Gehaltsklassen.
** Nach Angaben des medizinischen Dienstes der Spitzenverbände handelt es sich um »über 2000« Beschäftigte. Exakte Zahlen sind nicht zu erhalten.

Alle reden von Kostenexplosion, und wir leisten uns hier den Aufbau einer zusätzlichen kostenintensiven Bürokratie? Kossow zufolge war der alte vertrauensärztliche Dienst in der Verwaltungshoheit der Rentenversicherungen viel billiger. Ist das der tiefere Sinn der neueren Entwicklung: die Expertenkontrolle der Experten als Ausdruck des steigenden Mißtrauens gegenüber einem als Elite empfundenen Stand? Kossow hat seine eigene Vorstellung: »Experten werden gebraucht, um bestimmte, von der Allgemeinheit nicht zu verstehende Leistungen zu erbringen. Zugleich werden sie als Bedrohung empfunden, eben weil ihre Leistungen intransparent sind. Experten üben Macht aus, die von der Gesellschaft nicht so ohne weiteres zu kontrollieren ist. So ist man darauf gekommen, diese Experten mit einem eigenen Expertendienst zu kontrollieren, und das ist nun der medizinische Dienst.« Allerdings funktioniert es seiner Meinung nach in diesem Bereich nicht so richtig, weil der medizinische Dienst mit den Herrschaftsansprüchen der Krankenkassenbürokratie in Konflikt geraten ist und seinerseits mit Gegendruck geantwortet hat. Kossow leistet sich eine Polemik, die er auch so ankündigt: »Der medizinische Dienst hat im Moment einen gewissen Drohnenstatus in der Welt der Krankenkassen, d. h. er lebt nicht schlecht und ist zu nichts verpflichtet.« Jedenfalls stehen die Pflichten und die Rechte in keinem Verhältnis, mildert er dann etwas ab.

Kossow überrascht mich immer wieder mit provokanten Äußerungen und mit gezielten Gedankensprüngen. Plötzlich verkündet er, die Ärzte seien selbst daran schuld, daß wir Planwirtschaft pur im Gesundheitswesen hätten, und erläutert seine These mit einem kleinen historischen Exkurs, den ich Ihnen nicht vorenthalten möchte, weil man dann vieles besser versteht.

Die ganze Geschichte fing am 1. Januar 1884 an, als das erste Krankenversicherungsgesetz in Kraft trat. Das war ursprünglich gedacht, um die Lohnfortzahlung im Krankheitsfalle zu regeln. Bislang waren die Arbeiter, wenn sie krank wurden, nur darauf angewiesen, was Gewerkschaften und Arbeitervereine aufbrachten, und das reichte hinten und vorne nicht. Bald gingen die neugegründeten Krankenkassen dazu über, sich um die gesundheitliche Wiederherstellung ihrer Mitglieder zu kümmern, um beim Krankengeld zu sparen. Dazu schlossen sie Verträge mit den niedergelassenen Ärzten, die damals meist Privatpatienten oder ganze Güter samt Hofsassen versorgten. Kossow macht es mal wieder plastisch: »Die bekamen am Neujahrsmorgen das Geld fürs nächste Jahr. 300 Leute auf dem Gut macht soundsoviel – hier, Herr Doktor«, er deutet durch eine Geste die Geldübergabe an, »und auf diese Weise kamen die ganz gut über die Runden.« Durch die gesetzliche Krankenversicherung erhielten die Ärzte praktisch einen Zusatzjob. Teilweise waren sie bereits für die Ersatzkassen tätig, die entwicklungsgeschichtlich früher da waren. Als die Krankenversicherungspflicht eingeführt wurde, konnten diejenigen, die schon in einer Ersatzkasse Mitglied waren, dort auch Mitglied bleiben.

Der erste Knick kam Anfang der neunziger Jahre des letzten Jahrhunderts. Man tat viel für die Wissenschaft, die Kaiser-Wilhelm-Gesellschaft wurde damals gegründet, immer mehr entschieden sich für den Beruf des Arztes. Das Ergebnis war die erste Ärzteschwemme. Wer finanziell überleben wollte, wurde vertragspflichtig bei den Krankenkassen. Die nutzten diese Situation aus und schlossen Knebelverträge, nach der Devise: Entweder du arbeitest für die Beträge, die wir dir anbieten, oder du bekommst keinen Vertrag. Die Ärzte fingen an, sich zu wehren. Sie gründeten den Leipziger-Verein, den späteren Hartmann-Bund (der allerdings mit dem heutigen Hartmann-Bund nichts zu tun hat). Dieser 1900 ins Leben gerufene Hartmann-Bund war ein Kampfverband. Dem Krankenkassenkartell stand nun ein Ärztekartell gegenüber, das Mindesthonorare forderte. Die Folge waren sogenannte vertragslose Zustände. Das heißt, die Krankenkassen liefen vielerorts mit ihrem Leistungsangebot ins Leere, weil nicht genügend Ärzte zum Vertragsabschluß mit den Kassen bereit

waren. Die Patienten wiederum packten den Kassen die Privatrechnungen auf den Tisch. Die Ärzte konnten sich immer darauf
verlassen, daß sie ihr Geld bekamen, denn – einen Doktor nicht
zu bezahlen, der einem geholfen hatte, das gehörte sich damals
nicht.

Um diese vertragslosen und vielfach chaotischen Zustände zu
beenden, wurde Anfang dieses Jahrhunderts die Erste Reichsver-
sicherungsordnung beschlossen, die am 1. Januar 1913 in Kraft
trat. Die Krankenkassen waren nun verpflichtet, in Zusammenarbeit mit der Ärzteschaft Rahmenverträge aufzusetzen. »Der
Reichsgesetzgeber hat also den Krankenkassen gesagt«, so Kossow, »paßt mal auf, ihr könnt mit den Ärzten nicht machen, was
ihr wollt, ihr müßt euch mit denen abstimmen.« Bis 1920 hat das
auch ganz gut funktioniert, doch dann begannen die Krankenkassen mit der Einrichtung eigener Ambulatorien – das Berliner
existiert bis heute. Die Ärzte protestierten erneut. Das Reichsmi-
nisterium versuchte zwischen beiden Parteien zu vermitteln und
verbindliche Regeln für die Zusammenarbeit festzulegen; dazu
gehörte auch ein erster Versuch, die Leistungsansprüche der Patienten zu definieren. Doch der Streit war nicht beizulegen. Erst
eine der Brüningschen Notverordnungen brachte wieder Bewegung in die Angelegenheit. Statt lediglich mit Ärztegruppen oder
Vereinen zu verhandeln, sollten die Krankenkassen gleichberech-
tigte Partner bekommen. Die Idee der Kassenärztlichen Vereinigung war geboren. Der alte Hartmann-Bund wurde umgewandelt
in eine Körperschaft öffentlichen Rechts. Das geschah zum Jahreswechsel 1932. Der neuen Organisation war aber kein langes
Leben beschert. In der Hitlerzeit wurde sie als Selbstverwaltungs-
organ aufgelöst und der Reichsärztekammer angegliedert.

Erst 1945 holten die Alliierten den Gedanken der Kassenärztlichen Vereinigung wieder aus der Versenkung. Dann kam Mitte
der fünfziger Jahre, unter Arbeitsminister Theodor Blank, ein
ganz entscheidender Schritt – auch in Richtung Bürokratie: Die
Kassenärztlichen Vereinigungen erhielten den sogenannten Si-

cherstellungsauftrag. Das heißt, sie hatten dafür zu sorgen, daß an jedem Ort zu jeder Zeit ein Arzt bestimmter Fachgebiete gegen ein Pauschalhonorar »vorzuhalten« sei. Einzelleistungsvergütung war damals noch nicht vorgesehen. Bis Mitte der sechziger Jahre lief das so. Es gab nun ständig Streit unter folgenden Überschriften: Opas Praxis ist tot; zu wenig Technik in der Hausarztpraxis, zu wenig gut erreichbare Fachärzte usw. »Was man sich leicht vorstellen kann«, kommentiert Kossow, »wenn die Krankenkasse für einen Pauschalbetrag das ganze Versorgungsrisiko los ist, dann wird kräftig gemeckert am Umfang der Versorgung.« Irgendwann waren die Ärzte das leid und forderten Einzelleistungsvergütung, wenn sie denn ständig mehr bieten sollten. Und bekamen sie auch. Parallel dazu passierte etwas anderes, gleichfalls enorm Wichtiges. Das Bundessozialgericht schaffte das bis dahin geltende Sprengelarztsystem ab. Bis 1960 hatten wir nämlich schon einmal eine ärztliche Bedarfsplanung, die für einzelne Gebiete festlegte, wie viele Ärzte sich dort niederlassen durften. Ebendies war auf eine entsprechende Klage hin aus verfassungsrechtlichen Gründen aufgehoben worden. Da muß man sich natürlich schon fragen, warum Bedarfsplanung nach derselben Verfassung heute auf einmal möglich ist. Kossow süffisant: »Das hängt wahrscheinlich damit zusammen, daß der Sozialstaat in seinem Bestand durch die Ärzte bedroht ist – eine andere Erklärung gibt es nämlich nicht, denn sonst wär's verfassungswidrig.«

Es war eine qualitativ neue Lage entstanden: Die Gesellschaft hatte sich gemeinsam mit den Ärzten auf den absolut freien Zugang zu diesem Beruf (keine Bedarfsplanung mehr) und auf die Einzelleistungsvergütung eingelassen. »Und damit zischte die Rakete ab!« so Kossow. »Zwischen 1960 und 1977 gab es praktisch kein Jahr mit einer Steigerungsrate unterhalb von sechs Prozent, was den Gesamtaufwand im Gesundheitswesen betrifft. Weil einfach der Proppen von der Flasche geflogen war. Ärzte konnten beliebig produziert werden, die Universitäten hatte man gerade aufgerüstet, ein spanndender Beruf war's auch, in der Medizintechnik und im Arzneimittelsektor gab es unbegrenztes Wachstum. Die Leute wurden immer älter, die Nachfrage nahm zu. Die ersten Koteletts hatte man auch leid, jetzt kam Lebensqualität, und der Umstieg in die Dienstleistungsgesellschaft war dran. Auf diese Weise ist es zu einem exponentiellen Wachstumsschub in vielen Dienstleistungssektoren gekommen, und das Gesundheitssystem ist nur einer davon. Aber das ist öffentlich rechtlich geregelt und damit ein Thema für die Lohnnebenkosten und für die Wettbewerbsfähigkeit. Der Rest ist bekannt.«

Im Kossowschen Schnelldurchgang hier die drei »Quantensprünge« – so nennt er das – Richtung Kostenexplosion und Bürokratie:

»Erstens: Die Ärzte wurden durch die Brüningsche Notverordnung aus ihrer formalen Vertragsfreiheit in die öffentlich-rechtliche Kontrolle übernommen.

Zweitens: Durch die Blanksche Reform wurde den Kassenärztlichen Vereinigungen der Sicherstellungsauftrag gegeben. Damit ging das Versprechen an den Bürger einher, ihr braucht nicht mehr selbst durch eure Nachfrage darum zu kümmern, daß es Ärzte gibt, dafür sorgt die schützende Hand des Gesetzgebers.

Und drittens: Der gesellschaftlich in vieler Hinsicht nicht verkraftbare Wachstumsschub im Gesundheitswesen sollte durch den Aufbau einer sich ständig vergrößernden Bürokratie abgebremst werden – was bis heute nicht gelungen ist.«

Bedauerlicherweise habe der Gesetzgeber diesem Prozeß nicht politisch klug gegengesteuert, so Kossow, sondern ihn im Gegenteil auf fahrlässige Weise noch verstärkt. Der eigentliche Sündenfall ist seiner Meinung nach aber noch recht jungen Datums. Bis zum 31. Dezember 1976 galt, daß die Rentenversicherung 17 Prozent ihrer Leistungsausgaben an die Krankenversicherung der Rentner bezahlte. Das war im Rentenrecht so festgelegt. Auch war die Krankenversicherung der Rentner rechtlich und organisatorisch völlig getrennt vom übrigen Versicherungswesen. Der

Beitragssatz für Rentner betrug aufgrund des höheren Risikos 17 Prozent, sonst lag er zwischen 9 und 10 Prozent. Der politische Streit um die sogenannte Rentenlüge – die einen behaupteten, die Renten seien sicher, die anderen behaupteten das Gegenteil – führte zu einer folgenreichen Änderung. Der Bundestag räumte auf Vorschlag des damaligen Arbeitsministers Herbert Ehrenberg (das war noch zu Zeiten der sozialliberalen Koalition) der Rentenversicherung gewissermaßen einen Rabatt ein. Ab 1. Januar 1977 mußte sie nicht mehr 17, sondern nur noch 11,8 Prozent der Leistungsausgaben an die Krankenversicherung der Rentner zahlen. Dort entstand folglich eine Finanzierungslücke – die Versicherung machte Verluste. Der Gesetzgeber griff abermals ein. Seitdem müssen die anderen Krankenkassen, die bis dahin wirtschaftlich gesund waren, für einen finanziellen Ausgleich sorgen.

Diese Aktion, unter dem Begriff »Verschiebebahnhof« in die jüngste Geschichte eingegangen, wird in der Diskussion um die dramatische Kostenentwicklung im Gesundheitswesen meist ausgeblendet. Ehrlich gesagt, so klar war mir das bis dahin auch nicht gewesen, aber jetzt kann ich Kossows Empörung nachvollziehen: »Heute hat man vergessen, daß hier der eigentliche Grund für alle Kostenprobleme im Gesundheitswesen liegt. Die bis 1977 finanziell kerngesunde Mitgliederkrankenversicherung wurde waidwund geschlagen, nachdem man die bis dahin finanziell kerngesunde Rentnerkrankenversicherung waidwund geschlagen hatte, um weiter hohe Renten zahlen zu können. Die ganze Kostendämpfungsbürokratie ist eine Folge dieser politisch erzwungenen Schwächung der gesetzlichen Krankenversicherungen. Ärztefunktionäre, die diese historischen Prozesse kennen, macht die Mogelpackung bis heute wahnsinnig, und manche Zahnärzte, die bis dahin friedliche Dentisten waren, hat es bis an den Rand des Faschismus radikalisiert.«

Wie kommen wir aus dem Schlamassel nun wieder raus? Liegt der Schlüssel in weniger Reglementierung und mehr Freiheit? In völlig anderen Versicherungskonzepten? Kossow tut sich mit der Antwort schwer. »Es wäre leichter, wenn anderswo Konzepte, die auf Freiheit und Bürgerverantwortung aufbauen, Erfolg gehabt hätten.« Leider habe sich das Gesundheitswesen überall dort, wo solche Konzepte umgesetzt wurden, noch desolater entwickelt als in Sozialstaatsbürokratien wie der unseren. Er erzählt von seinen Aufenthalten in den USA – die brutale amerikanische Realität überfordere glatt die Vorstellungskraft europäischer Ärzte. In der Kossow-Version hört sich das so an: »Da wird der Patient abgezockt, bevor er das erste Mal einen Doktor sieht. Prinzip Vorkasse per Kreditkarte.« Er streut ein paar Zahlen ein. Demnach geben die Amerikaner für ihre Gesundheitsversorgung 15 Prozent des Bruttosozialproduktes aus. In Deutschland sind es 10 Prozent, in Großbritannien 7 und in Japan 6. Die höchste Lebenserwartung haben die Japaner, gefolgt von den Deutschen, dann erst kommen die Briten und zum Schluß die Amerikaner. Was kann man daraus schließen? Eines sicherlich, nämlich daß die Höhe der Ausgaben im Gesundheitssektor nichts mit der durchschnittlichen Lebenserwartung zu tun hat. Noch ein paar Daten. Die OECD (Organization for Economic Cooperation and Development – Organisation für wirtschaftliche Zusammenarbeit und Entwicklung in Europa) hat eine Zufriedenheitsstudie über das Gesundheitswesen vorgelegt. Ergebnis: Kanada und Deutschland liegen an der Spitze, die USA ganz weit hinten. Und zwar im wesentlichen deshalb, weil trotz der enormen Summen, die für das Gesundheitswesen ausgegeben werden, etwa vierzig Millionen Amerikaner überhaupt nicht versorgt sind. Weiteren hundert Millionen droht finanzielle Not, wenn sie erkranken. Damit fällt etwa die Hälfte der Amerikaner aus diesem Versorgungssystem raus.

In der amerikanischen Krankenversicherung spielen die sogenannten HMOs, die Health Maintainance Organizations, also Organisationen zur Erhaltung der Gesundheit eine große Rolle. Etwa 40 Prozent der abgesicherten Amerikaner (also 20 Prozent insgesamt) sind über die Betriebe, in denen sie arbeiten, krankenversichert. Die Firmen vereinbaren mit ihren Beschäftigten, unter welchen Bedingungen sie für bestimmte Gesundheitspflegeleistungen im Rahmen des Arbeitsvertrages aufkommen. Die Absicherung dieser Leistungen läuft dann über die HMOs. Unter Umständen übernimmt die HMO auch den arbeitsmedizinischen Beratungsdienst eines Betriebes, das heißt, sie wird bei Neueinstellungen oder Vertragsverlängerungen eingeschaltet, wobei man noch wissen muß, daß der arbeitsrechtliche Schutz in den USA wesentlich geringer ist als bei uns in Deutschland und viele Anstellungsverträge von heute auf morgen gekündigt werden können. »Wenn ein Betrieb mit einer HMO eng zusammenarbeitet, was glauben Sie, was passiert?« fragt Kossow und gibt die Antwort gleich selbst: »Nach spätestens drei, vier Jahren besteht die Belegschaft – von einigen älteren Managern abgesehen – nur noch aus Olympioniken.« In versicherungstechnischer Terminologie nennt man das wohl »systematische und verdeckte positive Risikoauswahl«. Die Risiken häufen sich logischerweise in der Bevölkerungsgruppe, die nicht HMO-erfaßt ist und die – so Kossow – »eiskalt ins sozialpolitische Abseits gestellt wird«.

Das kann also auch nicht die Lösung sein. Doch wie müssen wir unser Gesundheitssystem umbauen, damit es allen Beteiligten gerecht wird und gleichzeitig bezahlbar bleibt? Kossow macht einen Vorschlag: Wir brauchen eine Leistungsvorgabe, die in Bandbreiten gekleidet ist. »Wer als Patient ein bestimmtes Inanspruchnahmeverhalten überschreitet, wird gebremst bzw. zur Kasse gebeten. Wer als Arzt ein gewisses Leistungsniveau unterschreitet, spürt das ebenfalls in seinem Portemonnaie. Und dazwischen gibt es das freie Spiel der Kräfte.« Zur Umsetzung dieses Modells müßte die Bevölkerung in Leistungsklassen unterteilt werden. Zu unterscheiden wäre zwischen denjenigen, die Selbstbeteiligungen zahlen können und denjenigen, die das nicht verkraften, z. B. die Mehrzahl der Rentner. Kossow läuft bei mir offene Türen ein, wenn er sagt: »Diese totalen Positionen sind immer schlecht. Selbstbeteiligung ja oder nein, das ist meines

Erachtens eine Klassenfrage. Wenn einer mehr verdient, kann man über Selbstbeteiligung doch reden, und wenn einer weniger verdient, dann wird es unmenschlich.« Warum soll man das Sozialstaatsprinzip nicht so verstehen, daß man Gruppen von Menschen bildet – und zwar ohne allzu pingelige Differenzierungen –, die sich etwa folgendermaßen aufteilen: Die einen haben Anspruch auf Vollversorgung durch den Sozialstaat, die anderen müssen Selbstbeteiligungen in Kauf nehmen oder aber höhere Versicherungsbeiträge zahlen, und dann gibt es da noch eine Zwischenzone oder zwei oder drei. »Wer Ansprüche stellt, die ein allgemein akzeptiertes Maß an Minimalversorgung überschreiten, etwa Massagen oder elektronisch gesteuerte Krankenfahrstühle oder dergleichen, der soll das selbst bezahlen.«

Kossow sieht weitere Möglichkeiten, die Kosten zu senken bzw. gerechter zu verteilen. Jeder, der einen Facharzt ohne Überweisung von einem Allgemeinmediziner aufsuchen will, soll für seine Krankenversicherung 10 oder 20 Prozent mehr zahlen müssen. Um Absurditäten zu vermeiden, müßten Besuche etwa beim Gynäkologen oder Augenarzt davon ausgenommen werden. Ich mache aus meiner Skepsis keinen Hehl. Vor mir sitzt schließlich ein Hausarzt – sollten bei diesem Modell vielleicht eigennützige Gründe eine Rolle spielen? »Warum ist es billiger, wenn ich erst zum Hausarzt gehe, obwohl ich weiß, daß ich was am Arm habe?« frage ich Kossow. »Ganz einfach«, kontert der, »weil es zu viele Ursachen für das gibt, was Sie am Arm haben. In Einzelfällen kann es billiger sein, wenn Sie direkt zum Orthopäden gehen. Es ist nur immer teurer, wenn der Orthopäde den Hausarzt nicht informiert und den Patienten dann auch noch zum Neurologen schickt, obwohl der Neurologenbefund schon längst beim Hausarzt liegt.« Also Koordination und Kommunikation mindern die Kosten.

Meine nächste Frage: »Wenn ein Arzt sich nicht wirtschaftlich verhält, dann wird er bestraft. Warum mutet man nicht auch dem Patienten ein gewisses Maß an wirtschaftlichem Denken zu?«

Kossow wirkt fast stur, als er sagt: »Diese Frage ist nicht beant-wortbar.« Aber dann antwortet er natürlich doch, und zwar sehr persönlich. »Ich habe auch lange Jahre geglaubt, daß sich im Gesundheitswesen Wirtschaftlichkeit organisieren läßt, bis ich dann durch meinen Bruder, der Ökonom ist, und durch Gesprä-che mit einigen anderen Ökonomen aus meiner Naivität wirt-schaftlichen Dingen gegenüber herausgeführt worden bin.« In-zwischen habe er gelernt, daß man Wirtschaftlichkeit organisie-ren kann – aber nur, wenn sich der entsprechende Ökonomiepro-zeß messen läßt. Genau da liege im Gesundheitsbereich die Crux. »Es ist nun einmal leider so«, illustriert Kossow diesen Gedanken, »daß der Arzt mit dem Ziel, für 1 000 Mark möglichst viel Ge-sundheit zu produzieren, genauso scheitern muß wie mit dem Ziel, eine bestimmte Menge Gesundheit für möglichst wenig Geld zu liefern.« Es leuchtet ein, daß sich zwar der Geldverbrauch immer exakt in Mark und Pfennig messen läßt, die Produktion von Gesundheit oder die Vermeidung von Krankheit sich aber präzisen Messungen entzieht. »Die Verbesserung der Gelenkbe-weglichkeit nach einer Hüftgelenkoperation oder die Verkürzung von Fiebertagen bei einer Therapie mit Antibiotika – da läßt sich etwas messen. Aber grob geschätzt 80 Prozent des ärztlichen Tuns betreffen die Verbesserung von Gesundheitschancen. Das ist nicht sofort nachzuweisen, sondern realisiert sich erst später, vielleicht erst nach Jahren. Hier steht die Behandlung immer im Verdacht der Verschwendung.« Er schließt den beinahe resignie-renden Satz an: »Es ist schon so, daß die Ärzte durch die Ökono-men mit dem Rücken an die Wand argumentiert worden sind.« Klar, den Geldverbrauch kann man ihnen exakt vorrechnen, aber sie können die Resultante dieses Geldverbrauchs nicht annähernd so exakt beweisen. Folglich stehen Ärzte immer in Verdacht, Gelder zu verschwenden, wenn die Kosten für die medizinische Behandlung steigen.

Überspitzt formuliert, bleiben nur drei Möglichkeiten: Wir brauchen lauter gute Menschen, damit niemand niemanden ausnutzt, dann können wir uns den bürokratischen Kontrollaufwand sparen. Die zweite: Wir resignieren und wurschteln weiter mit Hilfskonstruktionen wie Budgetierung und realitätsfernen Wirtschaftlichkeitsberechnungen. Und die dritte: Wir versuchen etwas ganz Neues.

Es muß doch möglich sein, ein Gesundheitssystem zu schaffen, das vernünftig, gerecht und bezahlbar ist. Der pure Sozialismus ist vielleicht gerecht, aber weder bezahlbar noch vernünftig. Wettbewerb pur ist möglicherweise vernünftig, sicher bezahlbar, aber wohl nicht sehr gerecht. Es ist schon eine seltsame Erfahrung, aus Rußland nach Deutschland zurückzukehren und ausgerechnet hier mit Begriffen wie Eigenverantwortung und Freiheit kaum landen zu können. Ist der Hinweis auf die brutalen Zustände in den USA stichhaltig genug, um sich jeden Gedanken über ein weniger staatlich organisiertes Gesundheitssystem zu versagen?

Kossow überrascht mich mit der These, daß Bürokratie keineswegs besonders kostentreibend sei – im Gegenteil, privatwirtschaftliche, freiheitliche Gesundheitssysteme seien viel teurer. Wie das? Um mich zu überzeugen, bombardiert er mich mit Zahlen. Die privaten Krankenversicherungen verwenden laut Kossow ein Viertel der Beiträge für Bürokratie und Akquisition, also die Werbung neuer Kunden. Das macht bei 100 DM Prämie 25 DM, Kossow teilt das sehr genau auf. 10 DM davon benutzt die Krankenkasse, um neue Versicherungsverträge zu verkaufen. Darin ist auch die Provision für den Außendienst enthalten. In der gesetzlichen Krankenkasse entfallen diese Kosten, weil die Mitgliedschaft kraft Gesetzes erfolgt. Weitere 15 DM werden bei den Privaten verbraucht, um unberechtigte Leistungsansprüche abzuwehren. 25 Prozent sind also schon einmal für gesundheitsfremde Dinge weg. Von den übrigen 75 Prozent werden 5 Prozent in die Rückstellung gepackt, 5 Prozent als Gewinn verbucht. Bleiben 65 Prozent des Beitragsaufkommens, die letztlich in Gesundheitspflege umgewandelt werden. Bei den gesetzlichen Krankenkassen sind es nach Kossows Angaben 95 Prozent. Sein Fazit: »Bürokratie ist ökonomisch gesehen eine ausgesprochen billige Veranstaltung. Sie hat zwar freiheitsvernichtende Wirkung, aber dieser Freiheitsverlust ist effizient.« »Also sie rechnet sich?« frage ich sicherheitshalber noch mal nach. »Ja, Bürokratie rechnet sich«, bestätigt Kossow, »Freiheit ist viel teurer.« »Aber was bedeutet das denn konkret, um Himmels willen?« möchte ich wissen. »Wer mehr Freiheit im Gesundheitswesen haben will, muß selber zahlen.« Damit es ganz klar wird, fasse ich noch einmal zusammen: »Wer mehr Freiheit in unserem Gesundheitssystem haben will *und* soziale Absicherung – der kommt nicht auf seine Kosten!?« »Genauso ist es«, schließt Kossow.

An dieser Stelle macht er mich auf einen Aspekt aufmerksam, den ich so überhaupt noch nicht betrachtet habe. Selbst wer nie Leistungen aus der Gesundheitspflege in Anspruch nimmt, profitiert dennoch davon, daß Gesundheitspflege bei uns stattfindet. Kossows anschauliches Beispiel: Herr X läßt sich gegen Masern impfen; er und ich wollen das lieber nicht. Denn uns ist das Risiko zu groß, und zu teuer ist es uns auch. Trotzdem haben wir aufgrund der Tatsache, daß Herr X sich impfen ließ, ein geringeres Erkrankungsrisiko. Das ist eine Kollektivleistung. Von dort zur Frage öffentlicher Hygieneregeln und gesundheitspolizeilicher Maßnahmen ist nur ein kurzer Weg. Spätestens da finden freiheitliche Überlegungen im Gesundheitssystem ihr Ende. »Die Medizin tut mir nicht den Gefallen, Gefühle und Wertungen zu bedienen. Tatsache ist, daß Viren alle Menschen bedrohen, wenn einige von ihnen z. B. bestimmte Hygieneregeln außer acht lassen.« Und damit sind wir bei einem heiklen Thema angelangt. Kossow erwähnt die Pestschriften des Mittelalters, in denen bestimmt wurde, wer wann die Stadt verlassen oder betreten durfte, wie lange ein Schiff in der Flußmündung warten mußte, bis es landeinwärts weiterfahren konnte und ähnliches. Was darf sich der einzelne an Entfaltung seiner Persönlichkeit leisten?

Es geht bei der Diskussion um die Zukunft unseres Gesundheitssystems also nicht nur um Bezahlbarkeit und soziale Gerechtigkeit. Es gilt auch, das individuelle Risiko zu berücksichtigen sowie die kollektiven Risiken, die sich mit freiheitlichen Mitteln nicht bewältigen lassen. Starke Argumente für die Planwirtschaft im Gesundheitswesen? Kossow ist eher der Meinung, die Lösung liege in der Mitte. Wir müßten genau definieren, was nur kollektiv, planwirtschaftlich zu haben ist und was individueller Gesundheitspflege zugeordnet werden kann. »Also eine gewisse soziale Absicherung und trotzdem noch eine individuelle Verantwortung?« Kossow stimmt mir zu: Mehr Freiheit als heute sei dabei aber schon möglich. Dann kommt er mit einem Beispiel, das immer Emotionen auslöst. »Wenn ich mir die Freiheit leiste, keine Zeit für meine Gesundheitspflege aufzuwenden, zu essen, was mir schmeckt, und obendrein zweimal am Tag eine Zigarre zu rauchen, dann kann ich weder den Gelenkverschleiß als Folge von Übergewicht noch ein zumindest statistisch erhöhtes Infarktrisiko der Gesellschaft überantworten. Nicht nachdem ich einige Jahrzehnte meine individuelle Freiheit genossen habe.« Schön und gut, aber worauf will er denn hinaus? »Ob man nun Luxusnahrungsmittel oder Kalorien im Höchstmaß besteuert und der Gesundheitspflege zuführt oder die Tabaksteuer entsprechend einsetzt, ist mir egal. Jedenfalls ist nicht einzusehen, daß solche Leistungen aus dem allgemeinen Beitragstopf bezahlt werden.«

Von der Politik erwartet Kossow eher wenig: »Weil die Heuchelei die machtverzehrende Ehrlichkeit vermeidet.« Ob das von ihm ist? Egal. Der Satz stimmt, ist treffend und bestens formuliert. »Gefragt wäre eine durchgängige Redlichkeit, eine Ordnungskraft im Gesundheitswesen, die sich von opportunistischen Momenten weitgehend befreit. Doch die fehlt, ganz egal, welche Partei Sie sich anschauen.« Kossow echauffiert sich: »Was ist denn im Gesundheitswesen los? Wir haben eine große Koalition zwischen Bundesgesundheitsminister Seehofer von der CSU und dem sozialpolitischen Sprecher der SPD, Dressler. Geht es dabei um viel mehr als Machtpolitik? Auf Länderebene haben wir eine große Koalition der Krankenhausbeschützer. Die sorgen sich gar nicht so sehr darum, die Krankenhausleistungen sicherzustellen, sondern vielmehr darum, das Repräsentations- und Herrschaftsinstrument Krankenhaus zu erhalten.« Mit gespieltem Verständnis fügt er hinzu: »Man kann ja nicht erwarten, daß sich bei solchen Statuskämpfen sehr viel intellektuelle Redlichkeit und Kraft entfalten, Probleme zu lösen!«

Alles kein Grund zu resignieren. Kossow schließt eine »Renaissance im neuen Denken« nicht aus, die plötzlich über's Land ziehen könnte. »Das gibt es ja immer mal, da soll man die Hoffnung nie aufgeben. Immer dann, wenn über Jahre hinweg Unfug gemacht wurde, überlegen sich die Leute was Neues. Und damit rechne ich eigentlich in bezug auf das Gesundheitswesen sehr stark.« Er rückt etwas unruhig auf seinem Sessel hin und her und meint: »Ich neige bestimmt nicht zur Askese, aber ich glaube, wir brauchen auch eine Kulturrevolution, was unser Verständnis von Pflichten betrifft. Dieses ewige Denken in Rechtskategorien: Das darf ich noch, da ist noch Platz – das geht einfach nicht mehr. Das destabilisiert die Gesellschaft.« Kossow nimmt kein Blatt vor den Mund: »Im Augenblick marschieren wir auf eine Gesellschaft zu, wo das, was es früher nur auf dem Schlachtfeld gab, nämlich die Triage,* im ganz normalen, friedlichen Gesundheitswesen passieren muß. Wir können uns das gar nicht leisten, alle so sterben zu lassen wie Tito und Franco.« Damit meint er den enormen medizinischen Aufwand, der betrieben wird, wenn es gar nicht mehr darum geht, das Leben zu verlängern, sondern nur noch das Sterben hinauszuzögern. Er malt ein düsteres Bild. Die Alten werden immer älter, die Zahl der Jüngeren nimmt im Verhälnis zu den Alten ab – laut Kossow sei das nicht nur der sinkenden Geburtenrate, sondern auch der restriktiven Einwanderungspolitik zuzuschreiben. Also würden wir es noch erleben, daß darüber

---

* Triage meint die Eingruppierung von Verletzten im Kriegs- und Katastrophenfall, um den am schwersten Betroffenen zuerst helfen zu können.

gestritten wird, wer welche Mittel für die Gesundheitspflege aus den begrenzten Kassen kriegt und wer nicht. Das würde dann eine ganz andere Diskussion werden, als wir sie heute gewöhnt seien.

Bevor es zu düster wird, holt Kossow in bewährter Manier die Kostendiskussion in die alltäglichen Niederungen des Handfesten zurück: »Brauche ich unbedingt einen Hustensaft für zwanzig Mark, wenn gegen das Kratzen im Hals auch Fisherman's Friend für zwei Mark den gleichen Effekt haben? Der Geschmack ist derselbe, und die Inhaltstoffe sind dieselben. Wenn *ich* schon als jemand, der sich mit Arzneimitteln doch ein bißchen auskennt, Fisherman's Friend nehme statt Hustensaft, dann müßte das ja eigentlich zumutbar sein.« Das hätte er in einer Fernsehsendung wegen der Schleichwerbung einerseits und der Geschäftsschädigung andererseits natürlich so nicht sagen dürfen. Abgesehen davon: Herr Kossow unterhält keinerlei Geschäftsbeziehungen zu den Herstellern besagter Pastillen.

Überflüssiges wegzulassen, um aus der Kostenmisere herauszukommen – darin sind sich die meisten einig. Strittig wird es erst, wenn es festzulegen gilt, *was* überflüssig ist. Nach Kossow betrifft das auch eine Vielzahl von Untersuchungen. Dazu zählen EKG, EEG, Gelenksspiegelungen und vieles andere mehr. Kann es sein, daß Ärzte solche Untersuchungen auch deshalb so häufig vornehmen, weil sie sich lieber absichern wollen? Die Stichwörter sind Ärztekritik, Haftung und Schadensersatz. Kossow antwortet fast wie ein Politiker: »Die Rechtsprechung zum Sorgfaltsgebot und zur Vermeidung von Patientenrisiken ist nicht zielführend für die Wirtschaftlichkeit der Versorgung.« Auf gut deutsch: Sich doppelt und dreifach absichern, damit man vor Gericht in jedem Falle bestehen kann, wenn etwas danebengeht, macht die Behandlung teurer als nötig. Es ist schwer, wenn nicht gar unmöglich, eine verbindliche Grenze zu ziehen. Schließlich kann man einem falsch behandelten und geschädigten Patienten bei echten Kunstfehlern und ärztlichen Versäumnissen den Klageweg nicht verwehren. Aber genauso unsinnig ist es, von einem einzelnen Arzt in jedem Falle den Einsatz aller theoretisch möglichen Untersuchungsvarianten zu verlangen. Kossow bezeichnet sich selbst als »Vereinfachungsfan«. Er sagt: »Mein Ideal ist, die Medizin so einfach zu halten, wie es geht. Das bedeutet, den Patienten nur so weit diagnostisch zu behandeln, wie es nötig ist, um sein Problem zu lösen. Plus statistisch abgesicherte Vorsorgeuntersuchungen. Und ich würde mir auch ein Rechtssystem wünschen, das von mir nicht mehr verlangt und das dem Patienten keinen höheren Anspruch gibt.« Pragmatiker Kossow sieht natürlich gleich wieder eine Lösung für diejenigen vor, die es gerne anders hätten. »Wer mehr will – bitte sehr, das ist ja in Ordnung. Da kann man extra etwas vereinbaren. Warum soll es nicht zur Versorgung eines zwanghaften Charakters sechs Vorsorgeuntersuchungen pro Jahr geben? Wenn er das alle zwei Monate braucht, dann würde ich allerdings sagen, er sollte mal langsam seine Zwangsneurose behandeln lassen. Das ist billiger und auch nicht so risikoreich. Im Ernst, abgesehen von Zwangshaltungen mit Krankheitswert sollten Leute, die sich öfter untersuchen lassen wollen, das auch bezahlen.« Die von der Versicherung gedeckte Basisversorgung à la Kossow sieht so aus: »Alle ein, zwei Jahre eine Vorsorgeuntersuchung, umfassend, qualitätsgesichert, sauber durchstrukturiert, mit einem Küranteil, also einem problemorientierten Untersuchungsanteil, zusätzlich. Das ist in Ordnung. Viel mehr ist auch nicht möglich. Der Rest ist Lebensstil. Ich kann noch so viele EKGs bei mir machen lassen – mein Infarktrisiko sinkt, wenn ich auf die grüne Wiese gehe statt ins Restaurant.«

Ob man den Aufwand wohl quantifizieren kann, der durch die Doppelbehandlungen und Für-alle-Fälle-noch-Untersuchungen zur Absicherung des Arztes entsteht? »Der juristische Perfektionismus in Tateinheit mit der freien Arztwahl macht neunzig Prozent der Medizin aus.« Eine starke Behauptung. Aber Kossow ist sicher: Wenn ein Patient direkt zum Radiologen, zum Orthopäden oder Urologen geht, dann muß der jeweilige Facharzt in seinem Gebiet praktisch alle Behandlungsmöglichkeiten ausschöpfen. Ginge der Patient zunächst zum Hausarzt, würde mit diesem besprechen, was zu tun sei, und würden sich Haus- und Facharzt die Verantwortung teilen in bezug auf die Begrenzung medizinischer Maßnahmen, »dann hätten die Juristen keine Chance, diese Tätergemeinschaft in die Pfanne zu hauen«. Kossow weist darauf hin, daß ihm kein einziger Fall bekannt sei, wo ein Arzt juristisch belangt worden wäre, wenn der Hausarzt einen Patienten mit einer klaren Fragestellung zum Fachkollegen geschickt und auch dargelegt habe, warum er die Untersuchung auf dieses und jenes begrenzt haben wolle.

Bevor ich mich verabschiede, sprechen wir noch über meinen Beruf, über Journalismus und öffentliche Meinung. Kossow bedauert, daß Ärzte das Geschäft der Öffentlichkeitsarbeit meist genauso wenig beherrschen wie die Ökonomie und die Sache mit den Juristen. »Wenn wir unseren Beruf ernst nehmen, müssen wir zu Hause bleiben, uns um die Patientenprobleme kümmern und nicht um die Politik.« Unauflösbare Konflikte des Praxisalltags kommen folglich in der öffentlichen Diskussion viel zu kurz. »Ein guter Arzt bin ich nur, wenn ich mich nicht drum kümmere, was hinterher die Kontrollinstanz sagt. Ich darf mich nur darauf konzentrieren, wie ich meinen Patienten helfe. Wenn ich anfange, herumzurechnen und abzuwägen, dann können Sie's vergessen. So ein Arzt will ich nicht sein. Und dieser Konflikt ist nicht lösbar. Der Arzt macht entweder, was sein Job ist, oder er geht unter.«

In der Tat geben immer mehr Ärzte vorzeitig auf. 1995 haben in den ersten neun Monaten insgesamt 900 Ärzte unter sechzig Jahren ihre Praxis geschlossen, davon rund 600, also zwei Drittel, aus wirtschaftlichen Gründen. Das haben die Kassenärztlichen Vereinigungen herausgefunden, ebenso, daß das ärztliche Realeinkommen im genannten Zeitraum um 4 Prozent gesunken ist.

Das war nach den Unterlagen des Statistischen Bundesamts bei keiner anderen Berufsgruppe der Fall.

Man muß davon ausgehen, daß mehr als die genannten 600 pleite gegangen oder einer Pleite zuvorgekommen sind, denn längst nicht alle Ärzte wollen ihre desolaten Finanzen offenbaren. Häufig werden andere Gründe für die Praxisaufgabe vorgeschoben. Darüber hinaus waren alleine bei der Bundesanstalt für Arbeit im Dezember 1995 8 523 Ärzte und 1 034 Zahnärzte arbeitslos gemeldet. Der Marburger Bund – die Vertretung der angestellten und beamteten Ärzteschaft – sprach im Februar 1996 von rund 10 000 Ärztinnen und Ärzten, die einen Arbeitsplatz suchen. Der Marburger Bund ist deshalb dazu übergegangen, deutsche Ärzte ins Ausland zu vermitteln. Aufgrund dieses Engagements arbeiten bereits Deutsche an Krankenhäusern in den USA, in Großbritannien und in der Schweiz. Jüngst wurden Kontakte nach Dänemark geknüpft, wo zur Zeit rund 400 Krankenhausstellen nicht besetzt sind.

Selbst Gesundheitsminister Seehofer räumt ein, daß die Ärzte am wenigsten für die Finanzmisere im Gesundheitswesen verantwortlich zu machen sind. Doch Budgetierung und wirklichkeitsfremde Honorarpolitik zwingen gerade sie, die Suppe auszulöffeln. Wer es als Arzt lächerlich oder kriminell findet, aus der Begrüßung des Patienten abrechnungstechnisch eine kurze Untersuchung zu machen, mag ein guter Mediziner sein – konkurrenzfähig ist er aber nicht mehr. Auf diesen Nenner brachte es schon 1994 eine praktische Ärztin aus Lübeck, die nach acht Jahren Berufsausübung umsattelte. »Als ich einmal, am Sonntag, zu einem eiligen Fall gerufen, meinen Hausschlüssel vergesse«, so berichtet sie in einem Artikel, »und bei der Rückkehr mich ausgeschlossen finde, muß ich feststellen, daß der Schlüsseldienst leicht das Doppelte bis Dreifache meines Arzthonorars für einen Einsatz am Sonntag nimmt.« Nähern wir uns alten sowjetischen Verhältnissen? Ärzte, die ihren Beruf ernst nehmen und sauber abrechnen, rutschen langsam ans untere Ende der Einkommensskala. Lange Ausbildungszeiten, hohe Qualifikation, große Verantwortung – und wofür?

Wer allerdings sein Heil in »Grauzonen-Abrechnungen« sucht, kann recht schnell in die Bredouille kommen. Denn jeder Arzt wird einer Wirtschaftlichkeitsprüfung unterzogen, die sich an Durchschnittswerten orientiert, was die Kosten pro Patient angeht. Solche Durchschnittswerte sind insofern problematisch, als unterschiedliche Patientenstrukturen zu sehr unterschiedlichen Kosten führen können. Wer überproportional viele Krebs- oder Aidspatienten betreut, überschreitet die Mittelwerte leicht. Dennoch, ein Arzt, der 50 Prozent über dem Durchschnitt liegt, muß sich vor einem Gremium rechtfertigen, das paritätisch aus Kassenärzten und Vertretern der Krankenkassen besetzt ist. Gelingt es ihm nicht, diese Prüfinstanz von der Notwendigkeit seiner höheren Kosten zu überzeugen, werden seine Honorare gekürzt – oder er wird sogar in Regreß genommen. Und zwar nicht bezogen auf konkrete Fälle, in denen der Arzt möglicherweise nicht kostenbewußt gearbeitet hat, sondern pauschal. Im besten Falle bekommt er weniger Geld, im schlechtesten Falle muß er zahlen. Daß – wie bei der Geschwindigkeitsmessung per Radar im Straßenverkehr – ein gewisser Bonus abgezogen wird, der statistische Schwankungen ausgleichen soll, macht diese Strafprozedur nicht besser.

Genaugenommen muß man beim Gesundheitswesen nicht von einer Kosten-, sondern einer Leistungsexplosion sprechen. »Das CT* von heute ist die Kopfschmerztablette von morgen«, mit dieser Formulierung trifft ein Sprecher der Ärzteschaft sicher den Kern der Sache. Technischer Fortschritt, gepaart mit Haftungsansprüchen – und die Rechtsprechung des Bundesgerichtshofs stellt hohe Anforderungen an medizinische Standards –, sorgen für eine Leistungsexplosion, die eine Kostenexplosion nach sich zieht. Der Justitiar der Kassenärztlichen Bundesvereinigung und

---

* Untersuchung mit dem Computertomographen

der Bundesärztekammer, Horst Dieter Schirmer, beschreibt die gegenwärtige Situation so: »Das ist praktisch ein Regelkreis. Die Rechtsprechung ist ein Reflex auf den medizinischen Standard. Doch dieser wird von den Ärzten selbst bestimmt – zum Teil natürlich auch von den Ärzten, die an Universitätskliniken und hochentwickelten Krankenhäusern tätig sind und als Gutachter in Prozessen auftreten, mit dem Tenor: Natürlich hätte der Kollege in diesem Fall das und das machen müssen. Die Gerichte wiederum sind auf diesen Sachverstand angewiesen; im Urteil heißt es dann, nach Professor XY ist das und das Standard. Damit wird das Mögliche zur Norm. Schließlich fließt die Rechtsprechung in den Praxisbetrieb ein, und schon hat sich der Anspruch an die medizinische Versorgung wieder erhöht.«

Was man in dem Zusammenhang nicht unterschlagen sollte, ist die Tatsache, daß die wachsenden Haftungsansprüche zu Beinahe-Berufsverboten führen, und zwar nicht erst nach einem Fehler, sondern bereits im Vorfeld. Das liegt an den nach Fachgebieten recht unterschiedlichen Versicherungsprämien. Die höchsten Beiträge zahlen die Gynäkologen, die als Geburtshelfer arbeiten und Operationen durchführen. Nach Justitiar Schirmer sind das bis zu 25 000 DM im Jahr. Wenn dann der Versicherungsfall eintritt, wird die Prämie so stark angehoben, daß sich der Arzt unter Umständen den Versicherungsschutz nicht mehr leisten kann. Da es sich mittlerweile nicht mehr um Einzelfälle handelt, ist die Bundesärztekammer bereits dabei, dieses Phänomen zu untersuchen. Denn diese Entwicklung kann niemandem egal sein. Schirmer scheint an der Zwitterrolle der Kassenärztlichen Vereinigungen fast ein wenig zu leiden, wenn er sagt: »Sie sind in einem Dilemma, sich einerseits als repräsentative Organisation, als Genossenschaft der freiberuflichen Ärzte zu verstehen, andererseits auszuführen, was der Gesetzgeber ihnen überträgt. Wir haben dann das, was wir den Januskopf nennen. Sie schauen den Arzt liebevoll an und sagen, ich bin dein Mitbruder und kämpfe für dich, und andererseits sieht der Arzt in dir auch denjenigen, der ihn ständig gängelt, der ihm von morgens bis abends irgendwelche Regeln ins Haus schickt, der ihm seine Honorarbescheide kürzt.«

Ich möchte Ihnen jetzt ein Denkmodell vorstellen, wie das Gesundheitssystem umstruktiert werden könnte, um es wieder bezahlbar und dennoch funktionstüchtig zu machen. In diesem Modell finden sich – natürlich – meine Vorstellungen wieder, aber ich habe es – natürlich – nicht komplett selbst entwickelt. Meine Expertenquelle will ich allerdings erst später nennen, um dem schon mehrfach beschriebenen Mechanismus zu entgehen: Ein Wort, ein Name, und schon steht die Reaktion fest – ganz gleich, was inhaltlich vorgebracht wird. Also, verkneifen Sie sich das Weiterblättern, wenn's geht!

Wenn wir uns Menschen als soziale Wesen mit individuellen Bedürfnissen und solidarischer Verantwortung begreifen – das ist jedenfalls mein Menschenbild – und im Gesundheits*dienst* eine Dienstleistung sehen, wenn wir darüber hinaus eine demokratische und freiheitliche soziale Gesellschaftsordnung wollen, dann muß unser Gesundheitssystem einige gravierende Veränderungen erfahren.

Erstens: Jeder muß wissen, wieviel welche Leistung kostet. Wer den Preis einer Sache nicht kennt, geht verschwenderischer, zumindest sorgloser damit um. Eigenverantwortung wird den Patienten aber gar nicht zugestanden; rund 90 Prozent der Bevölkerung (die in gesetzlichen Krankenkassen Versicherten) hält man vielmehr im Stand der Unwissenheit. »Heute gebe ich doch meinen Krankenschein bzw. meine Chipkarte ab«, so meine Quelle, »und der Arzt macht das, was er für richtig hält. Vielleicht erläutert er es mir, vielleicht auch nicht. Was mir in Rechnung gestellt wird, sehe ich nie, das erfährt bloß meine Kasse.« Kostenbewußtsein ist so nicht zu erzeugen, denn wenn die Krankenkassen in regelmäßigen Abständen die Beiträge erhöhen, der einzelne Patient keine Ahnung von den Kosten hat, er selbst sich aber durch diese Erhöhungen ungerecht behandelt fühlt, weil er persönlich doch – wie er meint – sehr kostenbewußt und sparsam mit seiner Gesundheitspflege umgegangen ist, dann wird er früher oder später sein wirtschaftliches Verhalten ändern. Denn es bringt ja nichts. Alle anderen Versicherten – so jedenfalls sein Eindruck – gehen offenbar verschwenderischer mit den Leistungen um, also warum soll ausgerechnet er weiter sparsam sein?

Der erste Schritt müßte also sein, künftig auch im Gesundheitsbereich marktwirtschaftliche Regeln einzuführen. Grundvoraussetzung dafür ist die Transparenz von Leistungen und Preisen. Das heißt, ich, der Nachfrager, gehe zu einem Arzt, dem Anbieter, schildere ihm mein Problem und frage, was er mir als Lösung dafür anbietet. Manchmal gibt's nur eine Lösung, manchmal zwei – manchmal auch gar keine. Ich lasse mir die Preise für die in Frage kommenden Lösungen nennen, und wir entscheiden zusammen, was in diesem Fall das beste ist – und zwar unter Gesundheits- *und* Kostengesichtspunkten. Sicher ist dieser Vorschlag nicht so einfach in die Praxis umzusetzen. Denn zum einen kann man vom Mediziner keine weiteren Beratungen verlangen, ohne sie irgendwie zu vergüten, zum anderen wird die Reaktion vieler Patienten – nicht ganz zu Unrecht – sein: »Aber Herr Doktor, Sie müssen doch wissen, was wir da am besten machen.« Dennoch – so oder so brauchen wir transparente Preise für alle.

Wer jetzt denkt, aha, marktwirtschaftliche Regeln – das heißt doch Zweiklassenmedizin, sollte bitte zweierlei tun: erstens, sich schnell klarmachen, daß wir auch unter den heutigen Bedingungen eine Zweiklassenmedizin haben, obwohl wir so tun, als hätten wir sie nicht, und zweitens weiterlesen.

Damit ich meine Arztrechnungen bezahlen kann, schließe ich künftig eine spezielle Versicherung ab – genau wie jetzt schon für mein Auto, meinen Hausrat oder meine Altersversorgung. Das müßte übrigens durchaus nicht bedeuten, daß ich mit der Bezahlung des Arztes erst einmal in Vorlage trete, ehe ich das Geld von meiner Versicherung mit viel Verspätung wieder erstattet bekäme. So etwas ließe sich heutzutage bargeldlos zwischen Versicherung und Arzt regeln, ohne daß ein Patient in finanzielle Schwierigkeiten geriete. Das wäre lediglich eine Frage der Vereinbarung.

Meine Quelle erzählte mir, wie ein Vertreter der Krankenkassen auf diesen Vorschlag reagiert habe: »Wenn wir dem zustimmen würden, dann könnten ja auch die Patienten, die sich recht vernünftig verhalten, sehen, daß sie im Verhältnis sehr viel Beitrag zahlen und sehr wenig dafür bekommen.« So ist das nun mal in einem Staat, in dem das Solidarprinzip gilt. Ich bin fest davon überzeugt, daß die Menschen das Prinzip sehr wohl akzeptieren, wenn sie sicher sein können, daß insgesamt vernünftig gewirtschaftet wird. Jeden kann eine Krankheit treffen, die seine finanzielle Leistungsfähigkeit weit übersteigt. Was Beitragszahler auf die Palme bringt, sind unnötig hohe Verwaltungskosten, Prunkbauten und überzogene Werbemaßnahmen.

Zweitens: Die Mitglieder der gesetzlichen Krankenkassen müssen genauso wie die der privaten ihre Kasse frei wählen dürfen. Das ist nun endlich seit dem 1. Januar 1996 möglich. An dieser Stelle wichtig zu erwähnen: Gesetzliche Kassen müssen auch weiterhin jeden aufnehmen, der das wünscht. Dieses Prinzip darf nicht ausgehebelt werden.

Drittens: Wir binden nahezu jedes soziale Sicherungssystem in unserem Staat an die Arbeitsstunde. Das kann auf Dauer so nicht mehr funktionieren, die Lohnnebenkosten ufern ohnehin aus. Wie wäre es denn, wenn jeder Beschäftigte von seiner Firma – statt der Beträge, die heute direkt an die Krankenversicherung überwiesen werden – einen Aufschlag auf den Lohn ausgezahlt bekäme? So könnte vielleicht Kostenbewußtsein entstehen, jedenfalls eher als heute, wo an irgendeiner Stelle auf dem Lohn- oder Gehaltszettel eine Zahl versteckt ist, die mit dem Einkommen überhaupt nicht mehr in Verbindung gebracht wird. Jeder müßte sich dann in eigener Verantwortung krankenversichern und eigenständig mit diesem fixen Betrag wirtschaften; das

würde helfen, auch das eigene Anspruchsdenken einmal zu überprüfen. Auf jeden Fall wäre der Automatismus gestoppt, daß mit
jedem Prozentpunkt mehr Lohn auch die Lohnnebenkosten steigen. Der Staat müßte sich aus diesem Modell raushalten und es
den Tarifparteien überlassen, bei veränderter Lage neue Beträge
festzulegen.

Viertens: Die Budgetierung muß weg – eher heute als morgen.
Es ist doch im Grunde ein unglaublicher Vorgang, daß sich der
Staat anmaßt festzulegen, wieviel insgesamt für Gesundheit ausgegeben werden darf. Es steht dem Staat nicht zu – jedenfalls
nicht in unserer Gesellschaftsordnung – dem einzelnen vorzu-
schreiben, was ihm seine Gesundheit wert zu sein hat. Das »Glau-
bensbekenntnis« meiner Quelle zum Thema Staat lautet so: »Er
muß Transparenz schaffen, er muß entsprechende Mechanismen
schaffen, er muß soziale Absicherung schaffen für die, die sich
alleine nicht helfen können, aber er muß individuelle Verantwortung zulassen – wobei Verantwortung immer auch Risiko heißt –,
und er muß dafür Gestaltungsmöglichkeiten schaffen.«

Fünftens: Selbstverantwortung geht einher mit Selbstbeteiligung. Bei Medikamenten wird das bereits praktiziert, wenn auch
nicht auf optimale Weise. Denn die Höhe der Selbstbeteiligung an
den Packungsgrößen festzumachen, ist formalistischer Unsinn
und zudem ungerecht. Was kann der Patient dafür, wenn er eine
Kurpackung braucht, um seine Krankheit in den Griff zu kriegen?
Zig Möglichkeiten der Selbstbeteiligung sind denkbar und werden bei den privaten Versicherungen teilweise schon praktiziert:
Zuzahlung, Rückvergütung, ein abgestufter Selbstbehalt –
warum nicht bis 5 000 oder 10 000 DM, für die, die es sich leisten
können? Allein darin läge ein enormes Einsparpotential, sowohl
bei der Kostenerstattung als auch beim Verwaltungsaufwand der
Versicherungen. Aber es gebe längst ein »Kartell« bei uns – so
meine Quelle –, das mit den planwirtschaftlichen Regeln, die wir
de facto haben, gut leben könnte und wenig Interesse an einer
Umgestaltung habe: »›Die Menschen sind so doof und merken es

nicht!‹ Da wird dann einfach der Beitrag raufgesetzt, um mehr zu verteilen.« Es entbehrt nicht einer gewissen Komik, daß wir die Schwüre auf die Prinzipien der Marktwirtschaft, die wir weiter östlich permanent von uns geben, bei uns zu Hause andauernd verraten.

Zweiklassenmedizin, ich habe es schon erwähnt, ist bei uns längst Usus – oder etwa nicht? Es gibt Patienten, die sich Behandlungen in luxuriösen Spezialkliniken leisten, welche nach dem neuesten Stand der Forschung arbeiten; es gibt den klassischen Kassenpatienten; es gibt den mit der privaten Zusatzversicherung. In einer klassenlosen Gesellschaft leben wir ja nun sicher nicht. Wer arm ist, stirbt früher – das belegt eine Studie der Bundesversicherungsanstalt für Angestellte, die 1995 publiziert wurde. Danach ist die Todesrate bei männlichen Angestellten mit maximal 34 000 DM Jahresbruttoeinkommen im Alter zwischen 30 und 59 Jahren doppelt so hoch wie bei Besserverdienenden. Wer wenig verdiene, heißt es da, leide wesentlich öfter an Herz-Kreislauf- und Magenkrankheiten sowie Bandscheibenschäden. Das kann und muß man bedauern, und dagegen müssen wir alle was tun – aber doch nicht über die Krankenkassentarife! Wenn arme Menschen früher sterben, dann liegt das nur sehr bedingt an einer schlechteren medizinischen Versorgung. Dabei spielen Lebensumstände, Ernährung, Urlaub, Sorgen – all das, was ein Leben ausmacht – eine weit größere Rolle. Die Fürsorgepflicht des Staates ist an dieser Stelle gefragt, und das macht man mittels Steuersystem und sozialer Hilfsmechanismen. Aber nicht innerhalb des Gesundheitssystems. Vielleicht haben wir uns auch deshalb fast überall in Sackgassen manövriert, weil wir dazu neigen, unsere verschiedenen Systeme mit Problemen zu belasten, die da nicht hingehören, und immer alles gleichzeitig bewältigen wollen. Reicht es nicht, wenn der Staat wirklich nur in den Fällen eingreift, wo Menschen aus eigener Kraft es nicht schaffen, zurechtzukommen, und nicht immer schon dann, wenn sie es eventuell nicht schaffen könnten? Vielleicht schaffen es viele ja genau deshalb nicht, weil es sich nicht lohnt, es überhaupt zu versuchen, weil die selbst »Strampelnden« in jeder Beziehung schlechter dran sind als die staatlich »Betüttelten«. Ich muß immer wieder einschieben: Menschen, die auf Hilfe angewiesen sind, haben in unserer Gesellschaft einen Anspruch darauf. Das hat auch nichts mit Bittstellertum oder Dankbarkeit zu tun, das sollte eine allgemein akzeptierte Selbstverständlichkeit sein. Dann können die Betreffenden auch viel besser damit umgehen. Der eine hat Pech, der andere nicht. Was liegt näher, als es untereinander auszugleichen? Aber das funktioniert nur, wenn wir schleunigst die Konstruktionsfehler unserer Sozialsysteme beseitigen. Zum Beispiel werden Taxifahrten zum Arzt oder vom Arzt nach Hause (von speziellen Ausnahmen abgesehen) grundsätzlich nicht mehr von der Krankenkasse erstattet. Es geht nicht an, daß jeder Bauarbeiter sehen muß, wie er das Transportproblem mit Hilfe von Verwandten oder Bekannten löst, aber Sozialhilfeempfänger* von dieser strikten Regelung ebenso grundsätzlich ausgenommen sind. Haben die keine Verwandten oder Bekannte? Ein befreundeter Arzt versichert mir, daß sich die folgende Geschichte in seiner Praxis mehrfach zugetragen habe. Ein Patient erscheint, meldet sich an der Rezeption und fragt, wie lange es denn voraussichtlich dauern werde, da er dem wartenden Taxifahrer Bescheid sagen müsse. Wie wirkt so etwas auf die im Wartezimmer Sitzenden, die wegen ein paar Mark an der Sozialhilfeberechtigung vorbeischlittern?

Um das noch einmal ganz deutlich zu machen: Wir brauchen mehr Vertrauen in die positiven Kräfte des Marktes und müssen die auffangen, die dabei nicht mithalten können. Und zwar in genau dieser Reihenfolge. Ich teile die große Sorge meiner Quelle, daß das Verhältnis zwischen Solidarität und Subsidiarität in unserem Land nicht mehr in Ordnung ist. »Aus übertriebener Angst, offen zu sagen, wir sind als Gesellschaft nicht für alles

---

* Offiziell heißt es: Patienten, die aufgrund ihrer sozialen Situation von Zuzahlungen zu Rezepten befreit sind; und das sind in der Regel Sozialhilfeempfänger.

zuständig, übernehmen wir uns, halsen uns viel zuviel auf und können deswegen vieles nicht mehr.«

Die politische Kunst beim Umbau unserer Sozialsysteme besteht u. a. darin, den richtigen Ton zu treffen. In einer Situation, wo wir auf fünf Millionen Arbeitslose zusteuern, darunter immer mehr Hochqualifizierte, die nie damit gerechnet haben, je in eine solche Lage zu geraten, in dieser Situation ist es gleichermaßen wichtig und schwierig, möglichst niemanden zu verletzen und trotzdem die Wahrheit zu sagen. Diejenigen, die sich den Kopf über Umstrukturierungen zerbrechen, dürfen nicht einen Großteil ihrer Energie damit vergeuden, sich gegen den Vorwurf sozialer Kälte wehren zu müssen.

Welche Rolle spielen die Medien in diesem Stück? Meine »Quelle« bringt da ganz eigene Erfahungen mit. »Die gleichen Medien, die den Mut zu einer eigenen Position fordern, hauen gnadenlos auf jeden drauf, der versucht, die Fahne einer eigenen Meinung hochzuhalten. Außerdem – das hängt mit der Bonner Spezialproblematik zusammen – sitzen hier viele Journalisten, die schon seit ewigen Zeiten unverrückbar zu einem bestimmten Umfeld gehören. Die Zahl der unabhängigen Köpfe unter den Journalisten in Bonn ist jedenfalls nicht größer geworden.« Mit einem amüsiert-resignativen Blick ergänzt er: »Ich bin schon so lange hier, daß ich weiß, der hat immer die um sich, der ist immer um den rum. Und wenn man dann den Kommentar in der Zeitung liest, dann wundert es einen auch schon gar nicht mehr.« Mein Gesprächspartner erwähnt noch einen weiteren Aspekt: »Zusätzlich fehlt seit langem das Gefühl, daß es tatsächlich fundamentale Fragen gibt, in denen wir Politiker uns wirklich unterscheiden. Es wird nur noch taktisch gekämpft. Warum soll ich mich aus dem Fenster hängen? Meine Partei ist mir böse, zu Hause im Wahlkreis muß ich mich rechtfertigen: Du stehst da schon wieder so komisch in der Zeitung! Außerdem sind nicht alle Menschen tapfer; jeder hält nur eine begrenzte Menge Kritik aus, der eine mehr, der andere weniger. Und was die Journalisten angeht – der Spruch, eine Krähe hackt der anderen kein Auge aus, paßt nirgendwo besser. Eine Falschmeldung zu korrigieren ist praktisch unmöglich, im Zweifel solidarisieren sich die Journalisten immer miteinander. Da sagt man sich dann schon, bevor ich mich mit *der* Truppe anlege ... Wir haben 672 Bundestagsabgeordnete – sowieso viel zuviel –, es ist kein Wunder, daß die kein Mensch mehr kennt. Aber sich zu exponieren, wagen die meisten nicht mehr, höchstens noch in ihrem Heimatort. Dabei bleibt gar keine andere Möglichkeit, wenn man als Politiker in einer Mediengesellschaft wahrgenommen werden will. Aber so reduziert sich der ganze Politzirkus auf ein paar Figuren – mit dem Effekt, daß die Leute sagen: Schon wieder der, ich kann den Kerl nicht mehr sehen.«

Meine Quelle – haben Sie's geahnt? – war der gesundheitspolitische Sprecher der FDP, Jürgen Möllemann.

Wie krank ist unser Gesundheitssystem? Zu dieser Frage gehören sicherlich auch die großen Themen Krankenhaus und Pflegeversicherung. Doch damit will ich mich im vorliegenden Buch nicht befassen. Ich möchte nicht selbst in die komisch-peinliche Situation kommen und um Verständnis bitten müssen, daß ich wegen der Kürze der Zeit – bzw. der begrenzten Seitenzahl – leider nicht weiter ins Detail gehen kann ... Denn gerade das Krankenhaus-Thema hat nicht nur mit medizinischen und finanziellen, sondern auch mit hochkomplizierten machtpolitischen Fragen zu tun. Und bei der Pflegeversicherung ist so vieles im Fluß, daß es mir nicht sinnvoll scheint, zum jetzigen Zeitpunkt in Buchform darauf einzugehen.

Sprechen wir lieber über die Zahnärzte. Vorweg: Einer meiner Verwandten ist Zahnarzt, und unter meinen Freunden befinden sich ebenfalls Zahnärzte. Nur damit das gleich klar ist und nicht jemand meint, das »enthüllen« zu müssen.

Kaum einem Berufsstand wird nach meinem Eindruck mit soviel Häme, Neid und Aggression begegnet wie den Zahnärzten.

Die Traum-Zuwachsraten gehören der Vergangenheit an, als Kredite für optimal ausgestattete Praxen innerhalb kürzester Zeit zurückgezahlt werden konnten und Zahnärzte überproportional die Klientel stellten, die sich für Steuersparmodelle interessierte. Diese Zeiten sind unwiderruflich vorbei, und kaum einer will das zur Kenntnis nehmen. Die Vorstellung vom geldscheffelnden Zahnarzt, der für eine Menge Kohle kaum zu arbeiten braucht und stets braungebrannt seinen diversen exklusiven Sportarten nachgeht, ist nicht totzukriegen. Kürzlich sprach ich mit einem jungen Zahnmediziner, der durch das Pech der späten Geburt erst vor gut drei Jahren seine Praxis eröffnen konnte und jetzt kurz vor der Pleite steht. »Es ist eine Schande«, so sagte er mir, »und es ist unglaublich fahrlässig, daß einen während der Ausbildung niemand auf die kaufmännische Seite unseres Berufes hinweist. Alle reden immer nur von sechsstelligen Praxisgewinnen, die allerdings wie Butter in der Sonne schmelzen, wenn man die Kostenseite betrachtet und die Tatsache berücksichtigt, daß man sich in der Regel auch noch total verschuldet.«

Der Vergleich der Honorarsätze von 1986 und 1996 macht deutlich, wohin die Entwicklung gegangen ist. Während ein Zahnarzt 1986 für eine Infiltrationsanästhesie (Betäubungsspritze) 10,10 DM abrechnen konnte, sind es zehn Jahre später 12,72 DM. Berücksichtigt man die allgemeine Preissteigerungsrate*, dann entspricht das 96er Honorar nach dem 86er Preisniveau nur noch einem Betrag von 10,05 DM. Das heißt, das zahnärztliche Honorar für eine Betäubungsspritze ist im Laufe von zehn Jahren nicht etwa gestiegen, sondern um rund 0,5 Prozent gesunken. Aber es kommt noch schlimmer. Damit die folgenden Zahlenbeispiele nicht so abstrakt bleiben, gehen wir von einem konkreten Fall aus, wie er in der Praxis vorkommt. Nennen wir unseren Beispielpatienten Herrn Busch. 1986 stellt der Zahnarzt nach einer eingehenden Untersuchung bei Herrn Busch fest,

---

* Allgemeiner Preisindex: Anfang 1986 = 100, Anfang 1996 = 126,6

daß er folgende Arbeiten ausführen muß: eine zweiflächige Zahnfüllung, eine Krone sowie eine Brücke über zwei Zähne; fünf weitere Zähne müssen durch eine Modellgußprothese ersetzt werden.

1986 sieht die Rechnung für das zahnärztliche Honorar folgendermaßen aus:

eingehende Untersuchung	16,41 DM
zweiflächige Füllung	35,35 DM
Krone (einschließlich Provisorium)	214,61 DM
Brücke zum Ersatz von zwei Zähnen	638,77 DM
Modellgußprothese	441,84 DM
macht zusammen	*1.346,98 DM*

1996 werden die identischen Arbeiten an den Zähnen von Herrn Busch wie folgt honoriert (in Klammern die auf das Preisniveau von 1986 umgerechnete Vergleichszahl):

eingehende Untersuchung	20,67 DM	(16,32 DM)
zweiflächige Füllung	46,51 DM	(36,74 DM)
Krone (einschließlich Provisorium)	240,14 DM	(189,69 DM)
Brücke zum Ersatz von zwei Zähnen	672,40 DM	(531,12 DM)
Modellgußprothese	452,03 DM	(357,06 DM)
ergibt einen Rechnungsbetrag von	*1.431,75 DM*	*(1.130,93 DM)*

Diese Zahlen bedeuten, daß das zahnärztliche Honorar im Laufe von zehn Jahren nominell nur um 6,2 Prozent gestiegen, real sogar um 19,1 Prozent gesunken ist! Im gleichen Zeitraum konnte sich zum Beispiel ein Redakteur einer öffentlich-rechtlichen Rundfunkanstalt, der automatisch alle zwei Jahre höhergruppiert wird, über einen Gehaltszuwachs von 79,9 Prozent freuen, ein Lehrer konnte seine Bezüge nach dem gleichen Prinzip um 50 Prozent steigern*, und ein Arbeiter erhielt immerhin noch 39,5 Prozent mehr Lohn.

Eine wesentliche Rolle bei der Qualität zahnärztlicher Arbeit spielt ein durchdachter Therapieplan. Wie ist dieses oder jenes Problem am angenehmsten für den Patienten im medizinisch besten Sinne mit kostengünstigen Mitteln zu lösen? Eine vernünftige Planung ist die unverzichtbare Grundlage einer solchen Arbeit. Früher, 1986, bekam der Zahnarzt für diese Leistung 37,87 DM vergütet. 1996 ist Therapieplanung nicht mehr abrechenbar.

Immer mehr Zahnärzte kommen nach Abzug ihrer Kosten – Miete für gewerbliche Räume, Kreditzinsen, Personal, Material etc. – nicht einmal auf ein Monatseinkommen, das ein im öffentlichen Dienst angestellter Zahnarzt erhält. Dafür hat dieser aber noch Anspruch auf bezahlten Urlaub, Lohnfortzahlung im Krankheitsfalle und geregelte Arbeitszeit; Notdienst fällt nicht an, und unternehmerisches Risiko muß ihn nicht plagen. Vor diesem Hintergrund muß man sich über manche pampige Reaktion einiger Zahnärzte nicht wundern. Denn ganz gleich, was sich Zahnärzte oder deren Verbände im Sinne einer Gesundheitsreform ausdenken – es wird zunächst einmal von Krankenkassen, von Medien, oftmals auch von Politikern, diffamiert, als neues »Abkassiermodell« (SPD) oder als »Einkommensbeschaffungsprogramm« (Bundesverband der Innungskrankenkassen). Wenn sich Zahnärzte dagegen wehren, immer umfassendere Behandlungsdaten an Krankenkassen weitergeben zu müssen, dann kommt kaum einer auf die Idee, daß sie im Interesse ihrer Patienten handeln und Datenschutz im Sinn haben. Nein, da können nur eigennützige Motive dahinterstecken und die Angst, daß man ihre Abrechnungen besser kontrollieren könne, »was Zahnärzte fürchten wie der Teufel das Weihwasser«, so ein Sprecher der AOK.

---

* Wenn man die tariflichen Steigerungen ohne »Alterszulage« heranzieht – was allerdings unrealistisch ist – lauten die entsprechenden Zahlen sowohl für den Redakteur als auch für den Lehrer 33,4 Prozent.

Zahnärzte fordern seit langem eine Unterteilung des Leistungsangebots in sogenannte Vertrags- und Wahlleistungen. Das bedeutet, daß die Kassen eine gewisse Grundversorgung (Vertragsleistungen) übernehmen und jeder Patient darüber hinausgehende individuelle Sonderwünsche (Wahlleistungen) selbst bezahlen muß. Ganz gegen die ideologisch eingefärbte Stimmungsmache, wie unsozial das alles wieder sei, scheint die Bevölkerung diese Idee mehrheitlich zu begrüßen. Nach einer Umfrage des Allensbacher Instituts vom Juli 1995 möchten 70 Prozent der Versicherten mitentscheiden, welches Material für Zahnfüllungen verwendet wird und sind dafür zu einer Kostenbeteiligung bereit. 68 Prozent stimmen dem wie folgt beschriebenen Verfahren zu: »Die Krankenkassen sollten zumindest den Betrag ersetzen, den eine Amalgam-Füllung gekostet hätte. Was darüber hinausgeht, kann der einzelne dann selbst zahlen.« Ein Patient, der keine Amalgam-Füllung will, hat bekanntlich verschiedene Alternativen: Keramik und Kunststoff, was sich aber in puncto Haltbarkeit nicht für alle Zwecke eignet, und natürlich Gold, was zehnmal so teuer ist wie Amalgam.

Dafür gibt es keinerlei Erstattung, nicht einmal in Höhe der Amalgam-Kosten. In Einzelfällen geben Krankenkassen bei entsprechenden Begründungen jedoch Zuschüsse, was sie streng genommen natürlich nicht dürften. Seit neuestem sind die Krankenkassen – gezwungenermaßen – bereit, zum gleichen Punktwert wie Amalgam auch Kosten für Kunststoff-Füllungen zu übernehmen. Damit tragen sie keineswegs dem Arzt- und Patientenwunsch nach mehr Entscheidungsfreiheit Rechnung, sondern reagieren auf verschärfte Regeln des Bundesinstituts für Arzneimittel und Medizinprodukte. Am 31. März 1995 wurde nämlich eine strengere Gebrauchsanweisung für Amalgam verkündet, aus Gründen des vorbeugenden Gesundheitsschutzes, da eine Gefährdung durch Amalgam nicht ausgeschlossen werden könne. Den Krankenkassen blieb also nichts anderes übrig, als eine Alternative in den Leistungskatalog aufzunehmen. Und die Zahnärzte haben das Nachsehen. Obwohl eine Kunststoff-Füllung wesentlich aufwendiger ist, bekommen sie nur das »Amalgam-Honorar«. Dem Patienten darf keine Zuzahlung abverlangt werden. Das »Alles-oder-Nichts-Prinzip« bleibt also erhalten.

Welch merkwürdige Regelung, die dem Patienten die Wahlfreiheit nur gewährt, wenn er auf seinen Anspruch auf Grundversorgung verzichtet! Noch viel schlimmer wirkt sich das bei großen Brücken aus, wenn mehr als vier Zähne pro Kiefer bzw. mehr als drei je Seitenzahngebiet fehlen. Da fuhrwerkt der Gesetzgeber in der doch eigentlich garantierten Therapiefreiheit herum. Denn er schreibt dem Zahnarzt genau vor, wie er das Problem zu lösen hat, damit sein Patient in den Genuß der Kostenerstattung kommt. Statt den Betrag für eine Minimalversorgung so oder so zu zahlen – ganz gleich, wofür sich Arzt und Patient entscheiden –, bekommt heute derjenige, der sich für die medizinisch bessere und möglicherweise optisch gelungenere Lösung entscheidet, keinen Pfennig. Das nennt sich Therapiefreiheit.

Zahnreparatur und Zahnersatz werden von den Kassen prozentual bezuschußt. Zahnärzte halten das für ungerecht und fordern gestaffelte Festzuschüsse. Ein Beispiel aus der alltäglichen Praxis macht deutlich, *wie* ungerecht es derzeit läuft. Für ein zahnmedizinisches Problem sind zwei Lösungen denkbar, eine für 4 000 DM und eine für 8 000 DM. In beiden Fällen zahlt die Krankenkasse einen Anteil von 60 Prozent. Derjenige, der sich den höheren Privatanteil leisten kann (3 200 von 8 000 DM), bekommt aus dem Solidartopf 4 800 DM. Derjenige, der nur einen geringeren Privatanteil aufbringen kann (1 600 von 4 000 DM), erhält nur 2 400 DM Zuschuß. Wäre es da nicht tatsächlich gerechter, mit Festzuschüssen zu arbeiten, statt die finanziell ohnehin besser Gestellten, die eine höherwertige Versorgung bekommen, auch noch großzügiger zu unterstützen?

Grundversorgung für alle und Zusatzleistung, falls gewünscht – für eben dieses Prinzip hat man sich kürzlich in der Schweiz entschieden, die wahrlich nicht für hektische politische Entschlüsse bekannt ist. Damit sammeln die Schweizer nun seit dem 1. Januar 1996 Erfahrungen. Ein Beauftragter der Schweizerischen Zahnärztegesellschaft für Fragen der Europäischen Integration, der als Gastredner zu einer Veranstaltung des Freien Verbandes Deutscher Zahnärzte eingeladen war, hat dort für einen Neuanfang nach Jahren der politischen Konfrontation geworben. Angesichts steigender Kosten und leerer Kassen bleibe gar nichts anderes übrig, als sich endlich über Partei- und Gruppeninteressen hinweg zusammenzuraufen. »Wenn diese Kooperation entsteht«, versuchte der Schweizer seinen deutschen Kollegen Mut zu machen, »[. . .] könnte daraus sogar eine neue, freiwillige Solidarität entstehen, als Ablösung der heutigen, strukturell verklemmten Zwangssolidarität.«

Aber von diesem gemeinsamen Kraftakt sind wir weit entfernt. Seehofer mache angeblich keinen Hehl daraus, daß er die Zahnärzte für die Abzocker unter den Medizinern halte, erzählte mir ein Fachkollege. Ministerien reagieren überzogen auf zahnärztliche Protestaktionen. Einzelne Standespolitiker flippen dann tatsächlich aus und vergreifen sich ihrerseits kräftig im Ton. Den Medien ist das in der Regel alles viel zu kompliziert. Real bewegt sich dann gar nichts mehr. Einziger Effekt: Die Fronten verhärten sich immer weiter. Wie passen die folgenden Vorgänge in *unser* System?

Fall eins: Zahnärzte in Baden-Württemberg schlossen 1994 aus Protest gegen die Gesundheitsreform abwechselnd reihum für einen Tag ihre Praxen – die medizinische Versorgung war also nicht gefährdet. Diese Aktion machten sie in Zeitungsanzeigen unter dem Stichwort »Maßnahme zur Kostendämpfung im Gesundheitswesen« bekannt. In einer zusätzlichen Annonce erklärten sie am 10. Oktober 1994: »Wir werden bis Ende des Jahres immer wieder ›Urlaub‹ machen müssen und unsere Praxen schließen, damit das Budget ausreicht.« Das Landessozialministerium reagierte prompt, bezeichnete die Aktion als rechtswidrig und veranlaßte die Zahnärzte unter Androhung von Bußgeld sowie von disziplinarischen und zulassungsrechtlichen Maßnahmen, eine »Richtigstellung« mit folgendem Wortlaut zu annoncieren: »Das Gesundheitsstrukturgesetz ist für uns kein Grund, notwendige Leistungen auf das nächste Jahr zu verschieben.« Können Sie mir sagen, was dieses Verhalten in unserem System zu suchen hat? Im Staatsdirigismus ist so etwas zu Hause.

Fall zwei: Seit 1. Januar 1996 sind Zahnärzte verpflichtet, Patientendaten in größerem Umfang als bisher an die Krankenkassen weiterzugeben. Zusätzlich sollen künftig eine Reihe von detaillierten Angaben gemacht werden – rein fallbezogen und sorgsam anonymisiert, wie betont wird. Aber aus dem Datum der Behandlung, der genauen Bezeichnung des behandelten Zahnes, der exakten Angabe der Lage von Zahnfüllungen und ähnlicher Dinge läßt sich im Zeitalter der elektronischen Datenverarbeitung ohne großen Aufwand auf die jeweils behandelte Person rückschließen, wie entsprechende Probeläufe ergeben haben. Auch Vertreter der Krankenkassen räumen dies ein. Wir wissen es doch aus den Fernsehkrimis: Ein Gebiß taugt zur Identifizierung genausogut wie ein Fingerabdruck.

Im Vorfeld dieser Entscheidung, konkret am 20. Februar 1995, spielte sich folgendes ab: Weil sich Krankenkassen und Zahnärzte nicht einigen konnten, kam es zu einem Schiedsverfahren vor dem dafür zuständigen Gremium. Die Sitzung dauerte von morgens elf bis abends gegen sieben. Argumente wurden ausgetauscht. Die Krankenkassen machten geltend, im Sinne der Kostendämpfung und der Transparenz von Rechnungen auf diese zusätzlichen Daten angewiesen zu sein. Die Zahnärzte sahen das Arztgeheimnis gefährdet und äußerten weitere Bedenken: Aufgrund des Wettbewerbs, in dem die Krankenkassen neuerdings stünden, könne eine mißbräuchliche Verwendung dieser Daten nicht mit Sicherheit ausgeschlossen werden – etwa um aus der Sicht der Krankenkassen nicht lohnende Behandlungen zu verweigern, z. B. die Zahnbehandlung eines Krebskranken mit geringer Lebenserwartung. Darüber hinaus sei denkbar, daß Krankenkassen auf der Basis von Durchschnittswerten in noch höherem Maße als bisher Muster-Behandlungsprogramme für bestimmte Krankheitsbilder entwickeln, so daß – überspitzt formuliert – am Ende die Krankenkassenverwaltung dem Arzt die Behandlung diktieren würde. Um den Verdacht auszuräumen, man wolle bloß die erbrachten Leistungen vernebeln, um größeren Spielraum bei der Abrechnung zu haben, kam auch hier wieder der Vorschlag der Zahnärzte zur Sprache, *jedem* Kranken, also auch dem Kassenpatienten, eine Aufstellung über die bei ihm vorgenommene Behandlung samt Preisen in die Hand zu drücken.

Mitten in diese Verhandlung platzte dann per Fax ein Schreiben des Bundesgesundheitsministeriums, das am gleichen Tag beim AOK-Bundesverband eingegangen war und das die Position der Krankenkassen vollinhaltlich stützte. Das Fax wurde sogleich zur Kenntnis genommen, verlesen und diente dem Gremium im Endeffekt als Grundlage für die Entscheidung. In der Sowjetunion Mitte der achtziger Jahre hätte ich mich über ein entsprechendes Gebaren nicht gewundert, aber hier bei uns in Deutschland? Wenn wir so mit unabhängigen Schiedskommissionen umgehen, dann sollten wir uns den Aufwand sparen. Das wäre billiger und ehrlicher. – Der Vollständigkeit halber noch zwei Informationen dazu. Laut Bundesschiedsspruch dürfen die Krankenkassen besagte Datensätze zur Bearbeitung auch an »Dritte« weitergeben. Die Kassenzahnärztliche Bundesvereinigung hat Klage eingereicht.

Fall drei: In Niedersachsen war die Vergütungsregelung für Zahnärzte ausgelaufen, und die gesetzlichen Krankenkassen verweigerten den Medizinern die vorgesehene (turnusmäßige) Honoraranpassung. Abgesehen von der banalen Feststellung, daß rundum alles teurer wird und jeder Berufsstand Nullrunden nur begrenzt verkraften kann, gibt es ein gesetzlich garantiertes Recht auf »angemessene Vergütung«, was immer das im einzelnen heißen mag. Das Gesetz sieht vor, daß spätestens drei Monate nach Ablauf einer Vergütungsregelung das Schiedsamt tätig werden muß, um einen sogenannt »gebührenvertragslosen Zustand« zu verhindern. Das bedeutet nämlich, daß die Ärzte mit den Patienten direkt abrechnen und keine Krankenscheine bzw. Chipkarten annehmen. Es bedeutet allerdings nicht, wie damals vielfach behauptet wurde, daß Kassenpatienten mit Privatrechnungen überzogen werden. Es gab im Gegenteil sogar die Empfehlung der Mediziner, die Kassenpatienten darauf hinzuweisen, daß sie ihre Zahnarztrechnung erst dann bezahlen sollen, wenn sie selbst den Betrag von der Kasse bekommen haben.

Und das war im einzelnen passiert: Die Vergütungsregelung lief zum 1. Januar 1995 aus. Die Zahnärzte forderten eine Erhöhung von 1,7 Prozent. Die Krankenkassen lehnten ab. Laut Gesetz hätte sich bis zum 31. März ein Schiedsamt einschalten müssen. Tat es aber nicht. Denn der vorgesehene Vorsitzende wurde von der Zahnärzteschaft abgelehnt. Aufgrund seiner Tätigkeit in derselben Funktion im Jahre 1994 warf man ihm Parteilichkeit vor und sah die gesetzlich garantierte Unabhängigkeit des Schiedsamtes nicht gewährleistet. Ein anderer Vorsitzender wurde jedoch nicht bestimmt. Weil sich gar nichts bewegte, beschlossen die Zahnärzte in Niedersachsen mehrheitlich, weitere drei Monate zu warten, um Verhandlungsbereitschaft zu signalisieren. Wenn dann allerdings immer noch keine Honoraranpassung vereinbart worden sei, würden sie ab 1. Juli keine Chipkarten mehr akzeptieren. Es gab ein persönliches Gespräch zwischen Zahnarztvertretern und dem niedersächsischen Sozialminister, in dem die Zahnärzte anboten, den Termin noch einmal um drei Monate hinauszuschieben, wenn bis dahin ein neutral besetztes Landesschiedsamt seine Arbeit aufnehmen würde. Damit gab sich der Sozialminister aber nicht zufrieden. Die Aufforderung, die Chipkarte ab 1. Juli in den Praxen nicht mehr anzunehmen, müsse sofort und bedingungslos zurückgenommen werden. Andernfalls werde er ab 1. Juli einen Staatskommissar in der Kassenzahnärztlichen Vereinigung einsetzen. So kam es dann auch. Die Selbstverwaltung, die angeblich so hochgeschätzte, die laut Bundesgesundheitsminister Seehofer und entsprechenden Broschüren stets Vorfahrt genießen soll, wurde ausgehebelt, indem man dieser Körperschaft einen Staatskommissar vor die Nase setzte. Der informierte die Kassenzahnärztliche Vereinigung sogleich darüber, daß ihr bei unbotmäßigem Verhalten Zwangsgelder und andere »Zwangsmittel« drohten. In einem Schreiben präzisierte er diese Mittel: »Einwirkung auf Personen oder Sachen durch körperliche Gewalt [. . .] und durch Waffen im Wege des unmittelbaren Zwanges.« Diese Drohungen mußte der Staatskommissar auf Weisung des Landessozialgerichts allerdings wieder zurücknehmen. Er widmete sich dann den Honorarverhandlungen und schloß sie niedriger als vorgesehen ab. Es entbehrte nicht einer gewissen Komik, als der Staatskommissar seinen Einsatz mit den Worten beendete: »Jetzt liegt wieder ein Gebührenvertrag vor, und damit ist die Grundlage für die Zahnärzte entfallen, nicht auf Chipkarte, sondern gegen Rechnung zu behandeln.« Also hatten sie offenbar doch das Recht, sich so zu verhalten, obwohl von staatlicher Seite das Gegenteil behauptet und als Grundlage dafür herangezogen wurde, einen Staatskommissar überhaupt einzusetzen. Selbstverwaltung also auch nur dann, wenn sie so funktioniert, wie man das gerne hätte – ähnlich unserem merkwürdigen Demokratieverständnis?

Am 18. Juli 1995 war der Spuk vorbei. Ein Zahnarzt aus Niedersachsen glaubt zu wissen, warum die Einigung mit den Kassen dann doch so plötzlich über die Bühne ging. Die Patienten hätten nämlich auf den Rechnungen keine Spur von »Absahnen« oder »Abkassieren« entdecken können, wie entsprechende Kassenkampagnen und eine ebensolche Berichterstattung glauben machen wollten, sondern sich im Gegenteil über die mickrigen Beträge für »studierte Arbeit« gewundert. Bleibt nachzutragen: Einige Bundestagsabgeordnete aus CDU und FDP sind sehr nachdenklich geworden und fast ein wenig erschrocken darüber, was man mit dem von ihnen mitbeschlossenen Gesundheitsstrukturgesetz alles anrichten kann.

»Vorfahrt für die Selbstverwaltung« – das hört sich gut an. Juristen sind jedoch eher skeptisch bei diesem Punkt. »Stärkung der Selbstverwaltung bedeutet eigentlich immer Entlastung der Politik von Aufgaben«, so ein Fachanwalt. Für meine Ohren klingt das alles andere als besorgniserregend, im Gegenteil, aber ich habe mir erklären lassen, woher die Skepsis resultiert und will versuchen, das so einfach wie möglich weiterzugeben. Simpel gesagt läuft es auf folgendes hinaus: Der Gesundheitsminister bestimmt, was gemacht werden soll, und das dürfen die Ärzte dann selbst verwalten. Die so verstandene Selbstverwaltung hat auch den kassenärztlichen bzw. kassenzahnärztlichen Vereinigungen eine problematische Zwitterrolle eingebracht: Ursprünglich reine Interessenvertretungen der Ärzte, werden sie mehr und mehr zu Erfüllungsgehilfen des Staates umgebogen. Ein weiterer Einwand hat mit weitreichenden finanziellen Konsequenzen zu tun, die sich aus Schadenersatzklagen gegen Rechtsverordnungen des Staates ergeben können. »In den Fällen, wo es um rechtliche Haftung geht, greift die Regierung gerne auf Selbstverwaltung zurück, um die Bundesregierung als Gesetzgeber davon freizuhalten«, so ein Verwaltungsjurist. Die Krankenkassen schlagen sich z. B. zur Zeit mit der Pharmaindustrie wegen der eingeführten Festbeträge für Arzneimittel herum, die von den Herstellern als verfassungswidriges Preisdiktat empfunden werden. Sollte die Schadenersatzklage Erfolg haben, sind Millionenbeträge fällig. Das Bundessozialgericht hat bereits erklärt, daß die Festbetragsregelung nicht mit unserer Verfassung übereinstimmt; eine derart weitreichende Entscheidung hätte die Bundesregierung auch nicht den Krankenkassen übertragen dürfen, sondern vielmehr selbst per Rechtsverordnung tätig werden müssen. Nun ist – wie so oft – das Bundesverfassungsgericht an der Reihe.

Vom sogenannt freien Berufsstand Arzt ist nach den diversen Gesundheitsreformen nicht mehr viel übriggeblieben. Von der Abschaffung der Niederlassungsfreiheit war schon die Rede. Das betrifft natürlich auch die Zahnärzte. In überversorgten Gebieten gibt es gar keine Kassenzulassung mehr. Die entsprechenden Zahlen lauten für die alten Bundesländer: ein Zahnarzt auf 1280 Einwohner in Großstädten, sonst 1 680. In den neuen Bundesländern sind es 1180 in Großstädten und sonst 1 580. Na und, mag mancher denken. Ein vernünftig planender Zahnarzt wird sich nicht gerade ein Gebiet aussuchen, wo es von Kollegen nur so wimmelt. Mag sein. Aber die Auswirkungen für ältere Zahnärzte und Ärzte, die in den Ruhestand gehen wollen, sind fatal. In gesperrten Bezirken dürfen sie ihre Praxis nämlich nicht mehr frei verkaufen, sie nicht einmal ohne weiteres auf ihre Kinder übertragen. Denn über den Praxisnachfolger entscheidet der Zulassungsausschuß. Dieser kann, muß sich aber nicht an Wünschen des Praxisinhabers orientieren. Und auch die Preisverhandlungen werden dem ausscheidenden Mediziner aus der Hand genommen. Seine wirtschaftlichen Interessen werden nur bis zu einem bestimmten »Verkehrswert« der Praxis berücksichtigt, der von Gutachtern ermittelt werden soll. Genauere Angaben darüber, wie man sich den Verkehrswert einer (Zahn-)Arztpraxis vorzustellen hat, sucht man beim Gesetzgeber vergeblich.

Nicht genug damit, ab 1999 müssen Ärzte und Zahnärzte mit 68 Jahren aus ihrem Beruf ausscheiden. Zwangspensionierung für einen freien Berufsstand, so weit haben wir es schon gebracht. Die dafür Verantwortlichen im öffentlichen Dienst haben offenbar noch keinen Gedanken daran verschwendet, daß die Praxis und der Praxisverkauf einen wesentlichen Teil der Altersvorsorge eines niedergelassenen Arztes ausmachen. Selbst diese Leute müßten schon einmal etwas davon gehört haben, daß sich in Notverkäufen nur Bruchteile des realen Wertes erzielen lassen. Was soll ein Mediziner denn machen, der 68 geworden ist, nicht mehr praktizieren darf und auf seiner Praxis sitzenbleibt? Ehe er gar nichts erlöst, wird er sie verschleudern. Ja, wenn er dafür wenigstens eine Pension vom Staat bekäme! Warum machen wir nicht gleich alle Ärzte und Zahnärzte zu Staatsangestellten? Dann wüßten sie wenigstens, woran sie sind. Das einzige, was für sie vom freien Berufsstand noch übrigbleibt, ist das Risiko, sonst nichts. Sogar der Rechtsausschuß des Deutschen Bundestages hat mit Bezug auf Art. 12, Abs. 1 Grundgesetz (Berufsfreiheit) und Art. 14 Grundgesetz (Eigentumsfreiheit) einstimmig verfassungsrechtliche Bedenken gegen die Pensionierungsregelung vorgebracht. Das wird protokolliert, abgeheftet, und das war's dann. Auf die Entscheidung des Bundesverfassungsgerichts, wo wieder einmal eine Klage anhängig ist, können diejenigen, die es heute betrifft, nicht warten.

In dem Zusammenhang lohnt es sich, auf folgende Einschränkungen hinzuweisen, die bei Praxisverkäufen generell gelten. Sollte sich ein (Zahn-)Arzt – aus welchen Gründen auch immer – zum Verkauf entschließen, darf er seinen Angestellten aus diesem Anlaß nicht kündigen. Der Praxisnachfolger darf das ebensowenig. Aber umgekehrt haben die Angestellten sehr wohl das Recht, genau aus diesem Grund ihr Arbeitsverhältnis zu beenden, und zwar unter Einhaltung der entsprechenden Kündigungsfristen. Konkret heißt das: Wenn ein (Zahn-)Arzt seine Mitarbeiter einen Monat vorher darüber informiert, daß die Praxis in andere Hände übergehen soll – wesentlich früher ist aus vielfältigen Gründen unrealistisch – und diese es ablehnen, bei seinem Nachfolger weiterzuarbeiten, dann muß der Arzt wegen der gesetzlichen Kündigungsfristen die Gehälter weiterzahlen, obwohl ihm die Praxis längst nicht mehr gehört.

Eine zweite Regelung wird zum Treppenwitz vor dem Hintergrund, daß Datenschutzargumente die Begehrlichkeiten von Krankenkassen kaum noch bremsen können. Es handelt sich um das sogenannte »Zwei-Schrank-Modell«. Das bedeutet folgendes: Alle Karteikarten von Patienten werden in einem Schrank eingeschlossen und dürfen in einen zweiten, zu dem der Nachfolger Zugang hat, erst dann übernommen werden, wenn von jedem Patienten einzeln die Zusage vorliegt.

Mir ist in einer zahnärztlichen Fachzeitschrift ein Leserbrief aufgefallen, der die Misere eines Zahnarztes zwischen Anspruch und Wirklichkeit besonders anschaulich schildert, und deshalb möchte ich ihn hier auszugsweise zitieren:

»»Du mußt schneller bohren‹, sagte ein bekannter Berufspolitiker einmal zu mir, als ich mich vor Jahren bei ihm aussprach und darauf verwies, daß die mit zwei Händen zu erwirtschaftenden Umsätze als Kassenarzt so gering sind, daß kaum Kapitaldienst, Betriebskosten und Nebenkosten erarbeitet werden können. Ich erinnerte mich an dieses Gespräch und nahm mit Stoppuhr Arbeitszeiten für F 2 [eine zweiflächige Füllung] im Seitenzahnbereich mit Amalgam: Karies erkennen, den Patienten aufklären, den Behandlungsmodus abklären, der Entscheidung des Patienten entsprechende Vorbereitungen treffen [es folgt eine Aufzählung von 17 Einzelposten wie Betäuben, Ausbohren und Füllen], dem Patienten erklären, wie er sich die nächsten Stunden zu verhalten hat. Auf Wiedersehen! Zeitnehmen für eine F 2: 20 Minuten im ›Normalfall‹. Wenn aber nun auf physiologische Reaktionen des Patienten eingegangen werden muß, er hustet, speichelschluckt (obwohl abgesaugt wird), mit der Zunge wild arbeitet oder durch Erregungssalivation [Speichelfluß] Arbeitsgänge doppelt und dreifach wiederholt werden müssen, können die 20 Minuten auch verdoppelt werden. Damit arbeite ich in ärztlicher Ethik und vor dem Gesetz qualitätssichernd, für das betriebswirtschaftliche Auskommen oder gar Amortisation unrentabel und konkursfördernd. Was soll ich tun? Die ärztliche Ethik vergessen und schludern? Vertragsbruch und damit Vertrauensbruch begehen und ›mehr‹ als erbracht abrechnen? Die Restauration durch Überkronen verteuern? (Betriebswirtschaftlich durch erzielbaren Umsatz in der Zeiteinheit auch uninteressant!) Den Zahn unbehandelt lassen und sollte er schmerzen, extrahieren? Kassenpatienten ablehnen? 1. Was bleibt mir zum Leben? 2. Damit verstoße ich gegen das Arztrecht, denn im Schmerzfall muß jeder Patient behandelt werden. – Suche hiermit die Lösung für eine Misere, in die ich mich durch das Studium und die Entscheidung zur Selbständigkeit in diesem Beruf vor 25 Jahren gebracht habe – selber Schuld, selber Schuld?«

Zahlen sind nicht alles, wie ich mehrfach bei Recherchen zu diesem Buch feststellen mußte, aber hin und wieder geben sie doch Anlaß zum Nachdenken. Was soll man davon halten, wenn die gesetzlichen Krankenversicherungen 7 Milliarden jährlich für Zahnersatz ausgeben (einschließlich Material- und Laborkosten), aber knapp 12 Milliarden in die eigene Verwaltung pumpen?*

Und damit zum Schluß noch einmal ein kurzer Blick auf die Krankenkassen. Über 600** gibt es davon in unserem Land, alle ausgestattet mit dem gesetzlichen Auftrag zur »Gesundheitspflege«. Seit auch für Kassenpatienten die Möglichkeit besteht, die Versicherungsgesellschaft zu wechseln, haben die Kassen den Wettbewerb entdeckt. Die Art und Weise, wie sie um neue Mitglieder werben, ist Wasser auf die Mühlen derjenigen, die meinen, Wettbewerb habe im Gesundheitswesen ohnehin nichts zu suchen.

Aber auch Anhänger marktwirtschaftlicher Elemente in der Gesundheitsvorsorge beschleicht eine gewisse Skepsis beim Blick auf die ausufernden kostenlosen Kassenprogramme. Anschauliche Beispiele dafür sammelt die deutsche Ärzteschaft. Da werden Selbstverteidigungskurse für Frauen (ich bin dafür; aber nicht auf Krankenschein) von der AOK und von Ersatzkassen bezuschußt und, wie der Präsident der Bundesärztekammer Dr. Karsten Vilmar formuliert, »Freizeitprogramme für Gesunde« aus dem Boden gestampft, um neue Mitglieder zu werben. Bauchtanz, Jazz-Dance – alles wunderbar und sicher auch sehr gesund, aber vielleicht doch nicht ganz passend in Zeiten, wo jedes zweite Wort bei Diskussionen über den Gesundheitssektor »Kostenexplosion« heißt. Badminton, Aerobic – prima, aber doch nicht auf Kosten

---

* 1994   11,73 Milliarden für Verwaltung
          7,02 Milliarden für Zahnersatz
  1993   11,11 Milliarden für Verwaltung
          6,10 Milliarden für Zahnersatz

** Im Januar 1996 gab es in den neuen Ländern 197, in den alten Ländern 571 Krankenkassen. In dieser Zählung sind allerdings Mehrfachnennungen enthalten; die Gesamtzahl beträgt für ganz Deutschland deshalb nicht 768, sondern »nur« 642.

der Solidargemeinschaft, die alle Hände voll zu tun hat, den medizinischen Fortschritt und die gestiegene Lebenserwartung in ihr Versorgungssystem einzubeziehen. Die Liste der AOK-Angebote ist besonders beeindruckend: Wassergymnastik, Yoga, Walking (Spazierengehen war wahrscheinlich zu profan), Aquastepaerobic (»Eine besonders dynamische Form der Wassergymnastik, die Ihre Kondition auf Hochtouren bringt und dabei Gelenke und Bänder schont«), Hydropower (»Das ultimative Programm für Body-Shaping, Bodybuilding, Aerobic und vieles mehr. Es verbessert das Herz-Kreislauf-System, baut Muskulatur auf und Problemzonen an Bauch, Oberschenkel und Po ab. Massage, Entspannung und Streßabbau sind gleich mit eingebaut.«), Calisthenics (»Gymnastik mit minimalen Bewegungsabläufen zur Straffung und zum Muskelaufbau«), Qi Gong (»Bewegungsübungen zur Stärkung der eigenen Körperenergie auf körperlicher und geistiger Ebene«), PEKiP (»Prager-Eltern-Kind-Programm, Spiel und Bewegung für Eltern und Babys, dient dem Gruppengefühl und der Sozialisierung der Kinder und dem Erfahrungsaustausch der Eltern«). Außerdem gibt es Gutscheine für Tanzkurse, Squash, Eislaufen, Schwimmen und Verkehrssicherheitstraining.

Wo endet Prävention, und wo beginnt Reklame? Mit guter Prävention kann man werben, aber nicht jede gute Werbung ist Prävention.

Angesichts des aggressiven Werbeverhaltens der AOK fühlt sich der Verband der Ersatzkrankenkassen zunehmend mißbraucht, da er einen Teil seiner Mittel über den sogenannten Risikostrukturausgleich an die AOK überweisen und damit – so der Eindruck – die Werbung des Konkurrenten mitfinanzieren muß. Dieses Ausgleichssystem soll, ähnlich dem Länderfinanzausgleich, die Lasten zwischen solchen Kassen, die strukturell bedingt sehr kostenintensive Mitglieder haben, d. h. viele Alte und Kranke, und anderen, die Überschüsse erwirtschaften, gerechter verteilen. Sprecher der AOK wehren sich vehement gegen den Vorwurf, aus diesem Ausgleichstopf irgendwelche Gesundheitsangebote oder gar Werbung zu bestreiten. Allein, diese Behauptung erscheint mir nicht sehr überzeugend. Mit Hilfe des Risikostrukturausgleichs sollen, so lautet der politische Wille, die Beiträge der AOK-Versicherten gesenkt werden. Wenn die AOK ihren Versicherten nun diverse Gesundheitsangebote macht, dann ist sie dazu nur in der Lage, weil ihre Krankheitsaufwendungen von anderen Kassen mitgetragen werden. Buchungstechnische Spitzfindigkeiten ändern nichts am Prinzip. Ich kann den Ärger derjenigen nachvollziehen, die zu Abgaben an die AOK verdonnert sind und im Fernsehen Werbespots über sich ergehen lassen müssen. Daß die AOK jetzt Geschäftsstellen auf Mallorca eröffnet, ist ebenfalls – nach Ansicht von Fachkollegen – der reine Werbegag.

Die Sprecher der mitgliederstärksten gesetzlichen Krankenversicherung (über 32 Millionen) stellen sich auf den Standpunkt: All diese Angebote seien mit dem Krankenkassenrecht durchaus vereinbar. Und sie weisen nicht ohne Genugtuung darauf hin, daß es bisher keinen einzigen Fall gegeben habe, in dem die staatliche Aufsicht die entsprechende Initiative einer Kasse untersagt habe. Sollte man entgegnen, dann wird es eben höchste Zeit?

Hartnäckig hält sich das Gerücht, das Gehalt von Spitzenfunktionären gesetzlicher Krankenkassen orientiere sich am Umsatz. Gesetzt den Fall, da sei etwas dran: Wo soll dann die Motivation herkommen, ernsthaft Kosten zu sparen? Auch die Weigerung der Kassen, sich der Idee von Grund- und Zusatzleistungen zu öffnen, erschiene dann in einem anderen Licht. Wenn da in entsprechenden abweisenden Reaktionen vom »Griff in die Taschen unserer Versicherten« die Rede ist, den man verhindern wolle, dann könnte sich dahinter vielleicht eher die Furcht vor dem Griff in die eigene Tasche verbergen.

Wir müssen im Gesundheitswesen mit dem Selbstbetrug aufhören, allen Beteiligten reinen Wein einschenken, die Dinge beim Namen nennen und dann endlich eine Systementscheidung fällen. Aber dafür brauchen wir mehr Menschen, die zu unabhängigen Einsichten fähig sind.

7
Wie heißen beim Euro die Pfennige?

Der überstürzte Umzug ins europäische Haus

Wenn mich früher jemand nach meiner Nationalität gefragt hat, fand ich es nicht nur schick zu antworten: Terraner, also Erdbewohner, es entsprach auch meiner Überzeugung. Grenzen empfand ich immer als negativ, als etwas Trennendes; ihre Schutzfunktion nach außen spielte für mich keine Rolle. Ich war mit jeder Faser inter-, multi-, globokulturell. Meine Freunde stammten aus allen Teilen der Welt, und in unseren Gesprächen entdeckten wir weit mehr Verbindendes als Trennendes. Hin und wieder wurde meine begeisterte Internationalität gedämpft. Einige in unserer Clique lebten mit ausländischen Partnern und stellten dabei fest, daß es auch Unterschiede gibt, mit denen man schwer zurechtkommt, daß es zuweilen eben doch einfacher ist, mit jemandem aus derselben Erfahrungswelt den Alltag zu bestreiten. Was für den einen Wert hatte, war für den anderen ohne Bedeutung. Das kommt zwar auch bei Partnern aus demselben Kulturkreis vor, läßt sich aber meist leichter bewältigen. Toleranz fordern und sie selbst leben sind zwei verschiedene Dinge. Und an welchem Punkt kippt Toleranz in Gleichgültigkeit um? Welches Verhalten, das sich nach anderen Werten richtet, kann man tolerieren und welches darf man um keinen Preis akzeptieren? Was wir Mitteleuropäer als Verletzung der Menschenrechte empfinden, ist für Bewohner anderer Teile dieser Erde, die sich auch nicht für Barbaren halten, ganz normal. So einfach ist das also nicht mit der konkreten internationalen Solidarität. Doch total unverständlich war es mir und meinen

Freunden, daß Menschen verschiedener Nationalitäten gegeneinander Krieg führen, aufeinander schießen. Wir glaubten an die Lernfähigkeit der Gattung Mensch und daran, daß es möglich sei, mit einer Mischung aus Verstand und Mitgefühl Konflikte zu bewältigen, ohne sich gegenseitig abzuschlachten. Alles andere war für uns indiskutabel und im wahrsten Sinne des Wortes menschenunwürdig.

Später habe ich dann den Internationalismus in der Sowjetunion erlebt und auch schätzen gelernt, denn die äußere Erscheinungsform war bestechend. Studenten aus Westeuropa und Übersee, so erinnere ich mich, waren bei einem internationalen Treffen auf russischem Boden in den siebziger Jahren überwältigt, wie unbefangen und selbstverständlich unsere sowjetischen Kommilitonen europäischer und asiatischer Herkunft miteinander umgingen. Es machte den Eindruck, als funktioniere es.

Ende der achtziger Jahre – 1987 hatte ich meine Tätigkeit als Korrespondentin der ARD in Moskau aufgenommen – habe ich dann hautnah erfahren, was passiert, wenn die Fesseln eines solchen staatlich verordneten Internationalismus reißen und sich die eigene Identität der Völker mit einer Wucht Bahn bricht, die nur durch die frühere Unterdrückung zu erklären ist. In einem Maße, das ich nicht genau beziffern kann, aber sehr hoch ansetzen würde, resultieren die wirtschaftlichen Schwierigkeiten auf dem Gebiet der ehemaligen Sowjetunion aus dieser Entwicklung. Rücksichtslos durchgesetzte Nachholbedürfnisse der verschiedenen Völkerschaften – menschlich verständlich, politisch fatal – verhindern, daß Wege gemeinsam beschritten werden, obwohl jedem theoretisch klar ist, daß man heutzutage auf sich allein gestellt nicht mehr weit kommt. Schon gar nicht in einem Teil der Welt, der über Jahrzehnte eine so strikte Arbeitsteilung praktiziert hat wie die Sowjetunion. Wie soll das mit der Wirtschaft in den UdSSR-Nachfolgestaaten vorangehen, wenn die Einzelteile für ein beliebiges Industrieprodukt aus verschiedenen Ländern zugeliefert werden müssen, die sich und anderen das Leben schwermachen, weil sie ihre Selbständigkeitsrituale bis ins Groteske steigern?

Deshalb habe ich auch nie verstanden, warum ausgerechnet Westeuropäer, die sich ihrerseits der europäischen Einigung verschrieben haben, jede Unabhängigkeitserklärung auf dem Territorium der ehemaligen Sowjetunion gedankenlos beklatschten. In einer Zeit, wo die Welt enger zusammenrückt, wo jeder, der etwas zu sagen hat und mitreden will, das Wort von der Globalisierung im Munde führt – muß man da nicht alle Überzeugungskraft aufwenden, um anachronistische Entwicklungen zu verhindern? Oder stimmt es etwa nicht mehr, daß Zusammenarbeit und Vernetzung vor allem der Friedenssicherung dienen? Der Westen müßte gegenüber dem Osten in einer solchen – konstruktiven – Debatte ja keineswegs als Besserwisser auftreten. Wie wäre es mit folgendem Motto: Wir wollen von euch lernen, wie man es auf keinen Fall machen darf, wenn man eine Weltregion politisch und wirtschaftlich zusammenbinden will. Ihr könntet von unseren Erfahrungen profitieren, daß sich Kleinstaaterei nicht lohnt. Laßt uns also gemeinsam überlegen, wie der richtige Weg aussehen kann!

An dieser Stelle ist wieder ein Bekenntnis fällig: Ich war schon für Europa, als von Währungsunion und Staatenbund noch keine Rede war. Annäherung, Verständigung, gegenseitige Hilfe, Austausch mit dem Ziel, voneinander zu lernen und sich in jedem Falle offen die Meinung zu sagen, damit sich um Himmels willen nichts festsetzt, kein Mißverständnis verkrustet. Ich bin immer noch für Europa, aber ich gedenke nicht, mit jeder Kritik hinterm Berg zu halten, weil das »der großen Sache« schaden könnte, der wir uns seit Adenauer und de Gaulle verpflichtet sehen. Es geht auch nicht an, wenn über Europa geredet und gestritten wird, Maulkörbe verhängen zu wollen, mit dem Hinweis, dieses sensible Thema eigne sich nicht für den Wahlkampf. Welches Thema eignet sich schon für den Wahlkampf?

Wie wir uns zur Zeit Europa nähern – so geht das nicht. Wir setzen zwar keine Waffengewalt oder physischen Zwang ein, aber demokratisch entscheiden lassen wir die Menschen auch nicht. Wir sind dabei, mit vereinter Staatsgewalt und politischem Druck etwas zusammenzuzwingen, was doch nur freiwillig zusammenwachsen kann. Ich sag's mal mit einem etwas übertriebenen, aber anschaulichen Bild: Die gegenwärtige Europapolitik kommt mir manchmal so vor, als würde man Menschen aneinanderketten mit dem Befehl: Nun liebt euch gefälligst, wir wissen, daß es gut für euch ist! Und wenn sich Widerstand regt, dann heißt es entweder, die Leute sind zu blöd, da muß man mit sanfter Gewalt nachhelfen, oder die Kritiker stehen politisch so weit im Abseits, daß man sich mit ihnen gar nicht erst auseinandersetzen muß.

Ich wiederhole es gern: Ja, ich bin mir der Gefahr bewußt, vor den falschen Karren gespannt zu werden. Aber es widerstrebt mir zutiefst, meine Ansichten nicht zu äußern, damit sie mir ja keiner »mißbrauchen« kann. Ich verstehe das Unbehagen des mir sehr sympathischen Kabarettisten Werner Schneyder gut, der sich durch Jörg Haiders grobe Angriffe auf eine Reihe von Kulturschaffenden in Österreich zur Solidarität mit den Betroffenen genötigt sieht, selbst wenn er einige von ihnen persönlich auch nicht schätzt. Schneyder hat in einem Interview verraten, wie er sich dabei fühlt, wenn er gezwungen wird, sich selbst zu zensieren aus Angst vor dem Beifall aus der falschen Ecke: »Ich werde dem Haider nie verzeihen, daß ich jetzt nicht mehr öffentlich sagen kann, wie ich die Jelinek finde.« Und so weit möchte ich eben nicht gehen. Ich möchte Elfriede Jelinek künstlerisch für eine Zumutung halten dürfen, ohne in die Nähe von Jörg Haider gestellt zu werden. Ich möchte die Struktur der ARD kritisieren dürfen, ohne für einen Totengräber der Öffentlich-Rechtlichen gehalten zu werden – das Gegenteil ist der Fall: Wer nicht kritisiert und umstrukturiert, kann sich gleich geduldig auf das Ende einstellen. Und ich möchte den Fahrplan der europäischen Einigung kritisieren dürfen, ohne als tumber Europagegner ins Abseits gestellt zu werden.

Das Bild vom europäischen Haus gefällt mir – war es nicht von

Michail Gorbatschow? Ohne übertriebene deutsche Bauvor-
schriften anwenden zu wollen – eine solide Konstruktion, die
nicht beim kleinsten Erdstoß gleich in sich zusammenfällt, wäre
wünschenswert. Ebenso eine gute Isolierung, die verhindert, daß
sich bei jedem Familienkrach die Nachbarn belästigt fühlen. Wer
Vermittlung oder Schlichtung wünscht, kann ja klingeln kommen. Wenn alle die gleiche Miete bezahlen, müssen auch alle das
Gefühl haben, bei der Wohnungsvergabe nicht benachteiligt zu
werden. Wenn erst das Gezerre um den Südbalkon oder das
Schlafzimmer zur ruhigen Hofseite losgeht, dann gute Nacht.

Eine funktionierende Nachbarschaft stellt einen Wert dar. Ob
sie funktioniert oder nicht, hängt aber nur sehr begrenzt von der
Konstruktion des Hauses oder von der geltenden Hausordnung
ab. Entscheidend ist, ob die Bewohner das Haus zu schätzen
wissen, ob sie sich an die Hausordnung halten und ob sie sich
gegenseitig sympathisch finden oder sich nicht ausstehen können. Die Dinge wollen also überlegt sein.

Wenn ich großen Ärger mit einem Nachbarn habe, dann ziehe
ich woanders hin, wenn ich es mir leisten kann und es sich
einrichten läßt. Wenn ich befürchten muß, mit zukünftigen
Nachbarn Ärger zu bekommen, dann werde ich freiwillig erst gar
nicht in das betreffende Haus einziehen. Wenn ich mein komfor-
tables Eigenheim verlasse (in diesem Falle Deutschland), um mit
anderen zusammenzuziehen, ist das mindeste, was ich brauche,
Vertrauen und eine gewisse Grundsympathie. Es darf auch ruhig
mal krachen. Wenn dann nach ein paar deutlichen Worten die
Welt wieder in Ordnung ist – okay. Und wenn ich auf Sicherheit
aus bin und mich deshalb in einem alleinstehenden Einfamilienhaus nicht wohl fühle, dann sollte mir dennoch klar sein, daß
mich auch ein Mehrfamilienhaus nicht automatisch davor
schützt, im Hausflur überfallen und zusammengeschlagen zu
werden. Da kann die Hausordnung noch so ausgefeilt sein.

Warum soll all das für das europäische Haus nicht gelten?

Nehmen wir Frankreich. Achtung, Bekenntnis: Ich liebe die

französische Sprache, die ähnlich musikalisch ist wie die russische; mir gefällt das Land und die sprichwörtliche Lebensart. Weniger Gefallen finde ich am unbefangenen, nahezu sorglosen Umgang unserer Nachbarn mit der Kernenergie – ein französischer Kollege meinte dazu: Was für euch Deutsche die D-Mark ist, das ist für uns Franzosen die Atomkraft. Das unerschütterliche Selbstbewußtsein der »Grande Nation« geht mir auch ab und zu auf die Nerven. Ich habe, wie viele andere Menschen auf der Welt, fassungslos die Atomversuchsreihe verfolgt, die Frankreich im Herbst 1995 gestartet hatte. Ich habe mit Genugtuung und Wut zur Kenntnis genommen, daß sich zwei von drei Franzosen ebenfalls gegen die Atomtests ihres Landes aussprachen. Genugtuung, weil dieses Ergebnis nicht dazu taugte, bei uns in Deutschland ein neues Feindbild aufzubauen. Wut, weil in Frankreich eben auch Politik über die Köpfe der Leute hinweg gemacht wird. Es geht mir hier überhaupt nicht um die Frage, welche Gefahren diese Versuche für Mensch und Natur mit sich bringen und ob – garantiert nicht radioaktive – Computersimulationen nicht den gleichen Dienst erwiesen hätten. Es geht mir – wie so oft in diesem Buch – vielmehr um die Mechanismen beim Umgang mit einem Problem.

Das offizielle Frankreich hat sich aufgeführt wie eine beleidigte Diva. Reihenweise wurden geplante Staatsbesuche abgesagt und bereits eingeladene Staatsgäste wieder ausgeladen. In Bonn zerbrach man sich den Kopf, wie man am geschicktesten Kritik äußert, ohne die deutsch-französische Freundschaft zu belasten. Was muß das für eine Freundschaft sein, die bei den leisesten kritischen Tönen gleich zu zerbrechen droht? Phasenweise wirkte die französische Diplomatie mit ihren Rundumschlägen geradezu trotzig. Der Gipfel war dann der französische Vorwurf, bei den weltweiten Protesten handele es sich um pure Heuchelei und man vermisse ein Mindestmaß an Solidarität innerhalb der Europäischen Union, »das wir mit Recht voneinander erwarten können«, so der französische Außenminister Hervé de Charette am 13. Dezember 1995. Premierminister Alain Juppé beschwerte sich mit nahezu den gleichen Worten im französischen Fernsehen, wobei er ausdrücklich die Bundesrepublik für ihre Solidarität lobte. In einem Gastkommentar für eine deutsche Zeitung formulierte Juppé: »Frankreich ist denen dankbar, die dem Beispiel der britischen Regierung und Kanzler Kohl gefolgt sind, also der Versuchung widerstanden haben, in den Chor des Protestes einzustimmen. Der wird von Anti-Atom-Bewegungen dirigiert, deren Geschichte und politische Verbindungen bekannt sind.« Juppé schreckte also auch vor billigen Diffamierungen nicht zurück und setzte dann noch eins drauf: »Das vorbildliche Verhalten dieser Staatsmänner zeigt, daß sich Demokratie nicht unbedingt auf Demagogie reimt. Es zeigt auch, daß diese Debatte die Interessen von ganz Europa berührt.« In der Tat. Wenn ich an meine französischen Nachbarn im europäischen Haus denke, dann ist mir die Familie sehr willkommen, der Familienvater aber möglicherweise höchst suspekt. Wie kann ich erwarten, daß der eine neue Hausordnung akzeptiert, der wird sie ganz nach Gusto umbiegen. Laut Artikel 34 des Euratom-Vertrags hätte Frankreich von der Europäischen Kommission eine Stellungnahme zu den geplanten Atomtests und unter den gegebenen Umständen sogar eine Erlaubnis einholen müssen. Hat es aber nicht. Wer zeigt da wohl Mangel an Solidarität?

André Glucksmann, einer der führenden Philosophen Frankreichs, Professor an der Pariser Sorbonne, schrieb in einem offenen Brief an die Deutschen: »Liebe Freunde, prüfen Sie die Unverhältnismäßigkeit Ihres Eiferns: Begeisterung für die kleine Friedensflotte – und kein Wort für die verstrahlten Kinder von Tschernobyl. So zahlreich gehen Sie gegen unterseeische Atomversuche auf die Straße, aber wo waren die Pazifisten, um für Vukovar, Dubrovnik und Sarajevo zu demonstrieren, für Grozny, das binnen drei Wochen dem Erdboden gleichgemacht wurde? Die Unverhältnismäßigkeit der Empörung läßt den moralischen Anspruch der Atomgegner auf Null sinken. Kultur und Schutz des Lebens beschränken sich nicht auf Mitleid mit Plankton. In Srebrenica sind Menschen gestorben, die Fische im Mururoa-Atoll vermehren sich. Der ökologische Tourismus à la Greenpeace läßt an Herrschaften denken, die zwischen 1933 und 1940 Rosen gehegt und ihr Image gewahrt haben, während die Menschenschlächter düstere Rekorde aufstellten.« Starker Tobak. Der Protest gegen die französische Machtpolitik wird mit dem Hinweis auf die vielen anderen Sachen in der Welt abgeschmettert, die noch viel schlimmer seien und gegen die man sich erst einmal wenden müsse, um glaubwürdig zu bleiben. Und wie stellen Sie sich das praktisch vor, lieber Herr Glucksmann? Eine Liste der moralisch verwerflichsten Taten weltweit – das läßt sich als Loseblattsammlung oder auf Diskette problemlos aktualisieren –, die jedesmal heruntergebetet werden muß, ehe man sich dem eigentlichen Anliegen zuwendet? Etwa so: »Bevor ich zum Grund unseres heutigen Protestes komme, lassen Sie mich erst einmal Ekel und Abscheu formulieren über die folgenden Ereignisse der letzten Monate«?

Und was sollte der ständige Hinweis auf China, das die Welt doch viel ungenierter mit Atomversuchen belaste, jedoch nicht halb soviel dafür kritisiert werde? Aber bitte, daß Frankreich sich in solche Gesellschaft begibt, ist doch gerade der Grund für die unendliche Enttäuschung hierzulande. Was erwarten wir denn von China? China hat nie behauptet, unser Freund zu sein, mit denen wollen wir auch nicht zusammenziehen. Frankreich, unser Freund, benimmt sich wie die Axt im Walde, und das muß man so deutlich sagen dürfen, wenn der Einzugstermin ins gemeinsame Haus immer näher rückt.

Nicht wenige bei uns sind der Meinung, daß es wichtiger sei als alles andere, den einmal ins Auge gefaßten Zeitplan einzuhalten. Die Gründe, die dafür angeführt werden, besagen eigentlich nichts anderes als: Wie sieht denn das aus, wenn wir den Termin immer weiter verschieben? Was sollen denn die Leute denken? Die meinen am Ende noch, wir verstehen uns nicht. Sieht ja immer blöd aus, wenn eine gemeinsame Wohnung nicht termingerecht bezogen wird. Und dann die Kosten. Es kann ja in der Tat teuer werden, die alte Wohnung zu behalten und die neue leerstehen zu lassen, wenn man den Mietvertrag schon unterschrieben hat. Aber naiv gefragt: Ist das neue Haus überhaupt schon fertig? Wenn nicht, dann wird es nämlich noch teurer.

Wenn alles nach Plan läuft, soll ab 1. Januar 1999 der Euro (wie heißen eigentlich dann die Pfennige?) die Mark ablösen. Zunächst will man die gemeinsame Währung nur im geschäftlichen Zahlungsverkehr, d. h. als Verrechnungseinheit zwischen den europäischen Banken, Großunternehmen und Institutionen, einsetzen. Drei Jahre später, ab 1. Januar 2002, sollen wir alle, Sie und ich, den Euro dann in unserem Portemonnaie finden.

Im Prinzip ist die europäische Währungsunion eine feine Sache. Wenn schon Binnenmarkt, warum dann noch mit zig verschiedenen Währungen? Außerdem zeigt der deutsche Wille zum Euro, daß wir nach der Vereinigung unseres Landes keine Vormachtstellung anstreben, sondern mehr auf Gemeinsamkeit setzen: Integration statt Dominanz. Hinzu kommen noch die kleinen Dinge am Rande, die alles andere als ausschlaggebend sind, aber Touristen zum Beispiel an einem einheitlichen Währungsgebiet Gefallen finden lassen. Nach Berechnungen von Banken bleiben heute von 1 000 Mark, die man sich in Deutschland in die Tasche steckt, nach einem Europatrip durch alle EU-Staaten mit entsprechenden Tauschaktionen in die jeweilige Landeswährung weniger als 500 Mark übrig, ohne daß man irgend etwas gekauft hätte. Den Rest haben Umrechnungskurse und die Gebühren der Wechselstuben aufgezehrt.

Es schmerzt zuweilen, von alten Gewohnheiten Abschied zu nehmen, und an die Deutsche Mark mit allem, was sie uns bedeutet – wirtschaftlich wie emotional –, haben wir uns schon sehr gewöhnt. Aber dürfen solche Gefühle unsere Entscheidung beeinflussen? Ist da nicht der kühle Sachverstand gefragt? Man muß nicht erst den Börsenguru Kostolany befragen, um zu erfahren, welche beherrschende Rolle die Psychologie in der Wirtschaft spielt. Da gibt es Beispiele zuhauf. Wie oft werfen Stimmungen und »Atmosphärisches« alle Wirtschaftsanalysen und Prognosen über den Haufen, die auf kühlem Sachverstand aufgebaut waren.

Vielleicht würde es weiterhelfen, wenn wir das Thema Euro aufrichtiger diskutierten. Aber solange sich sogar Parteifreunde mit Totschlagargumenten beharken, darf man sich nicht wundern, wenn ebendiese Diskussion ausbleibt. Da wirft Klaus Hänsch, SPD, Präsident des Europäischen Parlaments, am 30. Oktober 1995 dem Euroskeptiker Rudolf Scharping »nationalistisches Stammtischgeschwätz« vor. Oder da vermutet SPD-Vorstandsmitglied Peter Glotz am 6. November 1995, es wolle wohl einer mit »Gauweilerschen« Thesen Wahlkampf machen. Peter Gauweiler von der CSU kommt schon sowieso nicht in Betracht als Mitdiskutant. Auch hier greift die Lagertheorie. Bist du für oder gegen Europa? Bist du für oder gegen den Euro? Und wenn du tatsächlich dagegen sein und auch noch bedenkenswerte Argumente haben solltest, dann halte um Himmels willen den Mund. Denn alles andere stört nur.

Erschreckend dabei, daß Entscheidungsträger in Politik und Wirtschaft öffentlich Horrorszenarien für den Fall entwerfen, daß der Terminplan nicht eingehalten wird. Im persönlichen Gespräch jedoch machen sie aus ihren Bedenken keinen Hehl und vertrauen darauf, daß sich der Starttermin von selbst erledigen wird, weil ohnehin kaum ein Land die in Maastricht vereinbarten finanzpolitischen Konvergenzkriterien erfüllen wird. Prächtig.

Ein Banker, Spezialist in Sachen Europa, den ich frage, was aus seiner Sicht wahrscheinlicher sei, eine Verschiebung des Termins oder eine Aufweichung der verabredeten Kriterien, zieht sich geschickt aus der Affäre: »Es müssen drei Dinge unter einen Hut gebracht werden, die eigentlich nicht unter einen Hut zu kriegen sind. Erstens, die Konvergenzkriterien sollen streng angewandt werden. Zweitens, damit die Veranstaltung ökonomisch einen

Sinn hat, muß die Zahl der Teilnehmer hinreichend groß sein. Und drittens soll der Termin 1. Januar 1999 gehalten werden. Wendet man die Kriterien streng an und will eine große Zahl von Mitgliedern haben, dann ist der 1. Januar 1999 nicht zu schaffen. Wendet man die Kriterien streng an und hält den Termin, dann können nur sehr, sehr wenige teilnehmen – oder niemand. Und die dritte Variante: Soll die Teilnehmerzahl groß sein und der Termin gehalten werden, dann müssen Sie die Kriterien aufweichen. Das sind die drei Spielarten, die wir zur Verfügung haben.« Dazu fällt mir nur der Begriff »die Quadratur des Kreises« ein, und mein Gesprächspartner ergänzt schmunzelnd: »Ich nenne das neuerdings das magische Dreieck.«

Die erwähnten Konvergenzkriterien beziehen sich im wesentlichen auf die Inflationsrate, auf die Neuverschuldung und die Gesamtschuld des Staates. Zins- und Wechselkursentwicklung spielen auch noch eine wichtige Rolle – doch dazu später.

Was die Inflation betrifft, so gilt nach dem Maastrichter Vertragstext die erforderliche Preisstabilität dann als erreicht, wenn die Inflationsrate eines Landes im Jahr vor der Konvergenzprüfung durchschnittlich um nicht mehr als 1,5 Prozentpunkte über der Inflationsrate jener Mitgliedsstaaten (höchstens drei) liegt, die auf dem Gebiet der Preisstabilität das beste Ergebnis erzielt haben. Im Klartext: Die drei stabilsten Länder liefern die Basiswerte, nach denen sich alle anderen zu richten haben. Aber wie? Die Formulierung im Vertrag läßt diverse Auslegungen zu, und in der Vergangenheit wurde bereits heruminterpretiert. Während die Europäische Kommission noch 1994 verkündete, man werde den Drittbesten als Meßlatte heranziehen, stellte sich die Deutsche Bundesbank auf den Standpunkt, alle müßten sich am Stabilsten orientieren. Die jüngste Äußerung der Kommission läuft auf eine Durchschnittsrechnung hinaus. Aus den Inflationswerten der ersten drei wird das Mittel gebildet, das von allen anderen nur um 1,5 Prozentpunkte überstiegen werden darf. Deutschland wäre derzeit bei diesem Kriterium übrigens nach jeder Rechnung »drin«, ja, gehört sogar zu den drei Klassenbesten.

Die jährliche Neuverschuldung darf nach Maastricht 3 Prozent des Bruttoinlandsprodukts nicht überschreiten. Da wäre Deutschland nach dem Stand vom Februar 1996 mit 3,6 Prozent draußen. Und die gesamte Staatsschuld darf nicht mehr als 60 Prozent des Bruttoinlandsprodukts betragen. Auch hier würde es eng. Die Daten für das vierte Quartal 1995 liegen noch nicht endgültig vor, doch Schätzungen, Stand Februar 1996, gehen bei der deutschen Staatsschuld von 58,5 Prozent aus.

So eindeutig, wie sich das möglicherweise anhört, ist es aber nicht. Mein Gesprächspartner von der Bank macht mich darauf aufmerksam, daß es auch hier ohne »Aufweichung« der Kriterien einen gewissen Spielraum gäbe. Aufgrund der schwammigen Formulierungen im Vertrag sei es durchaus möglich, »daß nicht stur 3 Prozent gefordert werden, sondern eine 3 vor dem Komma ausreicht; 3,9 Prozent wären dann auch noch gut. Die Neuverschuldung in Frankreich liegt jetzt zwischen 5 und 5,5. Auf 3 Prozent kommen die bis 1999 niemals, auf knapp 4 schon eher, und damit wäre ja dann die Defizitquote in diesem Lande, ›erheblich und laufend‹, wie es im Vertrag heißt, zurückgegangen.« Wenn es so käme, fände er das allerdings gar nicht so problematisch. Er versucht mir zu erklären, warum: »Die Österreicher schaffen das Ziel von exakt 3 Prozent auch nicht, ebensowenig die Belgier. Nur – bei diesen Ländern wäre es auch kein Problem, denn hier haben wir ja faktisch schon längst eine Währungsunion: Schilling, Belgischer Franc und D-Mark sind seit Anfang der achtziger Jahre zueinander unverändert, und die Geldpolitik dieser Länder orientiert sich ausschließlich an der Bundesbank.« Stimmt. Unmittelbar vor unserem Gespräch hatte die Bundesbank die Leitzinsen gesenkt, und Wien und Brüssel haben – wie stets in der Vergangenheit – sofort nachgezogen. »Mit diesen Staaten kann ich auf der Stelle eine Währungsunion à la Maastricht machen«, sagt der Banker, »auch wenn nicht alle Kriterien buchstabengetreu erfüllt sind.« Anders sähe es mit der Südschiene aus, die er salopp »Club Méditerrannée« nennt, also die Länder von Portugal über Spanien und Italien bis Griechenland. Würden diese Länder unter Verletzung der Konvergenzregeln aufgenommen, dann wäre mit einer heftigen Reaktion der Finanzmärkte zu rechnen.

Wie groß ist die Gefahr, daß sich beitrittswillige Staaten die Konvergenzkriterien »zurechtrechnen«, um trotz schlechter Finanzdaten doch noch dabeizusein? Eine heikle Frage. Rein theoretisch wären gewisse Manipulationen möglich, bevor die einzelnen Länder ihre Daten an das Statistische Amt in Brüssel übermitteln. Ein Teil der Staatsschulden ließe sich in der Haushaltsrechnung durchaus auch auf Staatsbetriebe und andere Institutionen übertragen, die in der Statistik dann dem gewerblichen Sektor zugerechnet würden. In Frankreich wird tatsächlich teilweise so verfahren – auch wir haben das bis Ende 1994 mit den Treuhandschulden praktiziert. »Mit solchen Verschiebungen kann optisch das Staatsdefizit gedrückt werden«, räumt mein Gesprächspartner ein, beeilt sich aber hinzuzufügen: »Ich möchte keinem der Partnerländer unterstellen, daß sie so etwas manipulieren, um in die Nähe der 3-Prozent-Marke zu kommen. Das ginge mir zu weit. Aber möglich ist es.«

Als ein wesentlicher Vorteil der Währungsunion wird immer der Wegfall des Wechselkursrisikos gehandelt. Das zugrundeliegende Problem – unterschiedliche Wirtschaftskraft in den Partnerländern – löst man allerdings nicht automatisch, indem man Europa eine gemeinsame Währung überstülpt. Der Banker macht das mit einem Beispiel deutlich: »Ich bezeichne den Wechselkurs gerne als Fieberthermometer. Wenn man das Thermometer zerbricht, ist das Fieber ja nicht weg. Also werden sich die Ungleichgewichte zwischen den Volkswirtschaften an anderer Stelle zeigen, und zwar am Arbeitsmarkt. Dann bleibt nichts übrig, als mit Finanztransfers einzugreifen, sonst geht das sozialpolitisch in die Hose.« »Aber das müssen doch auch ein paar Menschen sehen, die Politik machen«, sage ich. Kein Kommentar. Statt dessen: »Entweder kommen die Menschen aus der Peripherie Europas in die zentralen, dynamischen Regionen. Das ist nicht gewollt. Dann müssen die Politiker das Kapital zu den Menschen schicken. Da das privatwirtschaftlich selten funktioniert, geht es nur über die öffentlichen Haushalte. Das nennt man dann Transfer.«

Was denken Leute, die an den Schalthebeln der Geldpolitik sitzen? Mein nächster hochkarätiger Kontakt verweist mich gleich an den Notenbankpräsidenten der Schweiz, Dr. Markus Lusser, der aus naheliegenden Gründen viel offener argumentieren könne. Er selber müsse Rücksichten nehmen und vorsichtig sein. Sehr dezent formuliert er sein Bedauern über die unzureichende Aufklärung durch die Politik. »Aber«, so meint er schließlich, »man verhält sich wohl aus gutem Grunde so. Sonst wird die Währungsunion in der Öffentlichkeit noch weniger akzeptiert.« Er geht immerhin so weit festzustellen, daß Europa kein optimaler Währungsraum sei. »Deutschland ist auch kein optimaler Währungsraum, Italien auch nicht. Der Unterschied ist: In diesen Nationalstaaten gleicht man das mit mehr oder weniger Konsens über beträchtliche Finanztransfers aus.«

Während ich auf Texte des Schweizer Nationalbankpräsidenten warte, versuche ich weitere deutsche Stimmen einzufangen. Einen Finanzexperten erreiche ich am Telefon in einer verärgerten Stimmung, die ihn mehr sagen läßt, als er eigentlich will. »Das ist doch alles Humbug«, meint er, »das wird doch politisch und nicht ökonomisch entschieden!« Meinen Einwand, daß ein starker politischer Wille für das Erreichen eines Zieles eher den Ausschlag geben könnte als ökonomische Kriterien, läßt er nicht gelten. »Unser Kanzler ist eben Historiker und kein Ökonom. In ökonomischer Hinsicht ist er eine einzige Katastrophe. Denken Sie an die wirtschaftliche Vereinigung Deutschlands. Was dabei für Fehler gemacht worden sind, das geht auf keine Kuhhaut!« Ich greife diesen Aspekt auf. Mit der deutsch-deutschen Währungsunion haben wir ja Erfahrungen sammeln können. Wenn man nun darauf besteht, Europa ab einem bestimmten Stichtag dieser Prozedur zu unterziehen – wäre das von den Kosten überhaupt zu machen? Der Finanzexperte winkt ab: »Wir müßten innerhalb von Europa zu beträchtlichen Transfers kommen. Solidarität innerhalb eines Landes ist gerade noch zu schaffen, aber innerhalb Europas – das glauben Sie doch nicht wirklich?!« Ich mache mir das Argument zu eigen, daß eine Verschiebung der Währungsunion über 1999 hinaus unermeßlichen politischen, aber auch wirtschaftlichen Schaden anrichten könnte, weil ohne diesen Termindruck in keinem Land mehr ernsthaft an der Konsolidierung der Staatshaushalte gearbeitet würde. Diese Argumentation hält mein Gesprächspartner für maßlos überzogen.

Mittlerweile scheint er sich etwas beruhigt zu haben und fügt mit traurig klingender Nachdenklichkeit hinzu: »Ich habe es sehr bedauert – wirklich sehr bedauert –, daß sich unser Bundespräsident Herzog vor diesen Karren hat spannen lassen.« Er spielt auf die Rede an, in der Roman Herzog eindringlich appellierte, die europäische Einigung nicht leichtfertig aufs Spiel zu setzen, indem man über Termine und Fristen streite. »Die Währungsunion wird durch diese Rede auf eine unangreifbare Ebene gehoben, als ob es um Krieg und Frieden im Europa der Zukunft ginge.« Seine ursprüngliche Verfassung hat ihn wieder eingeholt, als er weiterspricht: »Eigentlich finde ich es empörend. Da wird im Grunde mit der Sorge der Menschen um Frieden Schindluder getrieben.«

Mir ist immer unverständlicher, warum die Währungsunion bei so vielen Einwänden von sachkundiger Seite derart forciert wird. Ich kann nicht glauben, daß es für einige der prominenten Befürworter wirklich nur darum geht, sich ein europäisches Denkmal zu setzen. Diejenigen, die es besser wissen müßten, können doch nicht ernsthaft nach dem Motto verfahren: Nach mir die Sinflut. Oder steigen manche, die sich politisch so ins Zeug legen, wirklich nicht dahinter? Die Arbeitsplatzrechnungen, die der Deutsche Gewerkschaftsbund an die Währungsunion koppelt, lassen auch diese Variante als nicht ganz aus der Luft gegriffen erscheinen. Oder verhält es sich so, daß irgendwann keiner mehr was sagt, wenn ein Trend sich durchgesetzt hat? Diese Fragen bespreche ich noch einmal mit dem Bankfachmann. Für ihn ist der Maastrichter Vertrag ein Kind der achtziger Jahre, gezeugt im Klima der Ost-West-Konfrontation. Das politische Bedürfnis hieß: den Westen eng zusammenfügen, um geschlossen gegen den Osten zu stehen und vor allen Dingen zu verhindern, daß Deutschland in seiner besonderen Rolle als geteilter Staat die Fronten verwischt. »Nachdem der Ostblock zusammengebrochen ist«, so der Banker, »gibt es meines Erachtens in Europa wichtigere Aufgaben als die Währungsunion im Westen. Ich meine die Integration Osteuropas.« Nach seiner Überzeugung wäre es viel dringender, diesen osteuropäischen Ländern so rasch wie möglich die westeuropäischen Märkte zu öffnen, damit sie beim Aufbau ihrer Volkswirtschaften schneller vorankommen. Der Gedanke ist mir sympathisch, obwohl ich weiß, daß uns das Öffnen unserer Märkte einiges kosten würde. Neue Mitbewerber gefährden die eigenen Wirtschaftsstrukturen, und auf den nötigen Strukturwandel reagieren die einzelnen Volkswirtschaften in Westeuropa sehr unterschiedlich. Mein Gegenüber spinnt den Gedanken weiter: Wenn die in einer Währungsunion verbundenen Volkswirtschaften auf äußere Entwicklungen nicht gleichartig, sondern asymmetrisch reagieren, dann läuft das zwangsläufig auf Finanztransfers innerhalb dieser Währungsunion hinaus. Das Fazit: Lieber den Wirtschaftsraum nach Osten vergrößern und dafür die Währungsunion im Westen verschieben.

Wird nicht auch umgekehrt ein Schuh draus? Wenn man die Währungsunion durchpeitscht, dann kann man – von allen anderen ökonomischen Schwierigkeiten einmal abgesehen – die Öffnung nach Osten auf längere Sicht zu den Akten legen. Wenn wir alle Hände voll mit unserer westeuropäischen Währungsunion zu tun haben, stehen jedenfalls genügend Argumente bereit, um dem Osten die Öffnung zu verweigern. Wir verkraften das nicht, das ist uns zu teuer – das sagt sich nicht so leicht. Baut da mancher mit der westeuropäischen Währungsunion in Gedanken schon an einer neuen Mauer?

Apropos Osten. Wenn man sich die allgemeine Subventions- und Transferpolitik bei uns anschaut, worin bestehen eigentlich noch die signifikanten Unterschiede zu staatssozialistischen Systemen? Was macht uns so sicher, bei uns überhaupt noch von Marktwirtschaft sprechen zu können? Für einen öffentlich-rechtlichen Banker geradezu revolutionär hat das Ulrich Hombrecher von der Westdeutschen Landesbank in der Zeitschrift *Capital (Dezember 1995)* ausgedrückt: »Staatsanteile über 50 Prozent haben nur wenig mit Marktwirtschaft zu tun«, d. h. einfach, daß jede zweite Mark der gesamtwirtschaftlichen Leistung durch die Kassen des Staates fließt. Ich spreche auch mit Ulrich Hombrecher. Meine erste Frage: Was kann man besorgten Menschen entgegnen, die fürchten, daß aus der Währungsunion eine Inflationsgemeinschaft wird? In seiner Antwort taucht gleich zu Beginn der Begriff auf, dem ich in diesem Zusammenhang immer wieder begegne: »Meine Sorge ist, daß es mehr eine *Transfer*gemeinschaft wird. Ob auch eine Inflationsgemeinschaft, das kommt letztlich darauf an, wie robust die Notenbank ist.« Er erklärt mir, daß es für die Europäische Notenbank noch sehr viel schwieriger werden wird, sich im politischen Umfeld zu behaupten, als es jetzt für die Bundesbank schon ist. »Die Bundesbank steht oft unter Druck, wie wir alle wissen.« Gesetzt den Fall, eine Währungsunion unter Beteiligung einer hinreichenden Zahl von Staaten – also nicht nur drei oder vier – käme zustande; es braucht wenig Phantasie zu prophezeien, daß bei wirtschaftlichen Problemen zunächst einmal jeder von der Notenbank erwarten wird, daß sie mehr Geld bereitstellt. Der politische Druck wird enorm wachsen. Der moralische auch, nach dem Motto: Könnt ihr hartherzigen Notenbanker verantworten, daß Millionen ihre Jobs verlieren? Ulrich Hombrecher formuliert seine Bedenken: »Ich habe Zweifel, daß eine Europäische Notenbank im Konfliktfall mit der Finanzpolitik oder mit den Tarifparteien ein ähnliches

Durchsetzungsvermögen und eine ähnliche Widerstandskraft hat wie die Bundesbank. Ich fürchte, sie wird leichter nachgeben. Denn eines ist klar: Die Bundesbank hat einen enorm wichtigen Verbündeten, und das ist die breite Öffentlichkeit. Die Bundesbank spricht ex cathedra. Was die sagt, glaubt man. Was die Bonner sagen, da hat man immer Zweifel.« Hombrecher ist also skeptisch, daß es der Europäischen Zentralbank gelingt, die Autorität der Bundesbank sozusagen nahtlos zu übernehmen. »Das ist ein Vermutung«, betont er, »es gibt dafür keine Beweise, weil es die Währungsunion noch nicht gibt, aber wir haben genügend Indizien, daß es so sein wird.«

Ich werde bei Ulrich Hombrecher noch eine Verständnisfrage los. Eingeweihte Leser mögen mir verzeihen, aber ich war immer wieder über den Hinweis gestolpert, daß die künftige Europäische Zentralbank keine Wechselkurskompetenz besitzen soll. Das hieße, sie könnte den Wert des Euro z. B. gegenüber dem Dollar oder dem Yen nicht eigenständig festlegen. Diese Kompetenz solle vielmehr beim Europäischen Rat liegen. Nur dieses Gremium, in dem die europäischen Regierungen vertreten sind, kann künftig mit qualifizierter Mehrheit eine allgemeine Orientierung für die Wechselkurspolitik beschließen. Bedeutet das nicht, daß Währungsentscheidungen in Zukunft politischer Opportunität unterliegen können? Der Landesbanker klärt mich auf, daß dieses Primat der Politik auch in Deutschland gegeben ist, allerdings: »Es hat einen anderen Rahmen, oder sagen wir, die Bundesregierung hat es selten ausgenutzt. Damals unter Bundeskanzler Helmut Schmidt, als das EWS [Europäisches Währungssystem] gegründet wurde – das geschah gegen den Willen der Bundesbank.« Ich frage weiter: »Heißt das, die Politik hat auch heute schon die Möglichkeit, Wechselkurse frei zu bestimmen, macht davon aber so gut wie nie Gebrauch? Und in Europa ist damit zu rechnen, daß es getan wird?« »Vielleicht eher getan wird«, schwächt Hombrecher ab, »denn es gibt Länder wie Frankreich, die festen Wechselkursen ein sehr hohes Gewicht beimessen.« Wie ich später erfahre, rät der Schweizer Notenbankpräsident indirekt, das Primat der Politik in diesem Punkt aufzugeben. Eidgenössisch zurückhaltend liest sich das bei ihm so: »Politischer Einfluß [. . .] führt erfahrungsgemäß selten zu Wechselkursen, die mit den wirtschaftlichen Gegebenheiten in Einklang stehen.«

Von komplizierten Sachverhalten soll man sich nicht abschrecken lassen, also halte ich mich noch etwas bei der Frage der künftigen Wechselkurse innerhalb Europas auf. Wie soll das überhaupt funktionieren? Laut Fahrplan müßten Anfang 1998 die Teilnehmerländer benannt und am 1. Januar 1999 die Wechselkurse fixiert werden, die dann umgehend gelten sollen. »Also ist dazwischen noch etwa ein Jahr Zeit«, meint Hombrecher, »da atmen die Wechselkurse auch noch.« Nach den Maastricht-Kriterien können sich nur Länder qualifizieren, die über die bereits genannten Bedingungen hinaus folgende Voraussetzung erfüllen: Sie müssen am jetzigen EWS-System in den letzten zwei Jahren vor der Konvergenzprüfung teilgenommen haben, ohne daß ihre Währungen außergewöhnlichen Schwankungen unterlagen und ohne daß die Leitkurse auf Initiative der eigenen Regierung abgewertet worden sind. Hombrecher hält diese Bedingung für das wichtigste Kriterium, denn »wenn ich über so einen Zeitraum von zwei Jahren stabile Wechselkurse habe, ohne daß da groß manipuliert worden ist, dann kann ich sagen: Dieser Wechselkurs ist ökonomisch richtig.« Problematisch wird es, wenn aus politischen Gründen Länder teilnehmen sollen, die sich ökonomisch nicht qualifiziert haben. »Wenn politische Erwägungen eine große Rolle spielen, dann werden wir bis zum 31. Dezember 1998 wahrscheinlich noch einiges erleben auf den Devisenmärkten«, prophezeit Hombrecher, »und unter diesen Umständen würde es auch unheimlich schwierig werden, den ökonomisch richtigen Wechselkurs zu finden. Dieser Umrechnungskurs, der dann ein für allemal gilt, darf ja nie mehr verändert werden. Denn wenn er verändert wird, ist die Währungsunion zerbrochen.«

Wie sich ökonomisch nicht gerechtfertigte Wechselkurse auswirken, läßt sich leicht darstellen. Geht ein Land mit einer überbewerteten Währung in die Union – d. h. die Währung wird »härter« gehandelt, als sie tatsächlich ist –, muß es zwar eine gewisse Zeit lang Einbußen bei Wachstum und Beschäftigung hinnehmen, der Realwert des Vermögens seiner Bürger ist jedoch höher. Umgekehrt verhält es sich bei einem Land, das mit einer unterbewerteten Währung in den Club kommt. Dieses Land hat zunächst Wachstums- und Beschäftigungsvorteile, aber das Vermögen seiner Bürger wird real entwertet. Und natürlich auch die Staatsschulden dieses Landes. Ob da jeder der Versuchung widerstehen kann, ein bißchen zu manipulieren? Spielen wir das doch einmal durch: Da die politischen Interessen eindeutig dominieren, kann man nicht ausschließen, daß einzelne Länder versuchen werden, diesen Effekt auszunutzen – in der Erwartung, der Bürger merkt sowieso nichts, dem wird der Wertverlust seines Vermögens gar nicht bewußt. Aber um die Staatsschulden real zu entwerten, setzt man alles daran, mit einer unterbewerteten Währung da reinzugehen. Sollte es aus diesen und anderen Gründen vor der endgültigen Bindung der Wechselkurse zu starken Schwankungen kommen, dann wird es mit den Worten von Hombrecher »ein Hauen und Stechen« darum geben, welchen Umstellungskurs man letztendlich nimmt. »Und dafür gibt es noch kein Verfahren.« Wie also werden sich »Stichtags-Zufälligkeiten« auswirken?

Mittlerweile sind die Unterlagen des Schweizer Notenbankpräsidenten eingetroffen. Um es gleich vorwegzunehmen: Nach Ansicht von Dr. Lusser sollte eine gemeinsame europäische Währung erst dann verwirklicht werden, wenn die dafür notwendigen Bedingungen erfüllt sind, denn »eine Währungsunion bedeutet nicht einfach, daß ein Zahlungsmittel durch ein anderes ersetzt wird. Sie bedeutet, daß nationale Geldpolitiken durch eine gemeinsame übernationale Geldpolitik abgelöst werden.« Ein ungeheurer qualitativer Schritt, wenn man sich klarmacht, welch mächtiges wirtschaftspolitisches Instrument die Geldpolitik ist. Wir kriegen nicht einmal eine gemeinsame Außenpolitik auf europäischer Ebene hin, wie soll es dann mit einer gemeinsamen Wirtschaftspolitik klappen? Ob die Einheitswährung das geeignete Mittel ist, diese Gemeinsamkeit herbeizuzwingen?

Fassen wir doch einmal kurz zusammen: Die Währungsunion ist in erster Linie eine politische Entscheidung, die den ökonomischen Gegebenheiten eher geringe Beachtung schenkt. Nun gibt es zwei Möglichkeiten, darauf zu reagieren. Entweder man sagt, eine so tiefgreifende ökonomische Veränderung wie die Währungsunion kann nur gelingen, wenn die ökonomischen Daten stimmen. Politische Überlegungen müssen weitgehend draußen bleiben, wenn das Ding funktionieren soll. Oder man argumentiert, eine so tiefgreifende ökonomische Veränderung wie die Währungsunion kann nur gelingen, wenn ein starker politischer Wille dahintersteht. Dann lassen sich auch ungünstige ökonomische Daten eher in den Griff bekommen. Zu welcher Auffassung neigen Sie? Die Schlußfolgerung muß in beiden Fällen jedoch die gleiche sein: Der Termin 1999 ist nicht einzuhalten. Denn – daß die wirtschaftlichen Daten nicht zu schaffen sind, bestreiten nur noch unverbesserliche Optimisten. (Nach Jewtuschenko leiden unverbesserliche Optimisten unter Mangel an Wissen, unverbesserliche Pessimisten unter Mangel an Phantasie.)

Und was den politischen Willen betrifft, so scheint mir ein fundamentales Mißverständnis vorzuliegen. Ich glaube gerne, daß einige eifrige Verfechter der Währungsunion dieses Ziel aufrichtig verfolgen, es politisch wirklich wollen. Aber wollen sie auch die untrennbar damit verbundene Einschränkung der einzelstaatlichen Souveränität? Noch wichtiger: Hätten sie überhaupt das Recht dazu, haben ihnen die Bürger ein Mandat gegeben? Wir sind hier in Deutschland doch zu keinem Zeitpunkt in dieser Angelegenheit befragt worden. Ich spreche nicht von unverbindlichen Stimmungsbarometern der Meinungsforschungsinstitute, ich spreche von verbindlichen Bürgeraussagen. Und weil das so ist, fürchte ich, daß sich der ständig beschworene politische Wille nur auf eine Handvoll politischer Entscheidungsträger beschränkt, die ihr Volk gar nicht erst fragen – aus Angst, Antworten zu bekommen, die nicht ins Konzept passen. Eine gefährliche Angelegenheit. Aber warum soll ausgerechnet hier ein Prinzip angewandt werden, das wir auch sonst nicht berücksichtigen – oder haben Sie das Gefühl, an wichtigen Entscheidungen demokratisch beteiligt zu sein?

Der Schweizer Notenbankpräsident stellt in einem Vortrag, den er am 22. November 1995 in Wien vor der Österreichischen Industriellenvereinigung gehalten hat, fest, daß die EU insgesamt gesehen kein optimales Währungsgebiet ist. Gleichzeitig weist Dr. Lusser aber darauf hin, daß einige der bestehenden Währungsunionen durchaus funktionieren, obwohl sie im wissenschaftlichen Sinne alles andere als optimale Währungsgebiete sind. Als Beispiele nennt er Deutschland, aber auch die Vereinigten Staaten von Amerika, selbst die Schweiz und Italien. Warum funktioniert es mit der Währungsunion innerhalb dieser Länder dennoch? Nach Dr. Lusser sind dafür zwei Faktoren ausschlaggebend: der politische Wille, regionale Interessen den unionsweiten Interessen unterzuordnen, sowie eine hohe politische Solidarität mit den Regionen, die durch die Unterordnung wirtschaftlich zu kurz kommen. Diese Solidarität wird in den bestehenden Währungsunionen durch direkte Geldtransfers oder mit Hilfe des Steuersystems geleistet. Das Beispiel Italien führt er näher aus. Die Arbeitslosenquote beträgt in Norditalien rund 7 Prozent, in Süditalien rund 20 Prozent. Die durchschnittliche Arbeitsproduktivität liegt im Mezzogiorno gut 20 Prozent tiefer als im Norden. »Der Anhänger der Theorie optimaler Währungsgebiete wäre vermutlich versucht, Italien vorzuschlagen, zwei getrennte Währungen einzuführen, eine ›Lira-Nord‹ und eine ›Lira-Süd‹«, so Dr. Lusser. Aber das ist eben nur die Theorie. Die Praxis wird nicht gerade von Begeisterung, aber von einer tragfähigen politischen Solidarität bestimmt.

Kriegen wir so etwas im europäischen Rahmen auf die Beine? Dr. Lusser formuliert dazu sehr zurückhaltend, aber seine Aussage ist eindeutig und letztlich niederschmetternd: »Besteht ein politisch ähnlich stark abgestützter Konsens [wie in Italien] auch bereits in der EU? Würde er gar in einer die ganze EU umfassenden Währungsunion bestehen? Ich maße mir darüber – als außenstehender Betrachter – kein Urteil an. Ich bin aber überzeugt, daß ein solcher Konsens die notwendige Voraussetzung einer auf Dauer angelegten Europäischen Währungsunion ist. Die EU ist – ähnlich wie mehrere ihrer Mitgliedsstaaten – kein optimales Währungsgebiet. Sie wird, wagt sie den Übergang zur Einheitswährung, deshalb ohne Finanzausgleich nicht bestehen können. Der Maastrichter Vertrag macht um dieses Thema einen Bogen. Er sieht weder ein ausgebautes System von Transferzahlungen noch die Verlagerung von steuerrechtlichen Kompetenzen auf die Unionsebene vor. Wo liegt der Grund dieses Schweigens? Ich weiß es nicht. Ich hoffe nur, er keime nicht aus der Furcht, keine politische Mehrheit für diese Maßnahmen zu finden. Dies hieße, daß der EU – mindestens nach der Meinung ihrer politischen Führer – der politische Wille und die politische Solidarität, die die Grundlage jeder erfolgreichen Währungsunion bilden, fehlen.« Nahezu beschwörend klingt seine Schlußfolgerung: »Die Europäische Währungsunion muß [...] ein Erfolg werden. Sie darf auf keinen Fall scheitern. Dies kann möglicherweise heißen, daß der ambitiöse Fahrplan, den die EU sich für den Übergang zur gemeinsamen Währung setzte, überdacht werden muß.«

Alles »nationalistisches Stammtischgequatsche«? Viel zu viele Fragen bleiben offen.

Beispiel eins: Das Wechselkurskriterium ist alles andere als eindeutig. Im Maastrichter Vertrag ist festgelegt, daß nur diejenigen Länder an der Währungsunion teilnehmen dürfen, deren Währung sich innerhalb des EWS in den letzten zwei Jahren in einer »normalen Bandbreite« bewegt hat, also keine großen Schwankungen zeigte. Als »normal« wurde zum Zeitpunkt des

Vertragsabschlusses +/- 2,25 Prozent betrachtet. Mittlerweile beträgt die Bandbreite im EWS +/- 15 Prozent. Die EU hat entschieden, erst zum Zeitpunkt der Beitrittsprüfung endgültig festzulegen, was »normale Bandbreite« in Zahlen bedeutet – welche Aussagekraft hat dann dieses Kriterium?

Beispiel zwei: Eine Währungsunion kann alle ihre Vorteile nur dann entfalten, wenn nationale Steuersysteme dem nicht entgegenstehen. Unterschiedliche Steuerbelastungen werden sich weiterhin auswirken, d. h. das Kapital wird legal dorthin gebracht, wo es steuerlich am günstigsten ist. Da bei einer einheitlichen Währung die Stabilität der DM kein Anlagekriterium mehr ist, muß man weiterhin damit rechnen, daß Kapital aus Deutschland abgezogen wird. Denn ein europäisches Steuersystem werden Sie und ich nicht mehr erleben.

Beispiel drei. Was geschieht eigentlich mit den Konvergenzkriterien nach dem Tag X? Wie soll gewährleistet werden, daß sich die Mitglieder auch künftig nach diesen Eintrittsregeln richten und nicht anfangen zu schludern, wenn sie erst einmal im Club drin sind? Es gibt zwar einen Passus im Maastrichter Vertrag, der die »Überwachung der Haushaltslage in den Mitgliedsstaaten« regelt und auch Sanktionen vorsieht.* Doch die wird wegen der überaus komplizierten praktischen Umsetzung niemand ernsthaft fürchten müssen. Halte ich mich an die Regeln, gut, wenn nicht – auch gut. Das Kieler Weltwirtschaftsinstitut geht davon aus, daß wegen der umständlichen Entscheidungsprozeduren in-

---

* Die entsprechenden Bestimmungen finden sich in Artikel 104 c des Vertragswerks. In Absatz 9 heißt es: »Falls ein Mitgliedsstaat den Empfehlungen des Rates weiterhin nicht Folge leistet, kann der Rat beschließen, den Mitgliedsstaat mit der Maßgabe in Verzug zu setzen, innerhalb einer bestimmten Frist Maßnahmen für den nach Auffassung des Rates zur Sanierung erforderlichen Defizitabbau zu treffen.« Und in Absatz 11: »Solange ein Mitgliedsstaat einen Beschluß nach Absatz 9 nicht befolgt, kann der Rat beschließen, eine oder mehrere der nachstehenden Maßnahmen anzuwenden oder gegebenenfalls zu verschärfen: [. . . u. a.] die Europäische Investitionsbank ersuchen, ihre Darlehenspolitik gegenüber dem Mitgliedsland zu überprüfen; Geldbußen in angemessener Höhe zu verhängen.«

nerhalb der EU, die größtenteils Einstimmigkeit fordern, diese Vorschrift erst zum Sankt-Nimmerleins-Tag greift.

Bundesfinanzminister Waigel hat diese Schwachstelle erkannt, und er versucht sie durch eine Zusatzvereinbarung zu reparieren. Demnach soll ein Land, dessen jährliches Haushaltsdefizit über 3 Prozent hinausgeht, einen nicht zu verzinsenden Betrag bei der Europäischen Zentralbank hinterlegen. Die genauen Zahlen lauten: Für jeden Prozentpunkt über 3 Prozent sind 0,25 Prozent des Bruttoinlandsprodukts fällig. Wenn das Land es innerhalb von zwei Jahren nicht schafft, die vorgeschriebene Quote von 3 Prozent wieder zu erreichen, soll diese zinslose Einlage als Bußgeld in den EU-Haushalt einfließen. Theoretisch keine schlechte Überlegung, praktisch außerordentlich problematisch. Ulrich Hombrecher von der Westdeutschen Landesbank sieht da auch erhebliche verfassungsrechtliche Bedenken. »Meines Erachtens ist dieses Verfahren mit dem Grundgesetz nicht vereinbar«, meint er. »Beugt der Bund sich diesem automatischen Sanktionsmechanismus, so kann er das zwar für sich entscheiden, würde damit aber zwangsläufig in die Finanzhoheit der Bundesländer eingreifen.« Wenn wir ehrlich sind: Auch die geplante Zusatzvereinbarung dient nur der allgemeinen Beruhigung, hat aber für die Praxis keine Bedeutung.

Kommt der Euro, kommt die Währungsunion? Wer wird dabei sein? Hier ein kleines Planspiel zum Schluß, ohne allzu pingelig auf Wirtschaftsdaten zu schielen und ohne Anspruch auf Vollständigkeit. Nach Auskunft der Experten erreicht nur *Luxemburg* auf Anhieb alle Kriterien. Möglicherweise auch *Deutschland*. *Österreich* einzubeziehen wäre kein großes Problem, weil sich gegenüber der derzeitigen Praxis ökonomisch zwischen diesen Ländern sowieso nichts ändern würde. Die *Niederlande* und *Belgien* fallen zwar wegen ihrer Staatsverschuldung raus – vor allen Dingen Belgien, das mit über 130 Prozent mehr als das Doppelte der erlaubten 60 Prozent aufweist –, aber sie gehören auf jeden Fall dazu. Mit all diesen Ländern besteht schon seit langem so etwas wie eine Währungsunion. Außerdem – die Vorstellung, die Eurokraten in Brüssel zahlten mit Belgischen Franc, während drumherum alle mit Euro zahlen, wäre einfach lächerlich. Also wird man sich auch für Belgien eine Lösung einfallen lassen. *Italien* kann man aus vielen Gründen nicht ausschließen. Italien ist Gründungsmitglied der EWG, der Europäischen Wirtschaftsgemeinschaft – der EWG-Vertrag von einst heißt »Römischer Vertrag« –, das Land war bei jeder Integrationsetappe immer in der ersten Gruppe. Niemand kann Italien ernsthaft zumuten wollen, wegen eines überhasteten Fahrplans in die zweite Liga absteigen zu müssen. Und wenn wir für Belgien eine Ausnahmeregelung hinkriegen, dann wird Italien zu Recht sagen: Was ihr den Belgiern gewährt, könnt ihr uns nicht verwehren. Ohne *Frankreich* gibt es keine sinnvolle Währungsunion in Europa. Frankreich ist Europa, auch wenn Europa nicht Frankreich ist. Jedenfalls gehört Frankreich als eine der beiden stärksten europäischen Volkswirtschaften in den Club. Alles andere ist Nonsens. *Spanien* wird man nicht ausschließen können, wenn man Italien einbezieht. Dann werden seine westlichen Nachbarn sagen: Was soll der Unfug, wollt ihr die Iberische Halbinsel teilen? Also muß *Portugal* mit hinein. Dann kommt es auf *Griechenland* auch schon nicht mehr an . . . usw., usw.

Nach Auskunft einiger Finanzexperten mit »Europablick« könnte das Jahr 2005 ein reeller Starttermin sein. Dann sind zwar ganz sicher immer noch nicht alle so weit, aber die Chancen stünden nicht schlecht, eine Gruppe zusammenzubekommen, in der die gute Idee der Europäischen Währungsunion in eine gute Praxis umgesetzt werden kann.

Von Schulmeistern und Naserümpfern

Reaktionen auf ein noch nicht erschienenes Buch

Normalerweise kann man Reaktionen auf ein Buch nicht schon im selben Buch berücksichtigen – es muß ja erst einmal vorliegen und gelesen werden. Aber bereits die Ankündigung dieses Buches hat bei einigen Journalistenkollegen zu merkwürdigen Reaktionen geführt. Ob ich jetzt auch unter die Moralapostel gegangen sei (nein, wieso denn?), ob Schulmeistern jetzt der neue Trend heiße, mit dem sich so ganz nebenbei viel Geld scheffeln ließe? Noch keine Zeile gelesen, aber »Schulmeistern« vermuten. So ist das eben bei uns: Entweder man schulmeistert, oder man hält die Schnauze. Ob ich denn tatsächlich davon ausginge, mit meinem Buch »etwas bewegen zu können«? Ohne journalistische Arbeit zu überschätzen, denke ich schon, daß wir mit dem, was wir tun, einen Beitrag zur Aufklärung leisten, Menschen informieren, ihnen Zusammenhänge klarmachen, um die sie sich aus Zeitmangel – sie haben schließlich andere Berufe – selbst nicht so intensiv kümmern können. Der Mechanismus der Entweder-Oder-Gesellschaft – Sie erinnern sich – zieht sich durch alle Bereiche: »Hast du Namen und Skandale?« heißt die gierige Frage auf der einen Seite. »Ist doch alles nichts Neues!« winken die Frustrierten ab, ohne richtig zugehört zu haben. Und immer der unterschwellige Vorwurf des »Geldscheffelns«. Soll ich meine Bücher denn verschenken? Und dann die rührende Frage: »Sagen Sie doch mal in ein, zwei Sätzen, worum es in ihrem Buch geht.« Wenn das ginge, hätte ich es nicht geschrieben. Aber ich bemühe mich natürlich und bin dann auf Abstraktionen und Verallgemeinerungen angewiesen. Ich spreche von falschen Rücksichten, von vermeintlichen Sachzwängen, davon, daß ich Menschen ermutigen möchte. Denn viele scheuen sich aus Angst, falsch verstanden zu werden, ihre Empfindungen und Gedanken zu äußern. Das ist dann aber auch wieder nicht richtig, denn »das sind ja bloß Worthülsen und nichts Konkretes«.

Jeder hat inzwischen begriffen, daß wir uns für existentielle Probleme in unserer Gesellschaft etwas einfallen lassen müssen. Aber sehr viele erwarten geniale Lösungen auf dem Silbertablett serviert, hübsch säuberlich aufgelistet, quasi als Gebrauchsanweisung, wie jetzt vorzugehen sei. Wer sich der Probleme annimmt, laut nachdenkt, Ideen in die Runde schmeißt und natürlich nicht anders kann, als sich auch der Begriffe zu bedienen, die durch allzu häufigen Gebrauch zu Leerformeln verkommen, der kriegt es mit mäkelnden Naserümpfern zu tun. Was erwartet man denn? Die alles revolutionierende Super-Erkenntnis? Bin ich Einstein? Das hier ist mein aktiver Beitrag als Staatsbürger und Journalist. Was ist so schlecht daran?

Aktiv – genau das ist es. In den Festtagsreden wird der aktive Bürger gefordert, der Gemeinsinn entwickelt und sich einmischt. In Wahrheit können wir ihn gar nicht brauchen. Wir trauen dem Bürger nichts zu, nach dem Motto: Das Volk ist sowieso blöd – was leider manchmal stimmt, aber zu ändern wäre – und stört. Ich rede keinesfalls einer direkten Demokratie das Wort, um Himmels willen. Aber unsere parlamentarische Demokratie haben wir verhunzt. Entstanden ist Demokratiemüdigkeit – »Die machen sowieso, was sie wollen« –, wenn nicht Demokratieunfähigkeit: »Das ist alles so kompliziert und mühsam. Da habe ich lieber einen, dem ich vertraue, und der soll das dann machen.«

Wir leben in einer sozialen Marktwirtschaft, heißt es. Das bedeutet – wie der Name schon sagt – zweierlei: Der Markt ist das bestimmende Element, und der Staat sorgt für diejenigen, die das nicht selbst können. Aber bei uns können viele deshalb nicht, weil der Staat sie nicht läßt. Das scheint mir der Grundwiderspruch zu sein, in dem wir uns verfangen haben. Was soll der Ruf nach dem Staat, wenn es darum geht, Arbeitsplätze zu schaffen? Das ist nun wahrlich nicht dessen Aufgabe, sondern die seiner Bürger. Es wäre allerdings seine verdammte Pflicht, denen das Schaffen von Arbeitsplätzen zu erleichtern und nicht immer noch weiter zu erschweren. Die Alternative ist ja nicht »hire and fire« wie in den USA. Solange es in einer Gesellschaft attraktiver ist, abhängig beschäftigt zu sein, sollte man sich über fehlende Initiative nicht wundern. Junge Leute tippen sich doch an die Stirn, wenn man sie fragt, ob sie sich nicht selbständig machen wollen. Da kann ein noch so gut gemeintes »Bündnis für Arbeit« allenfalls die Tünche für die schlimmsten Risse abgeben. Schauen Sie sich doch einmal um. Wie viele wandern aus einer selbständigen Tätigkeit ab in ein sicheres Angestelltenverhältnis, weil sie es satt haben, sich immer weiter reglementieren und gleichzeitig als unsoziale Monster beschimpfen zu lassen.

Wir haben bei uns nicht zuwenig Staat, sondern zuviel. Und wir müssen höllisch aufpassen. Leute, die über jeden Verdacht erhaben sind, im tiefsten Inneren kommunistischen Ideen anzuhängen – z. B. Entscheidungsträger in der Wirtschaft –, sind davon überzeugt, daß östliche Gesellschaften viel größere Chancen haben als wir, sich in der veränderten Welt zu behaupten. Die *müssen* sich umstellen, die haben gar keine andere Wahl. Man hat ihnen den Boden unter den Füßen weggezogen, keine Regel von früher stimmt mehr, und die neuen müssen erst erlernt und erprobt werden. Doch eben deshalb ist die Chance, künftig zu bestehen, in diesen arg gebeutelten Gesellschaften größer als in unserer satt und bequem gewordenen. Ich entschuldige mich bei all denen, die diese Aussage als zynisch empfinden müssen, weil sie unverschuldet in Not geraten sind und sich durch Begriffe wie »satt« und »bequem« beleidigt fühlen. Für unser Land gilt es trotzdem. Wie unsozial der ständige Ruf nach Vater Staat im Grunde ist – obwohl die meisten doch gerade das für sehr sozial halten –, zeigt sich daran, daß dieser Vater eben wegen chronischer Verzettelung und Arbeitsüberlastung zu seiner Fürsorge für die Hilfsbedürftigen gar nicht mehr kommt.

Normalerweise liest ein Autor erst dann öffentlich aus seinem Buch, wenn es gedruckt vorliegt. Es ergab sich aber, daß ich in einer Runde aus dem Manuskript vorlas, noch bevor es gesetzt war. Ich finde es immer schwierig, mich bei Lesungen für die »richtigen« Ausschnitte zu entscheiden – in dem Sinne, daß ein realer Eindruck vom gesamten Buch entsteht und kein falscher Schwerpunkt gesetzt wird. Aber unabhängig davon, ob mir so gesehen die Auswahl gelungen war oder nicht – es gab auch hier Reaktionen, die ich Ihnen nicht vorenthalten möchte, weil sie so typisch sind für manche Verhaltensweisen, die ich in meinem Buch aufspieße.

Ich hatte mich – richtig oder nicht – für das Vorwort und Auszüge aus dem ersten und dritten Kapitel entschieden. Dabei ging es auch um den Umgang mit der PDS und die Transferzahlungen an die neuen Bundesländer. Eigentlich sind die Positionen, die ich in diesem Zusammenhang vertrete, schwerlich als »links« oder »rot« mißzuverstehen. Dennoch kam mir zu Ohren, daß mich einer meiner Zuhörer, ein älterer Herr, im Gespräch mit anderen völlig aufgebracht eine unverbesserliche Rote nannte, der man das Handwerk legen müsse. Mir selbst hat er das nicht gesagt. Zeit und Gelegenheit hätte es gegeben.

Es muß heiß diskutiert worden sein zwischen denjenigen, denen ich offenbar aus dem Herzen gesprochen hatte, und denjenigen, die das alles ganz unmöglich fanden. Als wir später in kleinem Kreis noch einmal zusammensaßen, wurde deutlich: Allein die Erwähnung der drei Buchstaben PDS sorgt bei manchen für eine Art Abschaltautomatismus. Man muß offenbar nur bestimmte Reizwörter nennen, und schon laufen Prozesse ab, die eine vernünftige Diskussion über Sachthemen unmöglich machen. Jemand verstieg sich sogar zu der Bemerkung, wer Klaus

Bednarz zitiere, der müsse ja links sein. Daß ich von Leistungsdenken rede, von individueller Freiheit, von weniger Staat und mehr Eigenverantwortung – all das zählt nicht, wird einfach nicht zur Kenntnis genommen. Die Reizwörter sorgen für Kurzschluß und lassen die Sicherungen durchbrennen.

Im persönlichen Gespräch ist es mir dann halbwegs gelungen, den Verdacht auszuräumen, ich liebäugelte mit den Positionen der PDS – wie oft hat man aber die Chance zu einem persönlichen Gespräch? Wie oft mögen sich die Fronten verhärten, nur weil der eine vom anderen etwas denkt und annimmt, das nicht den Tatsachen entspricht, während der andere sicher ist, er habe seine wirkliche Meinung längst deutlich gemacht?

Ganz ehrlich, es würde mich freuen, wenn die Freunde offener Worte rasant zunähmen. Denn nur offene Worte können uns weiterbringen.